F
G
H
I
J
1
2
3
4
5
6
7
8
9
10
Dunkerque
GAND
COLOGNE
Saint-Omer
LILLE
BRUXELLES
BELGIQUE
Béthune
Lens
Arras
Douai
COBLENCE
FRANCFORT
Péronne
MAGNE
MANNHEIM
Montdidier
Clermont
Compiègne
Soissons
Senlis
Briey
Forbach
Sarreguemines
Wissembourg
Pontoise
PARIS
Versailles
Évry
Melun
Meaux
Château-Thierry
CHALONS-EN-CHAMPAGNE
Saint-Mihiel
METZ
Château-Salins
Haguenau
Saverne
Commercy
Nancy
Sarrebourg
STRASBOURG
Vitry-le-François
Bar-Le-Duc
Toul
Lunéville
Provins
Nogent-sur-Seine
Troyes
Saint-Dié
Sélestat
Ribeauvillé
Colmar
Guebwiller
Thann
Mulhouse
Neufchâteau
Épinal
Sens
Bar-sur-Aube
Chaumont
Montargis
Langres
ORLÉANS
Auxerre
Montbard
Vesoul
Lure
Belfort
BÂLE
ZURICH
Altkirch
Montbéliard
Avallon
Clamecy
Cosne-Cours-sur-Loire
DIJON
BESANÇON
Vierzon
Bourges
Nevers
Château-Chinon
Autun
Beaune
Dole
BERNE
Pontarlier
Chalon-sur-Saône
Lons-le-Saunier
SUISSE
Saint-Amand-Mont-Rond
Châtre
Moulins
Montluçon
Charolles
Mâcon
Saint-Claude
Gex
Thonon-les-Bains
Nantua
GENÈVE
Bonneville
Vichy
Villefranche-sur-Saône
Bourg-en-Bresse
Roanne
Riom
CLERMONT-FERRAND
Thiers
LYON
Annecy
Belley
La Tour-du-Pin
Albertville
Chambéry
Ambert
Montbrison
Vienne
Issoire
Saint-Étienne
Saint-Jean-de-Maurienne
Brioude
Yssingeaux
Tournon
Grenoble
TURIN
Le Puy-en-Velay
Saint-Flour
Valence
Briançon
Privas
Die
ITALIE
Gap
Largentière
Mende
Nyons
Barcelonnette
Rodez
Florac
Millau
Le Vigan
Alès
Carpentras
Digne-les-Bains
Albi
Avignon
Apt
Forcalquier
Castellane
Nîmes
Arles
Grasse
MONACO
Lodève
Nice
Draguignan
MONTPELLIER
Istres
Aix-en-Provence
Béziers
Brignoles
MARSEILLE
Carcassonne
Narbonne
Toulon
Bastia
Limoux
Calvi
Corte
Prades
Perpignan
Céret
MER MÉDITERRANÉE
AJACCIO
Sartène
A 26
A 1
A 4
A 5
A 6
A 31
A 36
A 71
A 72
A 40
A 75
A 48
A 49
A 41
A 7
A 51
A 8
A 9

Dans l'île d'Oléron, comme autrefois, les huîtres sont affinées dans des bassins, les claires, où elles s'engraissent et où leurs branchies verdissent. Cette coloration est due à la navicule bleue – algue unicellulaire microscopique qui vit dans les eaux littorales charentaises – dont le pigment se dégrade.

“On le foule [le raisin], on l’entonne dans les foudres. Là, il convient de l’écouter, l’oreille aux douves, tandis qu’il mène le tumulte de sa fermentation… C’est un bruit de vent, un bruit de fleuve, un bruit de feu… Et quand il se tait, il a achevé l’ère de ses transformations : de fruit devenu flot chargé d’écume et de lie ; de flot, breuvage : il est le vin !”

Léon Daudet, *Le Livre de raison*

LA FRANCE DES SAVEURS

GUIDES GALLIMARD

CE GUIDE A ÉTÉ RÉALISÉ EN COLLABORATION AVEC
LE CONCOURS GÉNÉRAL AGRICOLE,
LE SALON INTERNATIONAL DE L'AGRICULTURE,
LE MINISTÈRE DE L'AGRICULTURE ET DE LA PÊCHE.

LES AUTEURS DE CE GUIDE

1

2

3

4

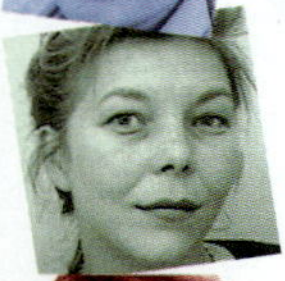
5

6

7

8

9

10

11

JEAN FROC
Ingénieur à l'INRA-SAD (système agraire et développement), docteur en biologie animale. Responsable éditorial (pour les produits) de l'*Inventaire du patrimoine culinaire de la France* et de l'*Inventaire du patrimoine culinaire de l'Union Européenne*. Conseiller scientifique de ce guide et auteur des pages «Saveurs de la France».

PHILIP ET MARY HYMAN (1)
Historiens spécialisés dans l'histoire de l'art culinaire et des produits du terroir, et auteurs de nombreux articles sur ces sujets. Dirigent actuellement les recherches historiques pour l'*Inventaire du patrimoine culinaire de la France*. Auteurs des pages «Petite histoire de l'alimentation en France».

JEAN-MARIE BOËLLE (2)
Journaliste (*Le Figaro, L'Auto-Journal*), chroniqueur gastronomique et touristique. Auteur des chapitres «Normandie» et «Auvergne».

YANNICK PENAGOS (3)
Reporter auteur multimédia. Auteur du chapitre «Champagne-Ardenne».

SABINE CARANTINO (4)
Journaliste spécialisée dans la filière agricole et alimentaire. Auteur des pages «Midi-Pyrénées», «Rhône-Alpes» et «L'armagnac».

ANNE-LAURE THIEBLEMONT (5)
Journaliste spécialisée dans l'art et le tourisme, auteur de plusieurs guides, dont *Les Îles d'Île de France*. Auteur du chapitre «Île-de-France».

JEAN-PIERRE TENOUX (6)
Grand reporter à *L'Est républicain*. Auteur du chapitre «Franche-Comté».

ALAIN AVIOTTE
Écrivain, chroniqueur gastronomique à *Sud-Ouest Dimanche* ainsi qu'à Radio-France Bordeaux Gironde. Collabore au guide Hubert des Restaurants et des Vins. Directeur et coauteur de la collection «Les Grands Vignobles pas à pas». Auteur des pages «Aquitaine» et «Vins du Sud-Ouest».

JEAN-CLAUDE RIBAUT (7)
Chroniqueur gastronomique au *Monde*. Auteur des pages «Toutes les richesses de l'agriculture», «Les saveurs des vins», «Le goût du fromage», «Pays de la Loire», «Provence-Alpes-Côte d'Azur».

ANNE-MARIE MINVIELLE (8)
Reporter-photographe spécialisée dans le tourisme de terroir. Auteur des chapitres «Nord-Pas-de-Calais» et «Picardie».

JEAN MAISONNAVE (9)
Journaliste à *Gault-Millau*. Critique gastronomique à France 3, directeur de la compagnie théâtrale «Le Grenier de Bourgogne». Auteur du chapitre «Bourgogne».

JANINE TROTEREAU (10)
Docteur en géographie. Journaliste spécialisée en tourisme et gastronomie. Auteur des chapitres «Languedoc-Roussillon», «Poitou-Charentes» et «Centre-Val-de-Loire».

JEAN-LOUIS POITEVIN
Docteur en philosophie. Auteur des pages «Régions de France vus par les peintres» et de «Morceaux choisis d'une littérature gourmande».

MONA BRIVI
Écrivain et journaliste. Auteur des chapitres «Alsace», «Bretagne» et «Limousin».

YANNE BOLOH (11)
Journaliste. Auteur des pages «Chèvres et fromages», «Corse» et «Départements d'outre-mer».

PASCAL BAUDOIN
Journaliste, anime la rubrique gastronomique de *L'Est républicain*. Auteur du chapitre «Lorraine».

AVEC LA PARTICIPATION DE LA FÉDÉRATION NATIONALE
DES COMITÉS RÉGIONAUX DE PROMOTION DES PRODUITS AGRO-ALIMENTAIRES

ILS SONT AUSSI AUTEURS DE CE GUIDE :

JOSEPH HOSSENLOPP
«Des goûts et des métiers du goût»

MICHEL ARRAMBOURG
«Critères de sélection du Concours Général Agricole»

STÉPHANE THÉPOT
«Le vignoble bordelais»

BERNARD WEBER
«Le champagne»

PARC NATUREL RÉGIONAL DES GRANDS CAUSSES
«Le roquefort»

MICHEL ALBARÈDE
«L'olive»

JEAN-CLAUDE RICHERT-SHAUB
«Cépages et grands crus»

COMITÉ DE PILOTAGE
Michel Arrambourg (Concours Général Agricole des Produits), Anne Bennato et Frédérique Lagaillarde (Fédération nationale des Comités régionaux de promotion des produits agro-alimentaires), Christian Ferté et Marillys Macé (ministère de l'Agriculture et de la Pêche), Sophie Quiniou (Salon International de l'Agriculture), les chambres d'agriculture, les Comités régionaux de promotion des produits agro-alimentaires

CONSEILLER SCIENTIFIQUE
Jean Froc (Institut national de recherche agronomique)

Nous remercions tout particulièrement pour leur aide précieuse : Max Barbier (Direction générale de l'Alimentation au ministère de l'Agriculture et de la Pêche), la maison de la Fourme d'Ambert et du Fromage, Jacques Deluret (Le Gourmet limousin, Limoges), la Maison du Limousin à Paris, Chantal Bernard (Centre d'étude et de documentation du sucre).

GUIDES GALLIMARD
■ **PRÉSIDENCE**
Antoine Gallimard
■ **DIRECTION**
Philippe Rossat
assisté de Sylvie Lecollinet
■ **DIRECTION ÉDITORIALE**
Nicole Jusserand
assistée de Malika Boualem

■ **ACTUALISATION**
Anne-Josyane Magniant
■ **ARCHITECTURE**
Bruno Le Normand
■ **COMMERCIAL**
Jean-Paul Lacombe
■ **DROITS INTERNATIONAUX**
Gabriela Kaufman
assistée de Michelle Vassaux
■ **ÉDITION ET FABRICATION**
Catherine Bourrabier
■ **GESTION**
Olivier Berret
assisté de Agnès Clerc
■ **GRAPHISME**
Yann Le Duc
■ **ICONOGRAPHIE**
Isabelle de Latour
■ **NATURE**
Frédéric Bony
■ **PARTENARIATS**
Marie-Christine Baladi
Manuèle Destors
Jean-Paul Lacombe
■ **PHOTOGRAPHIE**
Patrick Léger
■ **PRESSE**
Blandine Cottet

LA FRANCE DES SAVEURS
ÉDITION : Clarisse Deniau et Patrick Jézéquel
Avec la participation de Pierre-Yves Mercier, Frédérique Jubien
MAQUETTE : François Chentrier, Laurent Seminel, Virginie Lafon
ICONOGRAPHIE : Anaïck Bourhis
INFOGRAPHIE : Édigraphie
LECTURE-CORRECTION : Isabelle Dessommes
RÉACTUALISATION : Malika Boualem

1er dépôt légal : juin 1997. Dépôt légal : juin 2003
Numéro d'édition : 121620. ISBN 2-7424-1161-5
Photogravure : France Nova Gravure (Paris). Impression : Kapp Lahure Jombart (Évreux)
Juin 2003

Des clefs pour comprendre

▲ Itinéraires régionaux

◆ Informations pratiques

Les milliers de terroirs qui dessinent les vingt-deux régions de France et ses quatre départements d'outre-mer offrent chacun leurs richesses alimentaires propres, nées de sols, de climats, de savoir-faire particuliers… *La France des saveurs* met en vitrine parmi les meilleurs de ces produits gourmands, produits bruts cultivés, élevés ou pêchés, produits transformés, et même certains produits cuisinés.

Région, territoire et terroir

Chacun des territoires d'une même région administrative regroupe plusieurs petites entités homogènes appelées terroirs ou «pays». Différents facteurs, tant physiques (climatiques, géologiques…) qu'humains (historiques, religieux, techniques, économiques…), ont modelé ces terroirs, déterminé leur spécificité et, par là, contribué à l'apparition des «spécialités» qui font leur renommée culinaire. Ainsi, le terroir du Médoc (qui appartient au Bordelais, en Aquitaine) donne des crus de renom ; le bocage du pays d'Auge (à cheval sur le Calvados et l'Orne, en Normandie) donne du cidre et des fromages ; le pays solognot (en bordure du Loiret, dans la région Centre), du gibier et des poissons d'eau douce…

Du terroir aux terroirs

Le terme «terroir», qui évoque à l'origine la terre, peut s'appliquer par extension à des sites susceptibles de produire une denrée typée : en plaine ou montagne, mais aussi en milieux aquatiques, comme les marais et les estuaires, sans oublier les milieux urbains. De nombreuses villes, en effet, ont elles aussi donné le jour à des produits originaux : bêtises de Cambrai, nougats de Montélimar, biscuits de Nantes, pour ne citer qu'eux !

Terroirs et savoir-faire

La présence d'un produit en un lieu précis suppose une adéquation entre les conditions de ce milieu et des techniques et procédés maîtrisés par ses habitants. Ainsi le fumage et la salaison, qui permettent de conserver la viande, correspondent-ils, traditionnellement, aux zones de montagne – de même que la fabrication de fromages de garde – ; ailleurs le confisage des fruits constitue une activité de régions très ensoleillées… La qualité des procédés utilisés ainsi que celle des bassins d'origine détermineront la saveur du produit, saveur qui participe à la renommée de la spécialité en question au même titre que le terroir et le savoir-faire.

TERRITOIRES ET PAYSAGES

Il n'existe plus de paysages réellement «naturels». De plaine en montagne, et de marais en littoral, tout site porte la trace de l'activité humaine. L'aménagement de l'espace, outre une édification architecturale plus ou moins dense, voit la mise en place de modes de cultures et d'élevages diversifiés (hortillonnages, vergers, bouchots, marais salants...). Certains de ces aménagements «agricoles» remontent à une époque fort lointaine. Les Gallo-Romains, par exemple, aménagèrent des zones viticoles encore exploitées de nos jours. Plus tard les moines, eux aussi, procédèrent à de grands défrichages destinés aux cultures, asséchèrent des marais, et créèrent des produits de renom (liqueurs, champagne, fromages...).

DES PRODUITS ET DES HOMMES

Des milliers d'acteurs venus d'horizons différents – agronomes, biologistes (INRA), historiens, géographes ou ethnologues (CNRS), acteurs de terrain ou agents de développement (organismes consulaires, et instituts techniques) – participent à leur niveau à la création, l'analyse, la gestion, la surveillance, la promotion et à l'évolution des produits, assurant, en un mot, un *continium* évolutif au sein des régions.

Les hommes, les territoires, les produits

MINISTÈRE DE L'AGRICULTURE ET DE LA PÊCHE

Le ministère de l'Agriculture et de la Pêche mène une politique active en faveur de l'alimentation, créant ainsi les conditions de mise sur le marché d'un large choix de produits, de façon que se développe une alimentation saine et agréable. Cette action nationale et européenne conforte la culture alimentaire française et participe à la vitalité des entreprises.

Les meilleurs de nos produits

Vins millésimés, fromages affinés, légumes primeurs, recettes locales… Nos régions regorgent de produits qui incitent à la gourmandise. Comment sélectionner le meilleur dans cette profusion ? Devant un tel choix, comment profiter du plus savoureux ? Quelques habitudes simples, un coup d'œil aux étiquettes, et l'on retrouve tout son goût pour le goût !

À chacun sa saison

Sait-on encore qu'il existe une saison pour savourer les fruits ? La fraise qui annonce le printemps, la framboise et la groseille estivales, la figue de septembre, les raisins des vendanges… Sait-on encore qu'il y a une période pour déguster un fromage ? Sa finesse dépendra de l'alimentation des animaux (après la mise à l'herbe, les fromages sont délicieux), de la durée d'affinage… Sait-on encore qu'il y a des viandes d'exception liées au cycle animalier ; à des coutumes religieuses ou profanes ? Ainsi, on trouvera le veau et l'agneau au printemps – l'agneau tout particulièrement aux alentours de Pâques – et le gibier à l'automne, la chasse s'ouvrant une fois les jeunes sevrés. Quant au porc, tué traditionnellement avant les temps froids, «pour passer l'hiver», il constitue une nourriture roborative des mois rudes.

Bouffées de fraicheur

Poissons, crustacés et coquillages, encore chargés d'iode et de sel marin, pain croustillant à peine sorti du four, fruits et légumes crus dans les vergers et les maraîchages alentour… Les produits de nos régions révéleront toute leur saveur à celui qui sait les choisir frais !

APPELLATION D'ORIGINE CONTROLÉE
INAO

Label Rouge

CERTIFIÉ AB AGRICULTURE BIOLOGIQUE

ATOUT CERTIFIÉ QUALITÉ
CARACTÉRISTIQUES CERTIFIÉES

Des signes de reconnaissance

Plusieurs signes de reconnaissance officielle attribués à certains produits garantissent des caractéristiques précises.
Le plus ancien d'entre eux, l'appellation d'origine contrôlée (AOC), née en 1935 dans le domaine du vin, identifie un produit typique lié à l'origine. Trois éléments déterminent cette appellation : l'aire de production, le savoir-faire (procédé de fabrication) et la spécificité. Outre un grand nombre de vins, l'AOC couronne aujourd'hui plus de trente fromages et quelques autres produits agro-alimentaires (viandes, fruits, légumes, miel…).
Autres signes de reconnaissance, le label rouge, marque d'une qualité supérieure pour des produits nationaux ou régionaux ; l'agriculture biologique certifie la non-utilisation de produits chimiques de synthèse ; et la certification de conformité est la garantie d'une qualité régulière et distincte de celle du produit courant.
Quant au Concours Général Agricole ● *22, 28* qui se tient durant le Salon International de l'Agriculture, il vient compléter les signes officiels de qualité en récompensant les meilleurs d'entre eux, mais s'ouvre aussi à des produits non labellisés.

La chaîne de qualité : de l'étable à l'étal

À la naissance, chaque bovin est marqué et reçoit un carnet d'identification doté d'une attestation sanitaire, qui l'accompagnera sa vie durant.
À l'étal du boucher, le quartier de viande porte un numéro établissant l'origine de l'animal. La «traçabilité» – ce suivi scrupuleux de chaque bovin – permet de tout connaître de l'animal, garantissant ainsi un contrôle rigoureux et efficace, nécessaire à la protection de la santé et à l'information du consommateur.

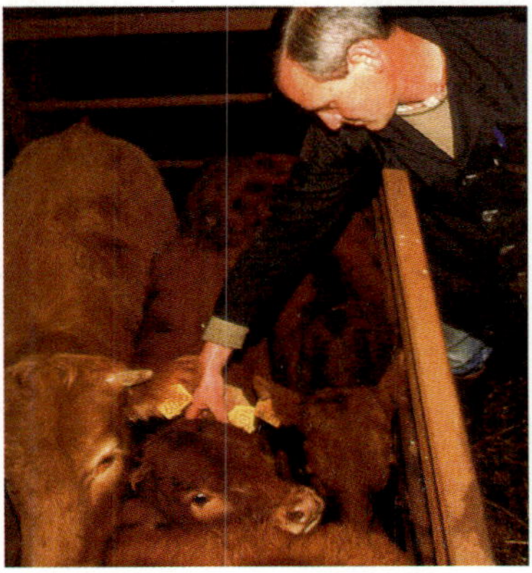

Comment utiliser ce guide

En haut de page, les symboles annoncent les différentes parties du guide.

● Des clefs pour comprendre

▲ Itinéraires

◆ Informations pratiques

Une carte régionale replace les principaux produits gourmands dans leur terroir d'origine, ainsi que certains musées liés aux produits.

Les trames mauves signalent les grandes zones vinicoles.

La mini-carte situe la région en France.

▲ Alsace

Alsace
8 280 km² pour 1,6 million d'habitants. Deux départements : le Haut-Rhin (Colmar) et le Bas-Rhin (Strasbourg)

Vins AOC Crémant d'Alsace, gewurztraminer, muscat, pinot blanc, pinot gris, pinot noir, riesling, sylvaner
Charcuterie Knack, cervelas, saucisses de foie et à tartiner, palette à la diable, pâté en croûte, tourte alsacienne, foie gras d'oie
Produits laitiers Munster-géromé (AOC), crème fraîche d'Alsace (LR)
Pâtisserie Bretzel, Kougelhopf

Terre germanique devenue française, l'Alsace a su préserver, contre les vicissitudes de l'histoire, une forte identité régionale, ce dont la cuisine témoigne à merveille. Bénéficiant d'un climat semi-continental, d'une mosaïque de paysages – marais, vastes forêts, collines verdoyantes, montagnes de grès ou coiffées de hauts chaumes, vignobles des collines sous-vosgiennes, cultures de la plaine rhénane –, «la belle province», comme l'avait baptisée Louis XIV, semble avoir été prédestinée aux plaisirs de la table. L'Alsace gourmande se découvre dans une *Winstub*, une *Bierstub*, ou une ferme-auberge.

Récolte des choux à Geispolsheim.

La plaine d'Alsace

Le foie gras. Héritage des pratiques alimentaires de la communauté juive, spécialité alsacienne depuis le XVIIIe siècle, le foie gras d'oie en croûte est, selon une légende fort tenace, l'œuvre de Jean-Pierre Clause. En 1778, ce cuisinier au service du maréchal de Contades, gouverneur militaire de Strasbourg, crée un petit pâté en croûte rempli de foies gras entiers, d'une farce de veau et de lard, finement hachée. Présenté à la cour de Louis XVI, le pâté de foie gras «à la Contades» suscite l'engouement. Quelques années plus tard, la recette, agrémentée de truffes du Périgord, est rebaptisée «de Strasbourg». Ce mets raffiné indissociable de l'image des *Gänseliesel*, les gardiennes d'oies, est entre 1850 et 1950 le fleuron de l'industrie strasbourgeoise. Malgré la concurrence étrangère, la raréfaction des fermes d'élevage et des conserveries, le foie gras d'oie demeure indéfectiblement au menu des agapes de fin d'année. En terrine, cuit au torchon, poêlé aux reinettes, braisé à la strasbourgeoise, il s'accompagne de tokay, de gewurztraminer ou de riesling.
La choucroute. Au Moyen Âge, chez les paysans, la choucroute est servie le jeudi et le dimanche. Durant l'hiver, elle assure aux ménages une alimentation riche en vitamine C. Au XVIe siècle, la journée consacrée au salage du chou, ou *Gumbskrut*, est un jour férié. Au fil du temps, la choucroute est l'hôte obligé des réunions familiales. Selon les régions, outre les viandes et les charcuteries, elle est présentée avec divers accompagnements : pois secs, haricots verts, navets, quenelles de pommes de terre (*Büewespitzle*), tranches de pommes et de poires séchées (*Schnitz*). De nos jours, la région de Krautergersheim et les environs de Colmar sont les principales zones de culture des choux pommés à tête blanche, ou «quintal d'Alsace». La récolte a lieu de septembre à novembre. À la choucrouterie, hier dans de grandes cuves de bois remplacées aujourd'hui par des cuves en béton, les choux découpés en fines lanières sont disposés en couches successivement salées puis tassées. On y ajoute quelques ingrédients : baies de genièvre, graines de cumin, laurier, parfois un peu de kirsch. L'ensemble surit à température ambiante durant un mois environ. Puis la choucroute est vendue crue ou cuisinée avec de la bière, du vin blanc ou du crémant d'Alsace. Escortée d'une chope de bière, la choucroute garnie met en scène un délicieux amoncellement de charcuteries : saucisses de Strasbourg, *Knackwürstle* ou *Knacks* d'Alsace, saucisse fumée, poitrine fumée ou salée mais aussi boudin alsacien, cervelas d'Alsace, saucisson à l'ail, palette, échine, jambonneau… Craquante et parfumée, la choucroute nouvelle, de la fin juillet, est servie en salade ou accompagnée de poissons (carpe, hareng, haddock ou saumon).
Les charcuteries. L'élevage florissant des porcs ainsi que les techniques de fabrication des charcutiers originaires du Wurtemberg ont contribué à la réputation

«Si le Sürkrütman n'est pas là, il est à la Wirtschaft.»
Écrit sur une ardoise d'un marché strasbourgeois
(*Sürkrütman*, vendeur de choucroute ; *Wirtschaft*, café)

Bières. Karlsbrau, Adelshoffen, Météor, Kronenbourg, Fischer, Schutzenberger
Divers. Pâtes d'Alsace, miel

d'Alsace (LR), kirschwasser, eaux-de-vie de fruits, choux à choucroute

Une sélection de produits locaux est donnée en marge des cartes régionales. On y trouvera, entre bien d'autres : des produits d'appellation d'origine contrôlée (AOC), des labels rouges (LR), des labels régionaux (L. Rég.), des produits sous certificat de conformité (CC), des produits répondant aux critères de l'agriculture biologique (AB).

Un calendrier présentant fêtes et foires gourmandes clôt chaque itinéraire régional.

● ▲
Les symboles, en titre ou à l'intérieur du texte, renvoient à un lieu ou à un thème traité ailleurs dans le guide.

NB. La France possède une telle palette de produits gourmands que nous ne pouvons prétendre, dans ce guide, à l'exaustivité.

HISTOIRE

– 4000/– 3000	– 2000	– 1000	– 100/+ 100
Domestication du blé en France	Domestication du millet en France	Début de la viticulture et introduction de l'olivier en Provence	Domestication de l'avoine en France

Céréales et féculents : les bases de l'alimentation

Se nourrir : la priorité

Si aujourd'hui toutes les régions de France se présentent comme autant de pays de cocagne riches de multiples et savoureuses spécialités, améliorées au fil des années, il n'y a pas si longtemps, nombre de ces produits n'existaient pas ou se consommaient strictement lors de grandes occasions. Pendant des siècles, d'autres aliments, d'une valeur gastronomique moindre, eurent une telle importance sur le plan nutritif que l'on prêtait leur nom à ceux qui les consommaient : les Franc-Comtois étaient des «gaudes», les Limousins, des «mangeurs de raves», et ainsi de suite. On mangeait ces aliments pour se nourrir, ils faisaient vivre la France et, d'un point de vue historique, nous pouvons les considérer comme les premiers «produits de terroir».

L'exemple de la Bretagne

Personne ne doute de l'importance qu'avait autrefois le pain dans l'alimentation des Français, mais on ne souligne jamais assez que d'autres produits, différents selon les régions, coexistaient avec le froment ou remplaçaient le pain dans l'assiette paysanne.
Prenons le cas de la Bretagne. Comme dans d'autres pays d'Europe atlantique, c'est l'avoine qui joua pendant longtemps le rôle de céréale nourricière essentielle, à la fois pour les animaux et pour les hommes. Selon le médecin lyonnais Bruyerin-Champier, qui écrivait au XVIe siècle, cela distinguait nettement les Bretons d'autres populations françaises qui s'alimentaient rarement d'avoine. Dans son *De re cibaria* (1560), il constate qu'en basse Normandie et au Pays armoricain, «riches et pauvres font fréquemment usage pendant le jeûne du Carême» du gruau d'avoine, sorte de farine grossière de cette céréale. Au début du XVIIe siècle, le *Thresor de santé* complète ces commentaires en précisant que l'on peut cuire le gruau dans du bouillon, ou bien dans du lait de vache, de chèvre ou d'amandes. Puis il poursuit : «Les Bretons en usent fort en tous leurs potages, & les treuvent bien bons.»
Véritable «produit du terroir» avant la lettre, l'avoine nourrissait la Bretagne bien avant le XVe siècle, époque où le sarrasin, ou «blé noir», commença à se diffuser dans la péninsule. Et il est fort probable qu'à cette époque, déjà, les Bretons connaissaient la galette, devenue depuis si célèbre, puisque, d'après Maurizio, une galette n'est rien d'autre que de la bouillie «desséchée». Un peu partout en Europe, selon cet auteur, «dans l'Antiquité, c'étaient les flans (ou galettes) qui étaient d'usage et non pas le pain, et, le plus souvent, en ce qui concerne cette époque, quand il est question de pain, c'est de galettes qu'il s'agit.»
Cette constatation ne veut pas dire que les Bretons ignoraient le pain. Il est bien établi que l'on consommait du pain de seigle au Moyen Âge en Bretagne, et un voyageur, Jacques Cambry, observe en 1794 que dans les environs de Morlaix «les cultivateurs […] se nourrissent de pain d'orge mêlé de seigle», celui-ci formant, avec «du lait, du beurre et de la soupe au lard, la nourriture habituelle» des paysans. Et il poursuit : «On se nourrit de pain d'orge dans la Cornouaille ; de seigle dans le Léonnais.» En cette fin du XVIIIe siècle, d'ailleurs, certains pains de seigle bretons jouissaient d'une telle réputation qu'ils étaient «exportés» d'une ville à l'autre.

400 | 800 | 1300 | 1500

Ve siècle
Introduction du seigle en Bretagne

XIVe siècle
Introduction du sarrasin en Bretagne

XVIe siècle
Introduction de la banane aux Antilles françaises

Du millet au maïs

Si nous avons longuement insisté sur l'exemple breton, c'est parce qu'il ne s'agit pas d'un cas isolé. Dans d'autres provinces, notamment en Vendée, en Gascogne et en Franche-Comté, la bouillie de millet jouait primitivement le même rôle que le gruau d'avoine en Bretagne. On lui avait donné divers noms : «meuille» en Vendée, «cruchade» ou «millade» dans la Grande Lande et en Gironde, «broye» en Béarn, «escautons» en Chalosse, «millas» dans le Tarn et «gaudes» en Franche-Comté. Cette bouillie de millet pouvait se cuisiner de multiples manières. «Lorsque le mil est cuit & refroidy, on le fait frire avec beurre en la paesle. Les Périgordins le mangent frit à l'huile», note l'auteur du *Thresor de santé* en 1607. Ces pratiques se rapprochent de celles que décrit Cavoleau, au début du XIXe siècle, dans son *Annuaire statistique du département de la Vendée*, où il rapporte que le «meuille» refroidi et coupé en morceaux pouvait être «frit au beurre roux, ou simplement rissolé sur le gril». Mais, alors que l'avoine, le sarrasin et le seigle ont gardé leur identité en Bretagne, le millet se fit vite remplacer par un «intrus» venu du Nouveau Monde : le maïs, considéré au départ comme une forme de millet à gros grains (on l'appelait d'ailleurs «gros mil»). De nos jours, sauf en Vendée, département qui assurait pendant l'entre-deux-guerres la moitié de la production de millet de toute la France, la quasi-totalité des spécialités à base de bouillie de millet est élaborée avec du maïs, à tel point que les populations qui les consomment sont persuadées qu'il n'en a jamais été autrement !

La châtaigne, la rave et le haricot

Les céréales ne sont pas les seuls produits nourriciers. Sans la châtaigne, par exemple, les paysans du Limousin, de l'Ardèche ou de la Corse auraient eu beaucoup de mal à se nourrir et, selon beaucoup d'auteurs des XVIe et XVIIe siècles, ceux de l'Auvergne, de la Savoie et du Limousin étaient grands consommateurs de raves. À ce propos, Bruyerin-Champier, en 1560, nous raconte que «dans les montagnes du Lyonnois, et surtout dans le Limousin, la nourriture ordinaire des habitants étoit une sorte de grosse rave ; ces raves se conservoient, l'hyver, enfouies en terre ; et quand, par quelque accident extraordinaire, elles venoient à manquer, on disoit communément en France que les Limousins alloient mourir de faim.» Dans l'Ouest et le Sud-Ouest, les légumineuses aussi étaient très importantes, qu'il s'agisse de la fève, de la gesse, du pois chiche ou d'une sorte de haricot, nommé «monjette» ou «mogette», terme qui signifiait à l'origine «petite religieuse». Le «haricot» en question était en fait une dolique, plante africaine (*Vigna melanophtalma* DC) dont le grain, pourvu d'un œil noir en son centre, rappelle une tête de religieuse. Puis, après la découverte de l'Amérique, de la même façon que le maïs remplaça le millet, le haricot américain (*Phaseolus*) supplanta dans ces mêmes régions la dolique.

1500	1600		1700
XVIe siècle Introduction de la canne à sucre aux Antilles françaises Introduction de la dinde en France	**XVI-XVIIe siècles** Introduction du maïs et du haricot américain en France	**XVIIe siècle** Introduction du café et du chocolat en France	**XVII-XVIIIe siècles** Introduction de la pomme de terre en France

PAIN ET CONDIMENTS

Au XXe siècle, le pain a progressivement supplanté les bouillies, les galettes, les raves et les châtaignes. Il ne s'agissait plus, cette fois, de n'importe quel pain, mais uniquement du pain blanc, très blanc, imitation de la baguette parisienne, qui remplaça les pains noirs ou de seigle et leurs substituts déjà cités. Ces derniers ont complètement disparu ou, au contraire, se sont élevés au rang de spécialités régionales, garantes de l'identité culturelle des populations qui les avaient adoptés. Pourtant, jamais l'homme ne se nourrit uniquement de pain, de bouillie, de haricots ou de galettes. Même le plus pauvre a besoin de relever ses repas, en y introduisant la saveur d'herbes ramassées au bord du chemin ou d'autres produits qu'il a cultivés, ou encore, de temps à autre… de produits achetés dans le commerce. Autrement dit, si l'homme a toujours besoin de se nourrir, il a tout autant besoin de se faire plaisir, et les mets issus de son imagination ont donné naissance à bon nombre de spécialités qui, tout en nourrissant moins que les aliments dont il vient d'être question, ne sont pas moins nécessaires à sa vie.

L'ART D'ACCOMPAGNER

HISTOIRES D'AULX

Très tôt, la préférence qui se manifestait pour certains assaisonnements, pour certains goûts, a caractérisé les «pays» qui les affectionnaient. Dès le XVIe siècle, par exemple, Bruyerin Champier vante les aulx du Sud-Ouest (narbonnais, toulousain et bordelais), en précisant que les Gascons mangent «l'ail et les oignons comme un accompagnement du pain». Et il poursuit : «Cet assaisonnement infect, qu'on fuit partout ailleurs, est pour eux un ragoût délicieux qu'ils emploient dans tous leurs aliments.» Cette image du Gascon mangeur d'ail n'est nullement contredite par Joseph Duchesne, l'auteur du *Portraict de santé*, qui écrit en 1606 : «Je me ferois grand tort, si je mettois (estant gascon) en oubli, et en arrière entre les bulbes et racines, les porreaux, les oignons et les aulx estans viandes si communes et usitées, comme elles sont en Gascogne.»

1782	1809	1812	1830
Développement des conserves modernes par Nicolas Appert	Premières boîtes de sardines à l'huile commercialisées à Nantes	Industrialisation de l'extraction de sucre de betterave	Début de l'âge du chemin de fer

L'oie, un produit de choix

Duchesne signale un autre produit aussi gascon que l'ail : «l'oye salée». «Un seul petit lopin de ladite oye vieille cuit avec des choux, écrit-il, faict un blanc espais & bon potage, dont les villageois & povres gens se repaissent communement.» Plus de deux siècles plus tard, l'agronome anglais Arthur Young, en voyage dans le Béarn en 1787, remarque cette même soupe et signale la disproportion qui existe entre le pain «nourricier» et les autres ingrédients : «Il y avait une montagne de pain tranché, dont la couleur n'était guère accueillante ; une bonne provision de choux, graisse, et eau, et pas plus de viande pour des dizaines de gens que n'auraient mangé une demi-douzaine de fermiers anglais en se plaignant à leur hôte d'être à court de nourriture.» Certes, les fermiers riches pouvaient consommer de l'oie salée plus fréquemment et en plus grande quantité que leurs voisins pauvres, cependant nous remarquons avec intérêt que cet ancêtre du confit n'est pas servi ici en guise de «plat» mais comme assaisonnement d'un «bon potage» ; d'autre part, jusqu'au début du XVIIIe siècle, il s'agissait sans doute d'un mets très local, si l'on en croit l'intendant Lebret. En service dans le Béarn, il rapportait en 1700 : «On fait aussi, en plusieurs endroits mais principalement dans la plaine de Pardies et aux environs d'Orthez, de grandes nourritures d'oies dont on sale les cuisses, qui servent aux habitants du Béarn pendant toute l'année, et on les envoie présentement à Paris, où la nouveauté du mets, l'a peut-être fait estimer plus qu'il ne vaut.»

Les mérites du sel

Le sel, grâce à sa propriété de conserver les aliments périssables, a donné naissance à beaucoup de spécialités. Elles sont à base de viande, comme les jambons et les saucissons, ou de fruits (olives) ou de légumes (choucroute) ou encore de poisson. Parmi ces dernières figurent des produits fort anciens, tel le «pissalat» niçois, qui a presque disparu de nos jours. Indispensable à la réalisation de la pissaladière (tarte à l'oignon niçoise), cette purée d'alevins de sardines salées, fermentées et condimentées, est très proche du *hallex* – sorte de «garum des pauvres» – fabriqué sur la côte provençale à l'époque romaine.

1855	1860	1863	1878
Première classification des vins de Bordeaux	Mise au point par Pasteur de la pasteurisation	Début du phylloxéra	Ferdinand Carré réalise le premier transport intercontinental de viande congelée

LE TOUR DE FRANCE DES DESSERTS

SOUVENT SIMPLES, PARFOIS SOPHISTIQUÉS, TOUJOURS BONS

Tout comme les aliments «confits» dans le sel, les aliments «confits» au miel et, à partir du XVIe siècle,

au sucre, forment une autre catégorie de mets très appréciés : les confitures. À la maison, la préparation de ces mets délicats est depuis des siècles le domaine des dames.

Les «confitures» anciennes exigeaient des soins considérables : la confiture de groseilles épépinées de Bar-le-Duc ▲ *132*, le cotignac d'Orléans ▲ *94* et les fruits confits du pays d'Apt ▲ *181* figurent parmi les survivants les plus connus. Dans leur expression la plus primitive, elles consistaient en une transformation de la bouillie, car, pendant longtemps, il n'y eut pas de four à la maison : on faisait la cuisine à l'âtre. Néanmoins, bien des friandises tels les beignets, les crêpes et les gaufres, étaient confectionnés sans four. Et si l'on pouvait faire cuire les tartes sous une «cloche» couverte de braises, dite «four de campagne», d'autres pâtisseries demandaient un vrai four. On apportait au boulanger

son gâteau (ou les ingrédients destinés à sa fabrication) pour qu'il les enfourne une fois la cuisson du pain terminée. Souvent, ces gâteaux n'étaient rien d'autre que de la pâte à pain additionnée de sucre, d'œuf, d'une graisse et d'un parfum (l'eau de fleur d'oranger était fréquente, car l'usage de la vanille ne s'est généralisé dans la pâtisserie qu'à partir du XIXe siècle). Partout en France, on faisait aussi des échaudés, ainsi nommés parce que leur pâte est ébouillantée avant d'être cuite au four ; cette technique remonte au moins au Moyen Âge. Ils avaient notamment la forme de torsades ou d'anneaux, tels les bretzels d'Alsace, les brassados du Dauphiné et de Provence, les gimblettes d'Albi, les rioutes de Savoie, les tortillons du Sud-Ouest. On les suspendait aux branches bénites à l'église le dimanche des Rameaux.

UN CALENDRIER FRIAND

Chaque fête avait son gâteau : Pâques inspira les gâteaux en forme d'agneau (celui d'Alsace est le plus connu), ainsi que le *campanile* et le *caccavelu* corses décorés aux œufs durs. Les pâtisseries et friandises en forme de saint Nicolas ont toujours cours à la date où l'on fête ce saint, en Lorraine.

Le jour des Rois était déjà l'occasion de manger des gâteaux, et d'innombrables beignets, gaufres et crêpes faisaient la joie du carnaval. Parfois, des créations monumentales voyaient le jour : lors des mariages, dans les pays du grand Sud-Ouest et, ailleurs, on confectionnait un gâteau à la broche, dont les bords dentelés imitaient la robe de la belle mariée. De nos jours, la plupart de ces pâtisseries se savourent à longueur d'année, même si leur production augmente à la saison à laquelle elles étaient autrefois si étroitement associées.

Extension des AOC aux fromages

1935	1940	1957	1960	1973	1992
Création des AOC pour les vins	Découverte du DDT	La volaille de Bresse devient AOC	Création du Label Rouge		Réglementation communautaire sur la protection et la valorisation des produits agro-alimentaires

Terroir et savoir-faire : la main de l'homme

Contrairement aux idées reçues, il n'y a pas toujours de lien «naturel» entre les produits et les terroirs auxquels ils sont associés. Le sucre, si indispensable à la réalisation des pâtisseries arriva pendant des siècles des colonies lointaines, mais sa présence dans les douceurs n'enlève rien à leur catractère régional. C'est le savoir-faire de l'homme (ou plutôt de la femme) que nous admirons et dont dépend la spécificité de ces produits. En outre, l'histoire montre que, le temps passant, un produit «exotique» peut s'accommoder si bien à un terroir qu'il en devient l'emblème : le blé noir en Bretagne ou le maïs dans le grand Sud-Ouest n'en sont que deux exemples. Aussi, bien que les produits traditionnels soient souvent perçus comme immuables, offrant au consommateur des points de repère «fixes» dans un paysage alimentaire en constante évolution, à la longue ils se transforment,

se créent et disparaissent comme tout autre produit. Le miel du Gâtinais, miel de sainfoin très recherché autrefois, est devenu, lors de la disparition du sainfoin, un miel de toutes fleurs ; le mont-d'or du Lyonnais et le saint-marcellin, fromages de chèvre renommés, sont désormais des fromages de vache tout aussi renommés ; enfin, le très célèbre melon de Cavaillon, melon à chair blanche au XVIIIe siècle, puis melon à chair blanche ou à chair rouge au XIXe siècle, a fini par être remplacé par le cantaloup «charentais» au XXe siècle sans jamais avoir perdu de son prestige !

De la subsistance au label de qualité

Aujourd'hui, la plupart des produits de terroir qui marquaient jadis les rituels et les fêtes sont devenus des produits tout court, avec leurs marques, leurs signes de reconnaissance ● *13* et leurs multiples appellations. Les catégories anciennes ont perdu presque tout leur sens : les aliments qui servaient autrefois à nourrir des provinces entières, tels que châtaignes, polenta, gaudes ou millet, se sont transformés en mets hautement emblématiques que l'on ne consomme plus pour vivre au présent mais pour revivre le passé. En revanche, les mets conçus pour «se faire plaisir» et consommés de façon exceptionnelle (tartes, tourtes, confits, jambons, saucisses…) sont à présent intégrés dans l'alimentation quotidienne. C'est grâce à cette assimilation qu'est née au cours du XXe siècle la notion de «gastronomie locale», fondée sur la pérennité des mets servis lors des fêtes et sur la valorisation de l'alimentation populaire dans toutes les régions de France.

Des premiers concours au Concours Général Agricole de Paris

Dans un XIXe siècle européen épris de progrès technologique, la France ne peut laisser de côté le monde agricole où une paysannerie encore majoritaire constitue l'un des éléments moteurs de son économie. Elle multiplie alors les concours consacrés aux animaux d'élevage, concours qui s'élargissent peu à peu aux machines et aux produits agro-alimentaires. C'est dans ce contexte d'émulation agronomique qu'un concours national, appelé Concours Général Agricole de Paris, ouvre pour la première fois ses portes en 1870. Il surmontera temps, guerres et épidémies, et tient toujours ses quartiers chaque année, dans le cadre du Salon International de l'Agriculture.

Une genèse chaotique

L'idée de remettre des prix agricoles revient au marquis de Turbilly qui, en 1755, institua des gratifications pour les plus compétents de ses paysans. Cinquante ans plus tard, Napoléon Ier créait un concours avec «attributions de prix aux cultures les mieux aménagées, aux meilleurs soins donnés au bétail et aux améliorations des animaux domestiques». Ces récompenses sans lendemain annonçaient toutefois des concours de plus grande ampleur, tel celui de Poissy. Organisé à partir de 1844, ce concours d'État consacré aux animaux de boucherie disparaîtra par la suite au profit du Concours Général Agricole qui intéressera, lui, toute la profession.

À l'ère industrielle, la première Exposition Universelle d'Agriculture

À l'heure où l'Angleterre accueille au Crystal Palace la première Exposition universelle des produits de l'Industrie (1851), la France ne demeure pas en reste. En 1855, elle met en place la première Exposition universelle d'Agriculture, et un Concours agricole universel et international, synthèse des richesses et des innovations nationales et étrangères.

Le Concours Général Agricole de Paris

L'administration de l'Agriculture, mère de notre actuel ministère, établit, en 1870, un concours à vocation annuelle, destiné à récompenser des produits d'origine nationale ou coloniale : le Concours Général Agricole de Paris était né.
Le premier d'entre eux présenta sur trois étages, au Palais de l'Industrie, animaux de boucherie, volailles et produits laitiers, autres produits agricoles, machines et outils. En 1875, de nouvelles sections furent instaurées, dont celle des miels, puis en 1887 celle des cidres et poirés, et, en 1893 celle des vins...

Ruptures mais maintien...
Infortunes et imprévus ne manquèrent pas de contrecarrer, certaines années, l'organisation du Concours Général Agricole : révolutions, guerres, typhus et difficultés pratiques ou financières l'ébranlèrent souvent, mais, répondant à une véritable nécessité économique il sut se maintenir contre vents et marées.

La Semaine de l'Agriculture

Interrompu pendant et juste après la Seconde Guerre mondiale, le Concours Général Agricole reprit en 1951. Sous les auspices du ministère de l'Agriculture fut alors créée la Semaine de l'Agriculture, qui mariait le Concours avec le Salon international de la machine agricole. Organisé chaque année au mois de mars, cet événement annonçait la création, quelques années plus tard, du Salon International de l'Agriculture ● *24*.

● Toutes les richesses de l'agriculture

Salon International de l'Agriculture — centre national des expositions et concours agricoles CENECA — Comité des Expositions de Paris

Au moment où s'accélérait la mutation du monde agricole, au début des années 1960, il apparut nécessaire de développer un important secteur commercial autour du Concours Général Agricole. C'est Edgard Pisani, alors ministre de l'Agriculture, qui créa, en 1963, le Centre National des Expositions et Concours Agricoles (CENECA) – une société d'économie mixte chargée de l'organisation du premier Salon International de l'Agriculture qui eut lieu en mars 1964. Le Salon, au fil des ans, devait bientôt accueillir l'ensemble des activités commerciales liées à l'élevage et une grande section agro-alimentaire consacrée aux produits d'origine certifiée, en parallèle avec le Concours Général Agricole des produits.

Une audience accrue

À partir de 1992, le CENECA décidait de confier l'organisation du Salon au Comité des Expositions de Paris pour en développer les centres d'intérêt et en accroître l'audience.
Autour du Concours Général Agricole, qui reste l'un des temps forts de cette manifestation annuelle, et de la présentation des activités agro-alimentaires des régions françaises, le Salon s'est attaché à répondre aux nouvelles attentes d'un public assidu.

En 1996, l'accent a été mis sur la nature et les loisirs verts.

En 1997, ce fut le tour de tous les produits de la mer, du pôle végétal, de la formation et de l'emploi en milieu agricole.

En 1998, le tourisme des régions de France et l'agriculture biologique ont marqué un nouveau développement du Salon.

Depuis 1999, des Conseils Régionaux et des Conseils Généraux présentent leur patrimoine dans le cadre de la gestion de l'aménagement de l'espace rural.

Le plus grand restaurant de France

Les quelque 620 000 visiteurs du Salon en 2002 ont eu l'occasion de «prendre l'air du pays» dans un espace de plus de 45 000 m² consacré aux produits régionaux et à la restauration.
L'atmosphère bon enfant du Salon s'impose à tous, visiteurs des animaux de la ferme et gourmands attablés, dès 11 h, à la *Table Franc-Comtoise*, au *Bistrot Charolais* ou au *Bœuf Limousin*. Le Sud-Ouest aligne ses producteurs de foie gras, l'Alsace sa choucroute formidable. Pendant quelques jours, le Salon International de l'Agriculture devient le plus grand restaurant de France.

Les produits des terroirs

À côté des grandes spécialités culinaires et des vins, les curieux et les amateurs font aussi la chasse aux produits des terroirs que l'on découvre au hasard des pavillons régionaux : les caillettes ardéchoises, l'andouillette de Troyes, les châtaignes d'Auvergne ou le tamié, un fromage de Savoie au lait de vache entier et cru.

Une manifestation fédératrice

Le Salon attire en outre, chaque année, toute une série de manifestations liées au monde agricole et agro-alimentaire. C'est ainsi que sont décernées, depuis 1997, les Mariannes des Saveurs de France aux restaurateurs les plus attentifs à une judicieuse utilisation des produits des terroirs. De la même façon, les plus grands chefs des régions ont, dans les secteurs Provinces de France et Produits de la Mer, animé les démonstrations culinaires à destination du grand public, et des jeunes en particulier.

DES GOÛTS ET DES SAVEURS

L'homme se fonde sur ses perceptions pour reconnaître les aliments. Ses sens sont extrêmement perfectionnés et le rendent sensible à des différences minimes. L'omnivore a besoin de cette puissance de discrimination pour choisir ce qu'il va avaler. En fait, nous créons notre répertoire alimentaire personnel au travers de nos expériences d'ingestion depuis et même avant la naissance. Après ingestion et selon l'effet physiologique qu'il a produit, l'aliment sera classé ou non dans la catégorie des produits comestibles. C'est ainsi qu'un aliment qui n'a pas été identifié par les sens ne pourra pas, d'emblée, procurer du plaisir. Il a fallu toute la patience et l'affection des parents pour que l'enfant accepte des «stimulations» nouvelles. Par la suite l'adulte doit apprendre à aimer un fromage fort, le vin, la bière, à apprécier la brûlure du piment…

La mémoire du goût
Dans notre cerveau, chaque aliment est mémorisé avec ses caractéristiques sensorielles spécifiques : aspect, couleur, forme, odeur, flaveur (combinaison de saveurs et d'arômes en bouche), texture, effets sonores éventuels (de craquant, de croquant…) et classé selon le plaisir dont il a été la source. Ainsi, la création du répertoire alimentaire est-elle une construction individuelle fondée sur les expériences heureuses et malheureuses accumulées tout au long de la vie. L'enfance et le bain culturel initial gardent une influence prégnante, mais on peut toujours apprendre à aimer d'autres saveurs par leur découverte progressive. Si l'effet obtenu est bon, nous aurons tendance à rechercher les saveurs et les arômes qui nous ont procuré du plaisir. Depuis quelques années a été mis en place, dans les écoles primaires, un programme d'éveil au goût, coordonné par le Conseil national des arts culinaires (CNAC). Les instituteurs secondés par des professionnels des métiers de bouche, ou des animateurs spécialisés sensibilisent à l'importance du goût des aliments les enfants, par des exercices et des dégustations.

Au bon goût la bonne norme
Un sous-comité spécialisé de l'AFNOR (Agence française de normalisation) et de l'I.S.O. au niveau international (Organisation internationale de standardisation) normalise les procédures de tests pour comparer et classer les caractéristiques sensorielles des produits.

L'EMPREINTE DES ALIMENTS

Le producteur agricole, le transformateur industriel, l'affineur de fromage, le cuisinier, le traiteur, la ménagère ont une mission essentielle qu'ils doivent remplir s'ils veulent faire aimer leurs produits. En effet, il faut qu'ils donnent impérativement à leur production une identité sensorielle. Sans elle, sans la constance et la référence à des modèles, les consommateurs qui les ont goûtés et aimés ne pourront pas retrouver le plaisir qu'ils ont éprouvé. Quelle déception pour nous de ne plus retrouver l'arôme de noisette et d'abricot dans le fromage que nous avons aimé, de sentir que le vin, pieusement conservé à la cave, a perdu sa robe ou son bouquet !

L'ENSEIGNEMENT THÉORIQUE

Dans les formations théoriques, l'enseignement porte sur le fonctionnement des sens (la neurophysiologie sensorielle permet de saisir les performances de nos capteurs et le câblage de notre système nerveux), sur le comportement alimentaire, sur les techniques de tests sensoriels, que les statistiques permettent d'interpréter. Plusieurs ouvrages professionnels d'évaluation sensorielle existent pour le vin, pour les produits alimentaires solides. Des enseignements universitaires sont donnés dans toutes les formations supérieures ayant trait à l'alimentation ou à l'œnologie. Il existe, à Tours, une maîtrise des Sciences et Techniques spécialisée dans le goût.

LA FORMATION PRATIQUE AUX MÉTIERS DU GOÛT

Tous les métiers de bouche – le cuisinier, le traiteur, le charcutier, le vigneron, le producteur et l'affineur de fromage, l'opérateur qui en contrôle la production, l'ingénieur qui formule un nouveau produit dans un laboratoire industriel – sont donc concernés par l'apprentissage du goût. Pour chacun d'entre eux une instruction est nécessaire. La formation pratique consiste à s'initier aux bons gestes et à en évaluer les effets sur l'aliment. Ainsi, le futur cuisinier va-t-il apprendre à reconnaître à l'œil, à l'oreille et au toucher la cuisson d'une viande, à goûter une sauce avant de la «rectifier» pour lui donner un goût conforme à son appellation. De même, l'affineur se sert de son regard, de son nez, de ses doigts pour appréhender l'état de ses fromages ; c'est exceptionnellement que, à l'aide d'une sonde, il prélève des échantillons dans les meules pour les goûter. Dans tous les métiers liés à l'alimentation, on apprend donc à se servir de ses sens pour évaluer les produits bruts comme les produits transformés.

Pourquoi un concours ? Pour permettre la confrontation, à un moment et dans un lieu donnés, d'échantillons de produits qui appartiennent à une catégorie homogène (les vins d'AOC «Lussac-Saint-Émilion», les miels de sapin, par exemple), en regard de leur origine et de leur mode de production. Et pour choisir les meilleurs de ces produits, selon des critères de jugement objectifs et préalablement définis. Le concours n'est pas une fin en soi car il offre aux concurrents le moyen de situer leurs produits sur l'échelle de qualité, et aux consommateurs des références pour leurs achats. Participer au Concours Général Agricole relève d'une démarche volontaire qui vient compléter et enrichir les garanties apportées par les signes officiels de qualité tels l'AOC et le label rouge.

Une réglementation stricte
Le règlement du Concours Général Agricole est défini par un arrêté du ministère de l'Agriculture et de la Pêche. Les prélèvements des échantillons sont effectués par des agents de l'État ou sous leur contrôle, ce qui garantit la représentativité des échantillons ainsi que l'impartialité des opérations.

Les phases préliminaires
Les présélections aboutissent à n'admettre que des produits d'une qualité certaine. À ce stade, les échantillons font l'objet d'analyses et de tests sensoriels. La sévérité de cette présélection est telle que la moitié seulement des échantillons de vins en franchissent le cap.

Un concours en constante évolution

Le Concours Général Agricole s'enrichit régulièrement en fonction de l'évolution des techniques et des exigences sanitaires dans le domaine agro-alimentaire, pour mieux répondre aux attentes des consommateurs en matière de sécurité et de goût.

De même, le champ d'intérêt du Concours Général Agricole s'élargit en permanence pour mieux représenter la production française. C'est ainsi que, en 1991, il s'est ouvert aux foies gras, et, en 1997, aux produits de la mer (huîtres).

La phase finale

Les échantillons soumis au jugement, dont l'anonymat est garanti, doivent être représentatifs des lots dont ils sont issus. Les jugements sont rendus par des jurés experts indépendants et bénévoles qui sont constitués en jurys pour représenter l'ensemble de la filière : producteurs et transformateurs, négociants et distributeurs, courtiers, techniciens, œnologues ● *26*, sommeliers, restaurateurs, crémiers, cavistes… C'est la synthèse de leurs avis qui détermine le classement des échantillons en compétition.

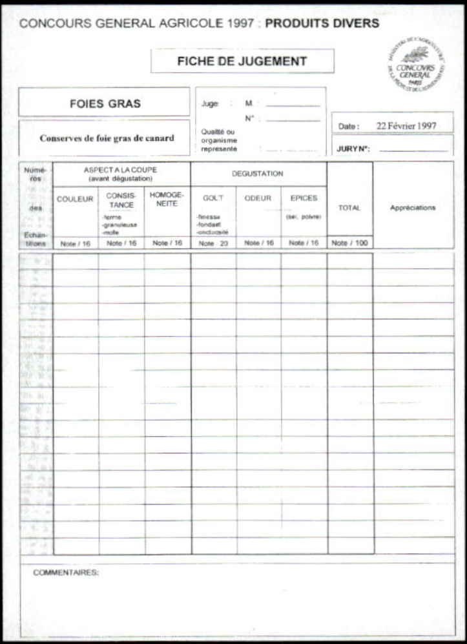

CONCOURS GENERAL AGRICOLE 1997 : **PRODUITS DIVERS**

FICHE DE JUGEMENT

FOIES GRAS

Conserves de foie gras de canard

Juge : M. : ______
N° : ______
Qualité ou organisme représenté : ______

Date : 22 Février 1997

JURY N° : ______

Numéros des Echantillons	ASPECT A LA COUPE (avant dégustation)			DEGUSTATION			TOTAL	Appréciations
	COULEUR	CONSISTANCE -ferme -granuleuse -molle	HOMOGENEITE	GOUT -finesse -fondant -onctuosité	ODEUR	EPICES (sel, poivre)		
	Note / 16	Note / 16	Note / 16	Note / 20	Note / 16	Note / 16	Note / 100	

COMMENTAIRES:

Le parcours d'un échantillon

Monsieur X, viticulteur, décide de participer au Concours Général Agricole. Il adresse à la Direction départementale de l'agriculture et de la forêt du lieu son formulaire d'inscription accompagné du règlement des droits d'inscription. Rien n'oblige M. X à participer à cette compétition. Mais il souhaite se mesurer à ses collègues de la même appellation et obtenir une distinction commercialement utile. Sur l'inscription, sont précisés le type de vin, le volume produit, la cuve. M. X l'accompagne du certificat d'agrément dans l'appellation revendiquée et du bulletin d'analyses certifiant sa conformité aux normes adoptées par la commission régionale du Concours Général Agricole. Dans le mois qui précède la Salon International de l'Agriculture ● *24*, un agent de l'État prélève un échantillon dans la cuve désignée. Les épreuves se poursuivent par les présélections organisées au niveau régional : de ces tests sensoriels, un échantillon sur deux sortira «présélectionné» et sera admis en phase finale, à Paris.

La valorisation des médailles

L'ensemble des opérations est contrôlé par les services de la Direction générale de la concurrence, de la consommation et de la répression des fraudes, qui procèdent également au contrôle de l'utilisation des médailles. La valorisation des résultats est, bien entendu, essentielle. Dès leur proclamation, ils sont communiqués à la presse, affichés sur plusieurs sites du Salon international de l'agriculture, et accessibles sur Minitel, au 36 15 ŒNOTEL, ainsi que sur Internet, www.cga-paris.com Les lauréats reçoivent un diplôme qu'ils afficheront sur leurs lieux de vente. Ils peuvent également apposer le logo représentant leur distinction (modèle déposé à l'INPI) sur leurs emballages.

Un choix délicat

Choisir le ou les vins d'un repas est un exercice délicat, et l'on sera bien inspiré de suivre le conseil de Brillat-Savarin, et de les consommer «des plus tempérés aux plus généreux et aux plus parfumés.» C'est par le meilleur qu'il faut finir, mais «le meilleur n'est pas toujours le plus âgé», précise Maurice des Ombiaux.
Un bon sommelier ou un caviste consciencieux saura adapter leurs suggestions à la nature du repas, à la saison et au budget disponible.

De la bouteille à la carafe

«Passer un vin en carafe» est parfois nécessaire, soit pour décanter un vin vieux, c'est-à-dire séparer les parties solides (dépôt) et liquides à l'aide d'une bougie, soit pour aérer (ou «oxygéner») un vin. Cet usage s'applique alors aussi aux vins blancs, voire à certains champagnes.

À chaque vin sa température

La composition de chaque vin exige qu'on le boive à une température constante, condition nécessaire si le dégustateur veut l'apprécier pleinement. À 20 °C un vin rouge est trop «chambré», seul l'alcool est perceptible.
Un champagne ou un blanc sec trop frais, à l'inverse, ne développera aucun des arômes qui en marquent l'originalité.
La température de la pièce où l'on boit le vin a aussi une incidence sur la dégustation. Un repas en plein air, au soleil, n'est jamais indiqué pour apprécier un vin de caractère. La bonne température des vins, toutefois, n'est pas une science et dépend aussi des saisons, des usages régionaux ou des habitudes de chacun.

Champagnes et vins mousseux
7 °C / 10 °C
Vins blancs secs
8 °C / 10 °C
Vins liquoreux
8 °C / 10 °C
Vins rosés et rouges légers
9 °C / 12 °C
Vins rouges jeunes
13 °C / 15 °C
Vins rouges corsés et vins de garde
15 °C / 18 °C

Quels vins pour quels mets ?

C'est affaire de goût personnel. Mais il existe, au-delà des modes, certaines tendances qui méritent d'être appréciées. Par exemple, nombre d'amateurs et de sommeliers estiment aujourd'hui que, globalement, les fromages s'accordent mieux avec les vins blancs qu'avec les rouges.

Mise en bouche
Avant un repas de fête, l'apéritif est le domaine réservé du champagne. Un vouvray pétillant de caractère peut aussi donner satisfaction. Pourquoi ne pas essayer aussi un vin blanc typé, aromatique, un riesling d'Alsace, un condrieu, un crépy de Savoie ou un vin blanc issu de cépages chenin des bords de Loire ?

Foie gras
Sauternes, alsace (sélection de grains nobles), vouvray de garde, bonnezeaux.

Fruits et légumes
Pour les asperges, touraine blanc ou muscat d'Alsace ; avec les artichauts, rosé sec d'Anjou, avec les poivrons grillés, mâcon blanc, irouléguy blanc ; les fruits préfèrent le champagne rosé, les rouges légers, les rosés…

Charcuterie
Beaujolais, saumur-champigny, côtes-du-rhône-villages.

Crustacés
Graves blancs, pessac-léognan, alsace sylvaner, muscadet, hermitage blanc.

Poissons de mer
Bourgognes blancs (meursault, puligny-montrachet), graves blancs, sancerre châteauneuf-du-pape blanc.

Poissons d'eau douce
Alsace sylvaner, vins de Savoie (chignin-bergeron), vins de cépages roussane et marsanne des côtes du Rhône et de Provence.

Viandes rouges
Bordeaux rouges (saint-julien, pauillac, saint-estèphe), bourgognes rouges (rully, mercurey).

Viandes blanches
Bordeaux souples, beaujolais.

Volailles
Avec le poulet rôti, vins souples et jeunes; mais avec un poulet à la crème, bourgogne blanc, vins demi-secs de Loire et arbois (vin jaune).
Avec le canard, cahors ou hermitage, et avec l'oie, anjou blanc moelleux.

Abats
Avec les rognons, vins rouges corsés de la vallée du Rhône, mais avec le ris de veau, chablis, bourgogne blanc.

Gibier
Bourgognes rouges (côtes-de-nuits et côte-de-beaune), gigondas, châteauneuf-du-pape, hermitage rouge, pomerol, saint-émilion.

Fromages ● *32*

Desserts
Banyuls, maury (avec le chocolat), champagne, quarts-de-chaume, sauternes, barsac, monbazillac, pacherenc.

Comment lire une étiquette

Quelle que soit sa provenance, toute bouteille porte une étiquette qui mentionne des informations légalement obligatoires (O) et aussi, selon les origines régionales, des éléments spécifiques et facultatifs (F). SONT OBLIGATOIRES :

- la dénomination catégorielle : (AOC), (AOVDQS), vin de pays, ou vin de table
- le nom de l'appellation (volnay, bordeaux supérieur, saint-émilion, alsace...)
- la contenance de la bouteille
- le degré alcoolique
- les nom et adresse de l'embouteilleur

SONT FACULTATIFS

- le nom de marque (château-durand, Domaine Dupont),
- le millésime
- le classement (1er grand cru, cru classé...)
- le lieu de mise en bouteilles
- les prix obtenus lors de concours…

Les quatre catégories de vins

AOC

(appellation d'origine contrôlée) Cette mention s'applique aux vins d'une région (bordeaux), d'une commune ou d'un groupement de communes (bourgueil), ou même d'un cru (romanée-conti). Chaque appellation fait l'objet d'un règlement, librement débattu entre les producteurs et l'Institut national des appellations d'origine. Une fois adopté, ce règlement fait l'objet d'un décret et devient la règle intangible. Chaque appellation est ainsi définie par son aire géographique ou sa délimitation parcellaire, son encépagement autorisé, ses méthodes de culture et de vinification (rendement à l'hectare) et par diverses caractéristiques analytiques du vin. C'est la réglementation la plus stricte, celle qui s'applique aux plus grands vins. On notera sur certaines étiquettes quelques particularismes régionaux. En Alsace, l'usage prévaut de faire suivre l'appellation régionale de l'indication du cépage et en Bourgogne, le nom de la commune d'origine ne figure pas sur les étiquettes des grands crus qui bénéficient d'une appellation propre.

AOVDQS

(appellation d'origine vins délimités de qualité supérieure) Ces vins, labellisés après dégustation, sont soumis à peu près aux mêmes règles que les AOC. L'étiquette comporte une vignette et un numéro de contrôle. La mention du millésime n'est pas obligatoire. L'indication du cépage n'est autorisée que s'il s'agit d'un cépage unique.

VINS DE TABLE

Vins de consommation courante, ils répondent toutefois à quelques normes relatives au degré alcoolique, à l'acidité et à l'encépagement. L'étiquette comporte donc la mention d'origine, le degré alcoolique, le volume, le nom et l'adresse de l'embouteilleur. L'indication du millésime est interdite.

VINS DE PAYS

Une réglementation particulière, relative à l'encépagement, à la teneur en alcool, à l'acidité volatile ainsi qu'aux rendements, leur est appliquée sous le contrôle de l'Office national interprofessionnel des vins. Aux mentions exigées ci-dessus est ajoutée la provenance géographique (Vin de pays de....).

À CHAQUE MOIS SON FROMAGE

«Comment voulez-vous gouverner un pays où il existe 258 variétés de fromages ?», s'exclama un jour le général De Gaulle. Rappelons qu'il en existe probablement beaucoup plus, 330 selon le fromager Barthélémy, et même, selon certains, «autant que de jours dans l'année». C'est le fromager, le bon fromager s'entend, qui vous guidera au mieux, en fonction des saisons et de vos goûts. L'automne est la meilleure saison pour déguster la plupart des fromages : ils en sont au moment idéal de leur évolution, à l'exception des chèvres, délicieux au printemps.

JANVIER-FÉVRIER
Époisses, munster, comté, cantal, livarot, roquefort maroilles, beaufort, tommes de Savoie et vacherin

MARS-AVRIL
Coulommiers, bries de Meaux et de Melun, camembert, bleus.

MAI-JUIN
Chèvres et fromages frais.

JUILLET-AOÛT
Brousse (bruccio), reblochon, saint-nectaire, chèvres.

SEPTEMBRE-DÉCEMBRE
Bries, saint-nectaire, chèvres, camembert, époisses, maroilles, munster, cantal, roquefort, vacherin, munster.

HARMONIES DES VINS ET DES FROMAGES

L'usage veut que l'on serve des vins rouges légers avec les pâtes molles à croûte fleurie, les chèvres et les pâtes pressées, et des vins plus corsés avec les pâtes molles à croûte lavée et les pâtes persillées. Curnonsky vantait les mérites de l'association du pauillac et du camembert.

La tendance est aujourd'hui différente. Nombre de gourmets et de sommeliers des plus compétents associent volontiers les vins blancs aux fromages. On trouvera dans la liste suivante quelques accords entre vins et fromages qui répondent à cette évolution.

FROMAGES DE CHÈVRE
Selon leur état, un sancerre ou un anjou demi-sec.

PÂTES SÈCHES
Blancs secs de Savoie, du Jura ou vins légèrement moelleux de Loire.

PÂTES MOLLES
Rouges légers (beaujolais) et blancs aromatiques (Savoie), pour les fromages doux; les fromages plus forts exigent des blancs secs (saint-joseph, châteauneuf-du-pape) ou demi-secs (anjou, gewurztraminer, tokay pinot gris).

PÂTES PERSILLÉES
Maury et banyuls triomphent ; mais aussi les grands blancs moelleux d'Alsace, de la Loire (bonnezeaux, quarts-de-chaume) et de sauternes.

FONDUE
Exclusivement les blancs de Savoie : ayse sec, apremont, roussette, abymes, chignin-bergeron.

L'ART DE LA DÉCOUPE

Dans tous les cas, on préférera le fromage à la coupe au fromage prédécoupé et emballé.
La forme du fromage détermine, en général, la façon dont il doit être présenté. Les fromages qui ont la forme d'un disque plat seront découpés en portions triangulaires, à partir du centre, de même que les fromages de forme carrée ou pyramidale. On prendra soin de découper une «pointe» de brie dans le sens de la plus grande longueur, en lames parallèles; les fromages ronds se découpent en rondelles, le gruyère ou l'emmenthal, par menus blocs réguliers. À défaut d'une potence munie d'un fil adéquat, on coupera le roquefort, le bleu ou la fourme en quartiers couchés sur le flan, en formant un éventail depuis le milieu de la tranche afin de répartir équitablement les parties persillées.

De la campagne à la table... les produits des régions de France vus par les peintres

Au cours du XVIIIe siècle, les peintres délaissent le monde fastueux et raffiné de l'aristocratie, si prisé jusque-là, pour s'intéresser au quotidien des petites gens. La cuisine, lieu trivial haut en couleur, en odeur, en saveur… retient dès lors leur regard. Et ce domaine hétéroclite où se rencontrent parfois d'insolites assemblages d'objets et de nourriture devient alors prétexte à des mises en scènes riches de significations.
La Raie (**3**), de JEAN-BAPTISTE CHARDIN (1699-1779), ouvre la porte d'un monde empreint, il est vrai, de réalisme, mais où ce dernier se révèle porteur d'une poésie et d'un symbolisme singuliers. Ce grand poisson ainsi exposé prend en effet une dimension humaine incontestable, soulignée par la douceur des couleurs et la précision des détails.
Et n'est-ce pas, là encore, à une vie simple, sans ornement que fait référence GUSTAVE COURBET (1819-1877) dans sa *Nature morte aux fruits : pommes et grenades* (**2**) ? Mais en juxtaposant cette grenade dévoilant aux regards l'intimité de sa pulpe, criante évocation de la fécondité, à la banalité de la pomme qui laisse seulement paraître les reflets rouges et dorés de sa peau, il met aussi à nu les facettes de la chair du monde. Ne dit-il pas en effet qu'il veut «être non seulement un peintre mais un homme ; en un mot faire de l'art vivant» ?
Sous le pinceau de CHAÏM SOUTINE (1894-1943), de modestes quartiers de viande, *Le Bœuf et la tête de veau* (**1**), prennent des reflets insoupçonnés : matière vouée à la putréfaction, cette viande incarne ici notre condition humaine. Mais, par l'agressivité de ses couleurs et le traitement expressionniste de sa matière picturale, il rend aussi compte de la puissance et de la permanence de la vie, et, suspendant par l'acte créateur la temporalité de la chair, lui concède l'éternité.

2

1 3

Moment privilégié de la vie de l'homme, le repas – à la charnière de la nécessité et du rite – constitue un «morceau de choix» pour l'œil de l'artiste. La peinture a ainsi su se faire le témoin à la fois de ses aspects les plus quotidiens, banals voire frustes, et de ses aspects les plus festifs, où il peut se prêter à d'extraordinaires raffinements.
Avec *La Famille heureuse* (**2**), dit encore *Le Retour du baptême*, LOUIS LE NAIN (1593-1648) offre, dans le cadre d'une vie rude et simple, l'image d'un repas qui rassemble la famille autour d'un événement social au caractère exceptionnel : un baptême.
Car, dans le contexte profondément religieux de l'époque, l'art figuratif ne peut s'en tenir à un simple réalisme, mais se doit d'inscrire la quotidienneté dans le cadre glorieux et rassurant de la religion, de son calendrier et de ses fêtes. L'homme en effet est encore essentiellement cet être dont l'humanité se marque non seulement par sa sortie de l'animalité exprimée par le rituel du repas, mais aussi par son obéissance aux règles dictées par le Créateur.
Un siècle plus tard, la liberté de pensée des Lumières affranchit l'homme du joug de la foi religieuse, si bien que la société aristocratique, monde où l'on cultive alors souvent l'intelligence

1	2
	3

et l'incroyance, ne craint plus le regard de Dieu lorsqu'elle s'abandonne au plaisir. Fréquentes sont donc, à l'époque, les représentations de repas où domine la liberté des mœurs. Ainsi, dans *Le Déjeuner d'huîtres* (**1**), JEAN-FRANÇOIS DE TROY (1679-1752) exprime la délectation des convives qui se régalent sans réserve d'un mets savoureux, l'huître, au cours d'un repas fort arrosé. Le caractère mouvementé de la composition et le décor baroque, ainsi que les contrastes entre la lumière réfléchie par la nappe blanche et la couleur des vêtements, accentuent l'impression d'euphorie et d'ivresse que semblent éprouver les participants de cette fête.

Avec *Le Repas* (**3**) de PAUL GAUGUIN (1848-1903), nous assistons à un retour à la simplicité. Les enfants, en effet, semblent regarder ce qui les attend sur la table moins avec envie qu'avec un étrange et profond respect, comme si les fruits et les plats étaient pour eux objet de méditation. Le contraste entre la générosité de la nature de ces îles lointaines, suggérée par la présence des fruits, et le sourire grave des enfants, nous invite à penser que, pour Gauguin, le repas est l'enjeu d'un plaisir presque spirituel. C'est en effet le moment où l'homme célèbre dans la simplicité ses noces éternelles avec la nature nourricière et prodigue.

Si le monde paysan constitue dès le XVIIIe siècle un sujet de prédilection pour les peintres, le XIXe siècle donne au réalisme toute sa puissance d'expression. Pour évoquer l'âpre vie rurale, les peintres se doivent d'être à la fois précis, s'attachant souvent au moindre détail, mais aussi inventifs dans la composition. Ainsi, dans *Cour de ferme* (**2**), NICOLAS LÉPICIÉ (1735-1784) trahit quelque peu l'architecture originelle du bâtiment pour mieux souligner la diversité des activités qui s'y tiennent. Les tons bruns suggèrent la présence obsédante de la terre, renforcent le réalisme de l'œuvre. Le XIXe siècle cherche à rendre compte, par une recherche plus naturaliste, à la fois du hiératisme de certaines postures dans les travaux de la ferme ou des champs (*Manda Lamétrie* (**3**), d'ALFRED ROLL (1846-1919) ; *La Baratteuse* (**4**), de JEAN-FRANÇOIS MILLET (1814-1875), et du poids que fait peser sur les épaules des hommes la dureté de leur tâche : *La Récolte des pommes de terre* (**5**), de LUCIEN SIMON (1861-1945) ; *La Pêche au filet* (**1**), de LÉON BELLY (1827-1877). L'harmonie sévère de ces tons bruns ou pâles atteint à la vérité du naturalisme lorsque quelques touches de couleur viennent les rehausser de leur violence contenue.

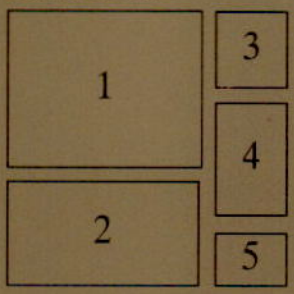

1

2

Forts des progrès technologiques de la révolution industrielle, les hommes rompent progressivement, au XXe siècle, le lien essentiel, organique, qui les unissait à la nature : ils ne la conçoivent plus, dès lors, que comme objet d'exploitation. Seul un grand artiste comme JEAN FAUTRIER (1898-1964) peut encore rendre sensible, avec une telle justesse, par un jeu de reflets colorés, le poids de la matière vivante (*Les Poissons*) (**2**). Ou JEAN DUBUFFET (1901-1985), qui, dans *La Campagne heureuse* (**1**), recompose avec toute la puissance de l'imagination un type de vie qui est en train de disparaître.

MORCEAUX CHOISIS
D'UNE LITTÉRATURE
GOURMANDE

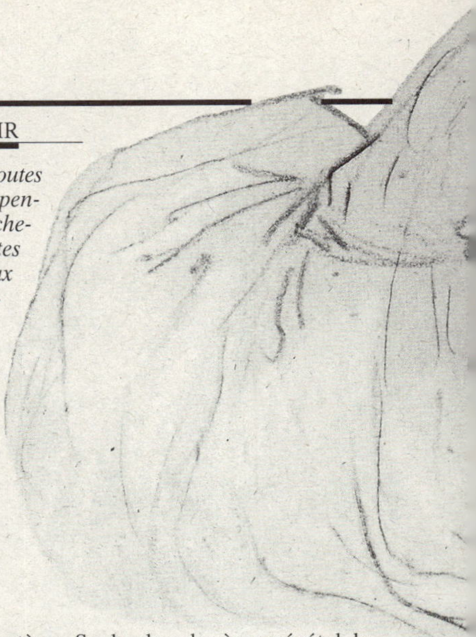

LE VIN, LA VIGNE ET LE TERROIR

Célébré dans toutes les cultures et toutes les civilisations, le vin est l'indispensable compagnon de l'homme sur le chemin de la vie : il est présent dans toutes les fêtes et tous les événements heureux ou malheureux. Colette (Saint-Sauveur-en-Puisaye, 1873 – Paris, 1954), qui a su garder un contact privilégié avec la vie simple de son enfance, une vie proche de la terre, sait que la vigne et le vin sont l'expression d'un mystère éternellement vivant, celui qui unit la terre, le ciel et les hommes entre eux. Mais c'est aussi à l'imagination que le vin s'adresse et que, vivant mystère, il révèle à ceux qui le boivent l'union des sens, des plaisirs et l'âme.

“La vigne, le vin sont de grands mystères. Seule, dans le règne végétal, la vigne nous rend intelligible ce qu'est la véritable saveur de la terre. Quelle fidélité dans la traduction ! Elle ressent, exprime par la grappe les secrets du sol. Le silex, par elle, nous fait connaître qu'il est vivant, fusible, nourricier. La craie ingrate pleure, en vin, des larmes d'or. Un plant de vigne, transporté par-delà les monts et les mers, lutte pour garder sa personnalité et parfois triomphe des puissantes chimies minérales. Récolté près d'Alger, un vin blanc se souvient ponctuellement, depuis des années, du noble greffon bordelais qui le sucra juste assez, l'allégea et le rendit gai. Et c'est Xérès lointaine qui colore, échauffe le vin liquoreux et sec qui mûrit à Château-Chalon, au faîte d'un étroit plateau rocheux.
De la grappe brandie par le cep tourmenté, lourde d'agate transparente et trouble, ou bleue et poudrée d'argent, l'œil remonte jusqu'au bois dénudé, serpent ligneux coincé entre deux rocs : de quoi donc s'alimente, par exemple, ce plant méridional qui ignore la pluie, qu'un chanvre de racines retient seul suspendu ? La rosée des nuits, le soleil des jours y suffisent – le feu d'un astre, la sueur essentielle d'un autre astre – merveilles… Quelle journée sans nuage, quelle douce pluie tardive décident qu'une année de vin sera grande entre les années ? La sollicitude humaine n'y peut presque rien, là tout est sorcellerie céleste, passage de planète, taches solaires.”

COLETTE, *PRISONS ET PARADIS*,
GALLIMARD, «BIBLIOTHÈQUE DE LA PLÉIADE», PARIS, 1991

Henri Pourrat (Ambert, 1887 – Ambert, 1959) est un romancier de la terre ; c'est pourquoi, plus que d'autres, il est sensible aux mutations qui affectent les produits et, au-delà d'eux, le goût. Ainsi, évoquant la fabrication du roquefort, il ne peut que constater combien l'industrialisation est à la fois nécessaire et dommageable au plaisir simple, absolu et unique de la dégustation d'un tel fromage, telle que celle-ci pouvait se faire, directement à la ferme.

“ Toute l'année on pourra manger du roquefort. Et en toute saison il sera servi à la clientèle tel qu'elle le préfère. Car de région à région les goûts changent comme la coupe des mâchoires. La faveur de Perpignan n'est pas celle de Marseille. Certains veulent à Béziers le roquefort si fort qu'ils le gardent ces mois pour qu'il forcisse encore. Et Paris n'aime qu'un roquefort doux.
Les dégustateurs vont donc, la sonde à la main, et dirigent les pains sur Toulouse ou Lyon, l'Afrique du Nord ou l'Amérique du Sud. Quelle sûreté de goût, quelle science des crus ! L'un aime les corses. L'autre se prononce pour les larzacs, l'autre pour les ségalas : les meilleurs, dit-il, sont de Durenque — c'est qu'il est de Durenque.

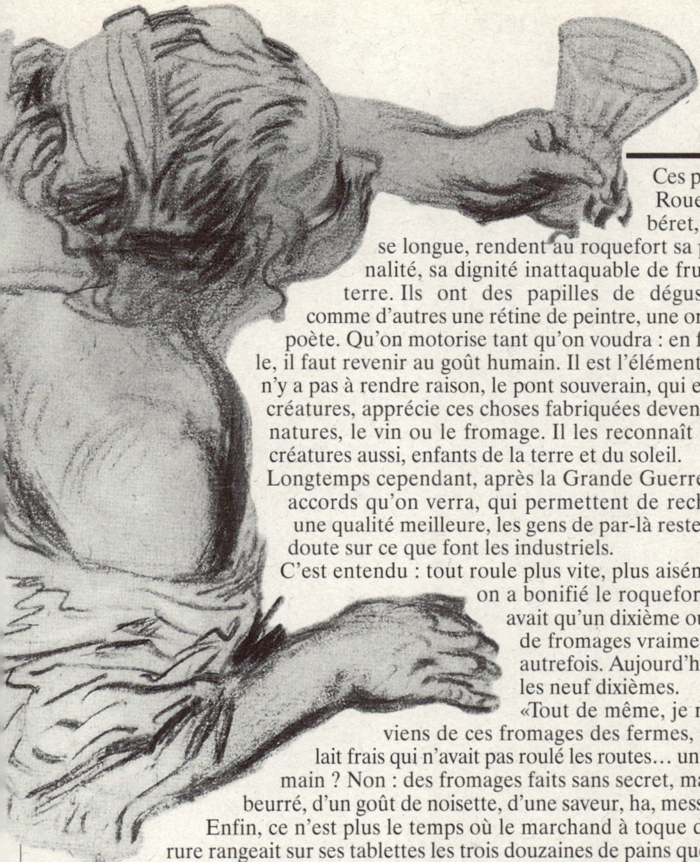

Ces paisibles Rouergats à béret, à blouse longue, rendent au roquefort sa personnalité, sa dignité inattaquable de fruit de la terre. Ils ont des papilles de dégustateurs comme d'autres une rétine de peintre, une oreille de poète. Qu'on motorise tant qu'on voudra : en fin finale, il faut revenir au goût humain. Il est l'élément dont il n'y a pas à rendre raison, le pont souverain, qui en nous, créatures, apprécie ces choses fabriquées devenues des natures, le vin ou le fromage. Il les reconnaît comme créatures aussi, enfants de la terre et du soleil.

Longtemps cependant, après la Grande Guerre, et les accords qu'on verra, qui permettent de rechercher une qualité meilleure, les gens de par-là resteront en doute sur ce que font les industriels.

C'est entendu : tout roule plus vite, plus aisément, et on a bonifié le roquefort. Il n'y avait qu'un dixième ou moins de fromages vraiment bons autrefois. Aujourd'hui, c'est les neuf dixièmes.

«Tout de même, je me souviens de ces fromages des fermes, faits de lait frais qui n'avait pas roulé les routes… un tour de main ? Non : des fromages faits sans secret, mais d'un beurré, d'un goût de noisette, d'une saveur, ha, messieurs. »

Enfin, ce n'est plus le temps où le marchand à toque de fourrure rangeait sur ses tablettes les trois douzaines de pains que le fermier descendu du Larzac apportait sur son âne. De couloirs raboteux et suintants menés dans la roche brute, les caves sont devenues salles de pesée, saloir et magasin à sel, salle des machines, forge, menuiserie, salle d'emballages, d'expéditions, entrepôts et frigos, bureaux, dortoirs et réfectoires des cabanières. Les directeurs ont voulu les brosseuses-piqueuses, les monte-charge, les frigos, les épaisses feuilles d'étain où le fromage sommeille mieux, et la lumière électrique, et tout. Ils voudront les laboratoires.”

HENRI POURRAT, *L'AVENTURE DU ROQUEFORT*,
ALBIN MICHEL, PARIS, 1958

Évoquant le grand poète allemand Hölderlin (Lauffen, 1770 – Tübingen, 1843), qui séjourna à Bordeaux, Pierre Bertaux en profite pour nous conter une sorte de recette magique qui avait cours à l'époque dans la fabrication des grands vins de Bordeaux. Elle consistait à faire aller et revenir dans la cale des grands voiliers des tonneaux de vin, opération qui accélérait son vieillissement et le bonifiait.

“À Bordeaux, les négociants du quai des Chartrons avaient au siècle dernier mis à la mode une pratique originale : à bord de bateaux qui faisaient le commerce avec les Antilles d'où ils rapportaient le sucre, le café, le rhum, on embarquait des tonneaux de vin. Le «tonneau» bordelais fait quatre barriques, soit neuf cents litres. C'étaient d'excellents vins, des meilleurs crus et des bonnes années, qu'on envoyait ainsi. Un représentant du maître de chai accompagnait la marchandise, veillant à ce que le vin évaporé soit remplacé au fur et à mesure. Arrivé à Fort-de-France ou à Pointe-à-Pitre, on ne déchargeait pas la futaille; elle revenait à Bordeaux par le même bateau, ayant fait le voyage des Indes occidentales aller et retour. Ce procédé améliorait considérablement les vins ainsi traités. Le bordeaux «retour des îles»– les initiés disaient tout simplement «retour» – faisait prime sur le marché et figurait à ce titre sur la carte des vins de grands restaurants parisiens comme

Brébant. Saint-John Perse, Antillais et Bordelais à la fois, m'avait confirmé le fait, mais avec la précision suivante, car il était navigateur : la pratique n'avait été poursuivie que jusqu'à la substitution de vapeurs aux voiliers. En effet, le voilier bercé par la houle imprime au contenu des tonneaux un mouvement de roulis favorable à la maturation du vin. Avec la marine à vapeur, les choses ont changé : le cargo se dirigeant droit vers le port coupe la lame et tangue brutalement, ce qui n'a pas sur le vin le même effet favorable. On y a donc renoncé.”

PIERRE BERTAUX, *HÖLDERLIN OU LE TEMPS D'UN POÈTE*,
GALLIMARD, 1983

À TABLE

Si Madame Bovary, *le grand roman de Gustave Flaubert (Rouen, 1821 – Croisset, 1880), est le portrait d'une âme solitaire à jamais insatisfaite, on y trouve aussi, en un subtil jeu de contrastes, de nombreuses descriptions et scènes de genre d'un monde rempli de plaisirs simples et de moments heureux. Si Emma ne trouve aucun plaisir dans son mariage avec Charles Bovary, pour les convives, le repas de noces est le moment d'une débauche de mets et une source de joie comme seules les fêtes campagnardes en font naître.*

“C'était sous le hangar de la charretterie que la table était dressée. Il y avait dessus quatre aloyaux, six fricassées de poulets, du veau à la casserole, trois gigots et, au milieu, un joli cochon de lait rôti, flanqué de quatre andouilles à l'oseille. Aux angles, se dressait l'eau-de-vie, dans des carafes. Le cidre doux en bouteilles poussait sa mousse épaisse autour des bouchons et tous les verres, d'avance, avaient été remplis de vin jusqu'au bord. De grands plats de crème jaune, qui flottaient d'eux-mêmes au moindre choc de la table, présentaient, dessinés sur leur surface unie, les chiffres des nouveaux époux en arabesques de nonpareille. On avait été chercher un pâtissier à Yvetot pour les tourtes et les nougats. Comme il débutait dans le pays, il avait soigné les choses ; et il apporta, lui-même, au dessert, une pièce montée qui fit pousser des cris.”

GUSTAVE FLAUBERT, *MADAME BOVARY*,
GALLIMARD, «BIBLIOTHÈQUE DE LA PLÉIADE», PARIS, 1997

Alexandre Grimod de La Reynière (Paris, 1758 – Villiers-sur-Orge, 1838) fut le «journaliste» de la table et celui à qui l'on oppose, à tort, Brillat-Savarin. Ce dernier, en effet, fut plutôt le «philosophe» du goût. Car c'est le goût qui est au centre des préoccupations de tous ceux qui écrivent sur les produits destinés à la table et sur les diverses manières de les préparer. Ainsi, les querelles infinies qui naissent autour de la question du goût ont-elles une importance majeure dans la mesure où, autour de la cuisine, de ses règles et de ses recettes, c'est à la fois le plaisir et l'art, le rayonnement des sens et l'éthique qui sont finalement en jeu.

“On doit voir dans les poulardes l'un des plus beaux, des plus fins, et des plus succulents rôtis, qui aient jamais honoré la broche, et si – remplaçant leurs entrailles par d'excellentes truffes – nous les laissons tourner devant un feu clair, toute la maison sera embaumée d'un parfum délicieux.
L'humble cresson pourra au besoin remplacer la truffe opulente ; mais il faut l'aiguiser avec de fort vinaigre, et n'en bourrer la poularde que lorsqu'elle est arrivée à sa dernière et glorieuse destination ; ce serait offenser une poularde que de la piquer lorsqu'elle est destinée à la broche. Une bonne barde d'un lard gras et onctueux est l'habillement qu'elle préfère, et il faut avouer que c'est pour elle le plus convenable et le plus décent…
Consultez les artistes fameux, ouvrez les meilleurs dispensaires de cuisine, qui valent bien ceux de la pharmacie, et vous y verrez les poulardes rôties se servir à la Jamaïque, à la Villeroy, aux cerneaux, aux écrevisses, aux olives, aux petits œufs et même aux huîtres.

Si c'est en ragoût que vous les préférez, vous aurez à les choisir à la provençale, à l'étouffade, en ballons, en cannetons, en croustade, à la crème et même à la cendre – le lendemain du mardi gras.
Si cependant, dans une matière aussi grave, il nous est permis d'avoir un avis, nous oserons dire que c'est déshonorer une poularde fine que de la manger autrement qu'à la broche. Elle vaut tant par elle-même, que c'est l'enlaidir que de chercher à la parer ; et c'est le cas de dire avec l'amoureux Orosmane : «L'art n'est pas fait pour toi, tu n'en as pas besoin.»"

GRIMOD DE LA REYNIÈRE, *ALMANACH DES GOURMETS* IN *VARIÉTÉS GOURMANDES*, ÉDITIONS H. KAESER, 1951

Ce grand ciseleur de vers que fut Francis Ponge (Montpellier, 1899 – Bar-sur-Loup, 1988) est le poète français qui a consacré la plus grande part de son énergie créatrice aux choses simples, celles qui nous sont familières, celles que nous voyons mais que nous ne regardons pas.

L'huître

"L'huître, de la grosseur d'un galet moyen, est d'une apparence plus rugueuse, d'une couleur moins unie, brillamment blanchâtre. C'est un monde opiniâtrement clos. Pourtant on peut l'ouvrir : il faut alors la tenir au creux d'un torchon, se servir d'un couteau ébréché et peu franc, s'y reprendre à plusieurs fois. Les doigts curieux s'y coupent, s'y cassent les ongles : c'est un travail grossier. Les coups qu'on lui porte marquent son enveloppe de ronds blancs, d'une sorte de halos.
À l'intérieur l'on trouve tout un monde, à boire et à manger : sous un *firmament* (à proprement parler) de nacre, les cieux d'en-dessus s'affaissent sur les cieux d'en-dessous, pour ne plus former qu'une mare, un sachet visqueux et verdâtre, qui flue et reflue à l'odeur et à la vue, frangé d'une dentelle noirâtre sur les bords.
Parfois très rare une formule perle à leur gosier de nacre, d'où l'on trouve aussitôt à s'orner."

FRANCIS PONGE, *LE PARTI PRIS DES CHOSES*, GALLIMARD, «POÉSIE», PARIS, 1942

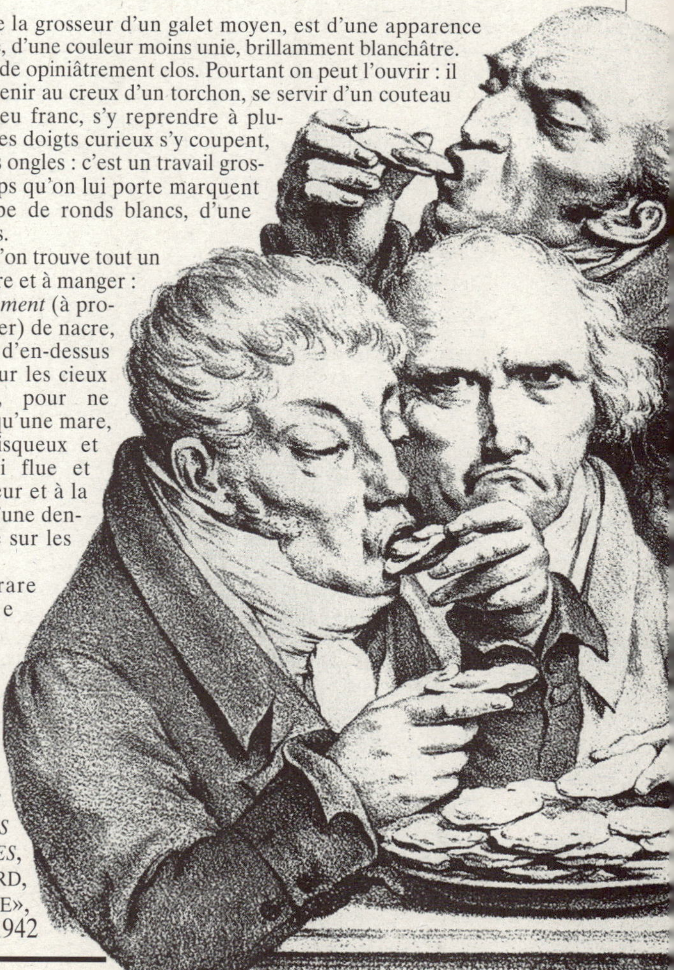

Les ouvrages de Léon Daudet (Paris, 1867 – Saint-Rémy-de-Provence, 1942), fils d'Alphonse, sont pleins de souvenirs politiques et littéraires, mais jamais il n'oublie de célébrer et sa Provence natale et les plaisirs de la table. C'est avec une sensibilité de gourmet et de gourmand qu'il évoque l'ail, ses vertus, ses démons et ses charmes. Et, au-delà de cet indispensable ingrédient de la cuisine provençale qu'est l'aïoli, c'est toute la culture populaire de cette région, ainsi que l'esprit d'autres grands auteurs comme Frédéric Mistral ou Alphonse Daudet, qui sont présents.

LE GOÛT ET LES PLAISIRS

“Le plat national de la Provence et du Languedoc, c'est l'« aïoli », sorte de mayonnaise à l'ail, rituellement broyée et tournée dans un mortier bien propre, à l'aide d'huile de première qualité, bien entendu. La composition de ce régal exige une habileté et un effort qui rebutent quelquefois les débutants. Mais le résultat vaut la peine. La crème d'ail accompagne délicieusement le poisson, les pommes de terre chaudes, les haricots verts, carottes, escargots, etc., et aussi, quand on est un véritable amateur, la côtelette et le perdreau. Étalée sur les «lèches» de pain de la bouillabaisse et incorporée au bouillon de poisson, elle constitue la bourride, plat merveilleux et qui peut atteindre au chef-d'œuvre. On cite aussi le catigot d'anguilles à l'ail, plat de mariniers dont Mistral et Alphonse Daudet, dans leurs félibrées le long du Rhône, étaient friands. Un peu plus haut, et vers Condrieu-du-Rhône, le catigot se fait avec de l'oignon et, en conséquence, est moins fin. Mais entre la bouillabaisse, la bourride, l'aïoli et le catigot, un honnête gourmand peut passer une existence agréable. En effet, l'ail pris à cette dose, et arrosé d'un vin de son pays (je recommande l'Hermitage, les Côtes-du-Rhône, le Châteauneuf-du-Pape, le Tavel, et aussi de grands petits vins tels que le Gigondas et le Plant-de-Dieu), procure une sensation de bien-être et de plénitude, une euphorie, comme disent les docteurs, assez analogue à celle de l'opium, et sans aucun danger. Cette sensation augmente avec la position couchée, ce qui signifie qu'après l'aïoli et la bourride une petite sieste est recommandée. Au bout d'une heure et demie environ, on se réveille dispos et vigoureux, apte à tous ses devoirs de citoyen. Après l'ail-remède, et non plus seulement aliment de joie, cette petite sieste est obligatoire. Il faut laisser agir le démon de l'ail.”

LÉON DAUDET, *LE LIVRE DE RAISON*, LIBRAIRIE PLON, PARIS

Conçu comme un complément actuel des Caractères *du philosophe grec Théophraste (Eresos, v. 372 – Athènes, 287 av. J.-C.),* Les Caractères, *de Jean de La Bruyère (Paris, 1645 – Versailles, 1696), s'est imposé, au fil des neuf éditions qu'en fit l'auteur, comme un ensemble de portraits au vitriol des gens de la cour du Roi Soleil. Chaque portrait est à la fois la description d'un caractère et le portrait de «tout l'homme», comme le fait remarquer Roland Barthes. Ici, au-delà du gourmand, c'est l'outrance dans l'usage d'un plaisir, celui de la table, que l'on voit se transformer en manie et tourner en ridicule.*

Le Gourmand

“Cliton n'a jamais eu toute sa vie que deux affaires, qui est le dîner le matin et le souper le soir. Il ne semble né que pour la digestion. Il n'a de même qu'un entretien : il dit les entrées qui ont été servies au dernier repas où il s'est trouvé, il dit combien il y a eu de potages, et quels potages. Il place ensuite le rôt et les entremets, il se souvient exactement de quels plats on a relevé le premier service, il n'oublie pas les hors-d'œuvre, le fruit et les assiettes, il nomme tous les vins et toutes les liqueurs dont il a bu. Il possède le langage des cuisines autant qu'il peut s'étendre, et il me fait envie de manger à une bonne table où il ne soit point. Il a

surtout un palais sûr, qui ne prend point le change, et il ne s'est jamais vu exposé à l'horrible inconvénient de manger un mauvais ragoût, ou de boire un vin médiocre. C'est un personnage illustre en son genre, et qui a porté le talent de se bien nourrir jusqu'où il pouvait aller. On ne reverra plus un homme qui mange tant et si bien. Aussi est-il l'arbitre des bons morceaux, et il n'est guère permis d'avoir du goût pour ce qu'il désapprouve.
Mais il n'est plus. Il s'est fait porter du moins à table jusqu'au dernier soupir. Il donnait à manger le jour qu'il est mort. Quelque part où il soit, il mange. Et s'il revient au monde, c'est pour manger."

LA BRUYÈRE, *LES CARACTÈRES : «DE L'HOMME»*,
GALLIMARD, «BIBLIOTHÈQUE DE LA PLÉIADE», PARIS, 1978

Le grand chef Raymond Oliver (Langon, 1909 – Paris, 1990), qui présida aux destinées du Grand Véfour, célèbre restaurant du Palais Royal, a dû méditer longtemps sur son art. Car, outre ses recettes et ses apparitions télévisées, qui le rendirent célèbre auprès du grand public, il apparaît également dans ce texte comme un poète. Celui qui a pu tirer leçon de ses rencontres avec sa voisine, Colette, qui habitait quelques étages au-dessus du restaurant et à qui il apportait lui-même les repas, quand le grand écrivain était devenu invalide.

"*L'odorat :* Vos aspects divers, nez, de Cléopâtre à Cyrano, ne sont que semblances vaines : votre fonction est dans vos trous.
Et toi, le mien, dilate-les, ouvre-les béants, ignorant si j'ai à préférer les senteurs de ces truffes ou le parfum d'Alice.
La vue : Sur l'écran transparent d'une jupe légère en contrejour sur le soleil, des ombres qui ne sont pas l'apanage des chinoises…
— Très cher, me dit Alice en me montrant les fruits, admirez le moelleux de ces formes.
C'est ce que je faisais, ô Alice dodue…
Le toucher : Raffinement subtil, Alice, que le plaisir de ce potage réside tant dans l'agrément de sa fraîcheur au contact des lèvres.
Mais comment se fait-il que toi, si fine cuisinière, je ne te trouve jamais que tiède ?
L'ouïe : Combien est gourmande la chanson grésillante et frétillante que font ces goujons dans la poêle !
Puisse-t-elle mettre Alice aussi en appétit, la chanson de mon cœur qu'elle fait cuire à petit feu !
Le goût : Fastueusement logé sous la voûte d'un palais, Goût, mets ton talent à me dire les mérites de ces vins.
Mais tu dois laisser à mes yeux et à mes lèvres le soin de déguster la main d'Alice qui me les verse."

RAYMOND OLIVER

Grand maître de l'argot contemporain, Albert Simonin (Paris, 1905 – Paris, 1980) est l'immense romancier qui met en scène mieux que personne le monde interlope des mauvais garçons. Le titi parisien prouve ici qu'il est également un fin gourmet, ou plutôt une fine gueule. D'ailleurs, le roulement de la langue verte se marie bien avec le frichti et les bonnes roteuses. Ce ton désinvolte laisse pourtant deviner que l'auteur de Touchez pas au grisbi ! *était obsédé par l'idée de la mort : si tout fout l'camp, c'est pas lui qui se laissera berner par les couillonnades du monde moderne.*

“Dès lors, en un temps où le problème des minorités est si fort à la mode, se posait celui des réactions de toute une communauté aux papilles gustatives exercées, devant l'altération des saveurs, de règle pour soixante-dix pour cent des produits alimentaires de base. Devait-on imaginer le truand semblable à un animal précieux et rare, dépérissant faute d'une nourriture appropriée ?
La rencontre de Tomate m'a, sur ce point, rasséréné.
Tomate, qui doit son blaze à la pigmentation coruscante de ses joues et de son tarin, et celle-ci à une dévotion de vieille date aux beaujolpifs, est un personnage exemplaire. Ayant débuté en espadrilles, la bâche torpédo sur la tronche et la rapière dans la poche de son bénard à la mal-au-bide, Tomate, aujourd'hui grossium respecté, a connu bien des heurts. La chronique des rades nous apprend qu'il a morflé cinq, puis sept piges de durs, effacé plusieurs chargeurs de 7,65 entre le faux-filet et la bavette, tout ceci sans que son humeur s'en trouve altérée. Or, je le dégauchis, la mine sombre, à l'angle de la rue des Abbesses, alors qu'il attaque la descente de la rue Lepic. Économe de ses paroles, Tomate consent néanmoins à m'expliquer sa présence.
— Si tu me trouves dans le coin, c'est un pèlerinage !… Y a quarante piges, je venais y faire le marca !… Y avait du plaisir à acheter, à choisir, à chercher le superchoix !… Le filet plein, on descendait prendre l'apéro au Cyrano, la terrasse des hommes : tous tauliers, placeurs ou harengs !… Maintenant, j'pourrais plus !… avec ce qu'ils osent fourguer comme denrées, je donnerais des coups !…
Les boutiques maintenant se succèdent. Tomate, matant sauvagement les étals, groumme.
— Maquereaux pêchés à la farine !… Veau broutard !… Bouquets passés à la teinture !… Pêches gonflées à la lancequine ! Cervelles de mouton frigo !… Dis-moi que c'est pas vrai !
Je n'ose. Dans une armoire chromée, des volailles embrochées tournent sous un implacable bombardement d'infra-rouges. Engageant, le préposé à la mécanique clame à pleine voix :
— Mangez du poulet !… il est bon !… il est délicieux mon poulet !…
Pointé sur place, Tomate est passé de l'incarnat au rouge cerise. Il explose :
— T'entends ce qu'il bonnit ce hotu ?… Faudra un jour les flinguer pour que ça cesse ?
Craignant le pire, je l'entraîne, protestant, fulminant toujours.
— Ils ont pas le droit d'appeler ça du poulet !… Nous, quand on filait une frangine sur le ruban, c'était pas de l'ersatz de femme qu'on fournissait, du bidon, de la Vénus sous Cellophane !… Elle était pas frelatée, la nana !…”

Albert Simonin, *La Bonne Vie*, in Le Crapouillot, 1968

Itinéraires régionaux

▲ Grand cru mis à vieillir au château

Terroir en Auxois ▼

▲ Retour de pêche

Champ de blé dans le Laugarais ▼

▲ Porc large white

▲ Taureau maine-anjou

Taureau charolais ▼

▲ Vache normande

▲ Taureau blonde d'Aquitaine

Taureau limousin ▼

La FNCRA : Fédération nationale des Comités régionaux de promotion des produits agro-alimentaires

L'idée d'un système de représentation officielle du monde agricole, inspiré de celui des chambres de commerce, voit le jour au début du XIXe siècle. Mais les chambres d'agriculture ne seront établies au sein de chaque département qu'en 1927. Une quarantaine d'années plus tard, les régions se verront, elles aussi, dotées de telles institutions. C'est sous l'égide de l'Assemblée permanente de ces chambres d'agriculture, l'APCA, que la FNCRA (Fédération nationale des Comités régionaux de promotion des produits agro-alimentaires) déploie aujourd'hui son action.

Des comités issus des chambres
Outre leur rôle de conseil auprès des pouvoirs publics, les chambres d'agriculture ont pour mission d'accompagner l'évolution de l'agriculture face aux nouvelles exigences des consommateurs et aux attentes de la société : qualité, environnement, tourisme vert, développement local... Elles proposent d'autre part des services pour les entreprises agro-alimentaires (accueil, logistique, promotion, communication...). C'est dans ce cadre d'aide aux professionnels qu'elles ont mis en place, dans les années soixante, vingt-deux Comités régionaux de promotion des produits agro-alimentaires, chapeautés par la FNCRA.

La vocation des comités
Dès leur création, les comités avaient pour but de promouvoir les produits transformés issus de l'agriculture, ainsi que les produits alimentaires «du terroir», afin de développer la production agricole dans leur région. Aujourd'hui, ils mènent parallèlement des actions dans le domaine de la gastronomie.

Un réseau dynamique
Les comités régionaux et la FNCRA représentent une équipe de 70 personnes menant plus de 350 actions par an, en faveur des produits et de 8 000 entreprises agro-alimentaires.

UNE REPRÉSENTATION PARTENARIALE
Chaque comité représente l'ensemble des partenaires de la région : conseils régionaux, chambres d'agriculture, chambres de commerce et d'industrie, chambres des métiers, groupements professionnels et interprofessionnels (syndicats, coopératives, organismes de tourisme…), mais aussi, et surtout, entreprises locales.

DES OBJECTIFS
Le rôle des comités consiste actuellement à élargir les débouchés des entreprises agro-alimentaires, notamment dans la distribution, à les accompagner à l'export, à développer les politiques de qualité ● *13*, à rapprocher les producteurs des restaurateurs et du tourisme et, enfin, à améliorer la notoriété de leurs produits régionaux.

DES MOYENS
Organisation de semaines promotionnelles en grandes surfaces et d'opérations diversifiées (telles que celles associant les restaurateurs), promotion des identités régionales, notamment lors d'expositions à l'étranger, animation des espaces régionaux au Salon de l'Agriculture ● *24*, sensibilisation par filières au problème de la qualité et mise aux normes européennes, offre de service de communication pour de nombreuses filières… voilà la mission quotidienne des comités de promotion et de leur fédération !

ALSACE

ALSACE
8 280 km² pour 1,6 million d'habitants. Deux départements : le Haut-Rhin (Colmar) et le Bas-Rhin (Strasbourg)

VINS AOC
Crémant d'Alsace, gewurztraminer, muscat, pinot blanc, pinot gris, pinot noir, riesling, sylvaner
CHARCUTERIE
Knack, cervelas, saucisses de foie et à tartiner, palette à la diable, pâté en croûte, tourte alsacienne, foie gras d'oie
PRODUITS LAITIERS
Munster-géromé (AOC), crème fraîche d'Alsace (LR)
PÂTISSERIE
Bretzel, Kougelhopf

Terre germanique devenue française, l'Alsace a su préserver, contre les vicissitudes de l'histoire, une forte identité régionale, ce dont la cuisine témoigne à merveille. Bénéficiant d'un climat semi-continental, d'une mosaïque de paysages – marais, vastes forêts, collines verdoyantes, montagnes de grès ou coiffées de hauts chaumes, vignobles des collines sous-vosgiennes, cultures de la plaine rhénane –, «la belle province», comme l'avait baptisée Louis XIV, semble avoir été prédestinée aux plaisirs de la table. L'Alsace gourmande se découvre dans une *Winstub*, une *Bierstub*, ou une ferme-auberge.

LA PLAINE D'ALSACE

LE FOIE GRAS. Héritage des pratiques alimentaires de la communauté juive, spécialité alsacienne depuis le XVIIIe siècle, le foie gras d'oie en croûte est, selon une

Récolte des choux à Geispolsheim.

«SI LE SÜRKRÜTMAN N'EST PAS LÀ,
IL EST À LA WIRTSCHAFT.»

ÉCRIT SUR UNE ARDOISE D'UN MARCHÉ STRASBOURGEOIS
(*SÜRKRÜTMAN*, VENDEUR DE CHOUCROUTE ; *WIRTSCHAFT*, CAFÉ)

légende fort tenace, l'œuvre de Jean-Pierre Clause. En 1778, ce cuisinier au service du maréchal de Contades, gouverneur militaire de Strasbourg, crée un petit pâté en croûte rempli de foies gras entiers, d'une farce de veau et de lard, finement hachée. Présenté à la cour de Louis XVI, le pâté de foie gras «à la Contades» suscite l'engouement. Quelques années plus tard, la recette, agrémentée de truffes du Périgord, est rebaptisée «de Strasbourg». Ce mets raffiné indissociable de l'image des *Gänseliesel*, les gardiennes d'oies, est entre 1850 et 1950 le fleuron de l'industrie strasbourgeoise. Malgré la concurrence étrangère, la raréfaction des fermes d'élevage et des conserveries, le foie gras d'oie demeure indéfectiblement au menu des agapes de fin d'année. En terrine, cuit au torchon, poêlé aux reinettes, braisé à la strasbourgeoise, il s'accompagne de tokay, de gewurztraminer ou de riesling.

LA CHOUCROUTE. Au Moyen Âge, chez les paysans, la choucroute est servie le jeudi et le dimanche. Durant l'hiver, elle assure aux ménages une alimentation riche en vitamine C. Au XVIe siècle, la journée consacrée au salage du chou, ou *Gumbskrut*, est un jour férié. Au fil du temps, la choucroute est l'hôte obligé des réunions familiales. Selon les régions, outre les viandes et les charcuteries, elle est présentée avec divers accompagnements : pois secs, haricots verts, navets, quenelles de pommes de terre (*Büewespitzle*), tranches de pommes et de poires séchées (*Schnitz*). De nos jours, la région de Krautergersheim et les environs de Colmar sont les principales zones de culture des choux pommés à tête blanche, ou «quintal d'Alsace». La récolte a lieu de septembre à novembre. À la choucrouterie, hier dans de grandes cuves de bois remplacées aujourd'hui par des cuves en béton, les choux découpés en fines lanières sont disposés en couches successivement salées puis tassées. On y ajoute quelques ingrédients : baies de genièvre, graines de cumin, laurier, parfois un peu de kirsch. L'ensemble surit à température ambiante durant un mois environ. Puis la choucroute est vendue crue ou cuisinée avec de la bière, du vin blanc ou du crémant d'Alsace. Escortée d'une chope de bière, la choucroute garnie met en scène un délicieux amoncellement de charcuteries : saucisses de Strasbourg, *Knackwürstle* ou *Knacks* d'Alsace, saucisse fumée, poitrine fumée ou salée mais aussi boudin alsacien, cervelas d'Alsace, saucisson à l'ail, palette, échine, jambonneau… Craquante et parfumée, la choucroute nouvelle, de la fin juillet, est servie en salade ou accompagnée de poissons (carpe, hareng, haddock ou saumon).

LES CHARCUTERIES. L'élevage florissant des porcs ainsi que les techniques de fabrication des charcutiers originaires du Wurtemberg ont contribué à la réputation

BIÈRES. Karlsbrau, Adelshoffen, Météor, Kronenbourg, Fischer, Schutzenberger
DIVERS. Pâtes d'Alsace, miel

d'Alsace (LR), kirschwasser, eaux-de-vie de fruits, choux à choucroute

LA MÉMOIRE DES LIEUX
Quelques noms témoignent à Strasbourg des nombreux marchés qui furent ouverts à l'époque romaine, telles les places du Marché-aux-Poissons, du Marché-aux-Cochons-de-lait, les rues du Vieux-Marché-aux-Poissons, du Vieux-Marché-aux-Grains.

LA BIÈRE
Sept brasseries sont encore en activité en Alsace et couvrent plus de 50 % du marché national.

Quatre brasseries sont installées à Schiltigheim : Fischer, Schutzenberger, Adelshoffen et Heineken. Les autres marques alsaciennes s'appellent : Météor (Hochfelden), Kronenbourg (Cronenbourg, Obernai), Karlsberg (Saverne). L'orge est cultivée dans le Ried, l'eau est puisée aux sources cristallines des Vosges.

de l'Alsace charcutière. Et les spécialités aux innombrables variantes se comptent par dizaines : les saucisses à frire (*Brotwurscht*) sont les plus anciennes ; les saucisses de foie de porc paysannes (*Leberwurst*) se consomment sur des tartines ; les saucissons «de bière» (par déformation de l'allemand *Birn*, «poire») ; le *Presskopf*, ou fromage de tête, les délicieuses quenelles de moelles ou encore l'estomac de porc farci s'inscrivent à la carte de toutes les *Winstub*…

LES PÂTES D'ALSACE. Elles sont de plusieurs sortes, et les plus connues sont appelées *Spaetzle.* Jusqu'au siècle dernier, dans les cuisines domestiques, les *Spaetzle*, pâtes en forme de petites gouttes et riches en œufs, étaient préparées salées ou sucrées. De nos jours, de fabrication artisanale ou industrielle, les *Spaetzle*, sortes de longs filaments de 5/10 cm, sont les garnitures traditionnelles du civet de lièvre.

PÂTISSERIES. Aujourd'hui desserts, les tartes aux fruits (rhubarbe, mirabelles, myrtilles, pommes, quetsches) pouvaient constituer naguère encore à la fois le plat de résistance et le dessert, après une soupe de légumes. Exclusivement alsacienne est la tarte au fromage blanc agrémenté de raisins secs, parfumé au citron et enneigé de sucre glace après cuisson. Invariablement, les repas de fête s'achevaient par des biscuits fourrés à la crème au beurre ou par des vacherins glacés strasbourgeois surmontés de crème chantilly. Toute l'année, les pâtisseries scandaient saisons et fêtes : bretzels géants au Nouvel an, beignets pour le carnaval, agneaux en biscuit à Pâques, crêpes aux fleurs, mendiants aux cerises noires, beignets aux pommes, quatre-quarts (*Gsundheitskueche*), pains d'épice et *Bredle* de Noël. À Strasbourg et généralement en Alsace, les *Kougelhopf*, les nattes aux amandes et autres gâteaux en pâte levée ne sont jamais servis comme desserts, mais uniquement au petit déjeuner ou au goûter en préparation sucrée. Seul le *Kougelhopf* salé accompagne l'apéritif. Enfin, la tarte flambée (*Flammekueche*, ou *Brieli*) a débordé le cadre paysan de son origine pour venir concurrencer sa lointaine cousine, la pizza.

LES VOSGES

LE MUNSTER-GÉROMÉ. Ce fromage monastique est sans doute antérieur à 1371, date de sa première mention. Sa notoriété est indissociable des fondateurs de la ville de Munster, moines venus d'Irlande ou d'Écosse au VIIe siècle qui encouragèrent l'élevage du bétail sur les montagnes pauvres, ou chaumes, du versant alsacien des Vosges ainsi que la production des laitages. La région produisait alors un beurre délicieux ainsi que le munster, fromage gras au lait entier, à pâte souple, crémeuse et à l'odeur persistante, qui était réputé pour bien se conserver. Au fil des siècles, sous l'impulsion des clercs, les bergers, ou marcaires (littéralement «celui qui trait les vaches»), investirent le versant lorrain des Vosges et créèrent

Calendrier gourmand
Mai : fête des asperges à Hoerdt
Juin : fête du Kougelhopf à Ribeauvillé, fête de la cerise et du Kirsch à Breitenbach
Juillet : marché de produits du terroir à Haguenau
Août : Foire au vin de Colmar
Septembre : fête de la choucroute à Meistratzheim
Octobre : fête des vendanges à Barr

de nouveaux hameaux. Les fermiers de Gérardmer fabriqueront le fromage sous le nom de géromé. En 1969, l'Institut national des appellations d'origine accordait aux deux fromages le nom de munster-géromé. C'est au printemps et à l'automne, lorsqu'il est imprégné des parfums de la flore des pâturages, qu'il est le meilleur. La fabrication du munster-géromé fermier est aussi le prétexte au traditionnel repas-marcaire servi dans les nombreuses fermes-auberges du Haut-Rhin, regroupées en une association depuis une vingtaine d'années. Au menu : la tourte de la vallée de Munster, la viande de porc fumée garnie de pommes de terre aux oignons et aux petits lardons (*Roïgabrageldi*), le munster de préférence mi-affiné et la tarte aux myrtilles.

Le kirsch. La distillation d'alcools blancs a fait la renommée du val de Villé, berceau de la production alsacienne. Réservée dans un premier temps aux seigneurs et aux couvents, cette activité s'est répandue dans les campagnes au début du XVIIIe siècle, comme en témoignent les nombreux millésimes gravés dans le grès des bacs de refroidissement. Élaboré à partir des variétés de griotte et de merise, le kirsch, ou *Kirschwasser*, est réputé comme le meilleur d'Alsace. Dans le val de Villé, la cueillette se déroule à la mi-juillet. Les bonnes cerises de distillation (*Schnapskerscha*) sont récoltées à surmaturité, lorsqu'elles sont gorgées de sucre et d'arôme. Dix-huit kilos de cerises sont nécessaires pour obtenir un litre d'eau-de-vie. Le kirsch atteint son point de perfection après une longue période de vieillissement, parfois plus de dix ans. Le dernier week-end de juin, les fêtes de Breitenbach sont l'occasion de déguster la traditionnelle et délicieuse mousse au kirsch.

Le miel
Parmi les six crus de miels alsaciens (miels de sapin, de fleurs, de tilleul, de châtaignier, d'acacia, de montagne), le miel de sapin figure, depuis la fin du siècle dernier, au premier rang de la production régionale. Ses arômes balsamiques, son goût onctueux et velouté en bouche ont été récompensés, en 1995, par un label rouge.

Le vignoble

Il couvre les collines sous-vosgiennes à une altitude allant de 200 à 400 m, sur 12 500 ha environ. Quelque cent localités composent la Route des vins, qui, de Marlenheim à Thann, soit une centaine de kilomètres du nord au sud, offre l'ample gamme de coloris du vignoble alsacien. Justifiée, la renommée qui précède Riquewihr, Eguisheim, Kaysersberg, Obernai ne doit pas faire oublier au visiteur des sites que l'histoire rehausse et que le présent vivifie.

Musée du vignoble et des vins d'Alsace
La confrérie Saint-Étienne-d'Alsace, dont l'origine remonte au XIVe siècle, l'accueille dans les dépendances du château de Kientzheim. Situé au cœur de la région viticole, ce musée, qui se veut régional, sert de trait d'union entre un passé millénaire et la génération actuelle des viticulteurs.

L'Alsace est la seule de toutes les régions viticoles à perpétuer la tradition des cépages. Au nombre de sept, ils donnent leurs noms au vin obligatoirement embouteillé dans la région d'origine : sylvaner, riesling, pinot blanc, muscat d'Alsace, tokay pinot gris, pinot noir et gewurztraminer. En 1983 et 1992, à l'instar des autres grandes régions vinicoles, l'Alsace s'est donné cinquante grands crus répartis sur quarante-sept localités.

VENDANGES TARDIVES
Les vendanges tardives exigent une arrière-saison longue, ensoleillée et de faible pluviosité. Le passage des brumes automnales auxquelles succède le soleil favorise le développement de la pourriture noble. Bien après la récolte normale, on cueille avec précaution des raisins présentant un niveau élevé de concentration (vendanges tardives) voire des raisins entièrement botrytisés (sélection de grains nobles). Ces fleurs tardives du vignoble alsacien, provenant exclusivement du riesling, muscat, gewurztraminer ou pinot gris, ne libèrent leurs couleurs que certaines années exceptionnelles.

GRANDS CRUS
Ce sont des vins d'exception qui, à travers quatre cépages (riesling, gewurztraminer, tokay pinot gris et muscat), expriment la richesse du terroir et sa diversité, qui n'a rien à envier aux «climats» bourguignons. Outre le cépage, l'étiquette mentionne obligatoirement le lieu-dit et l'année. Le rendement de base est fixé à 70 hl par ha et la production représente à peine 4 % de l'ensemble.

Tokay pinot gris
Ce cépage fut introduit en Alsace à la fin du XVIIe siècle. Ses grains d'un rosé fumé couverts d'un fin duvet livrent un vin légèrement moelleux qui, adossé à une acidité naturelle, fera la joie des palais et des papilles.

Pinot blanc
Deux variétés se partagent ce cépage : le premier qui porte le nom générique est d'origine bourguignonne et a été introduit au XVIe siècle. L'auxerrois semble d'origine lorraine. Par tradition les deux variétés sont confondues et donnent naissance à un vin souple et fruité.

Pinot noir
Ce cépage rouge, originaire de Bourgogne, ne va pas à l'encontre de la tradition ; bien au contraire il la poursuit avec talent et naturel. Il est vinifié soit en rosé, soit en rouge. Sa robe claire, chatoyante, livre en bouche des arômes de cerise et de kirsch.

Riesling
Le riesling est le cépage rhénan par excellence. Présent dès la fin du XVe siècle, il lui faudra attendre le XIXe siècle pour se développer pleinement. Ses petits grains serrés et piquetés de noir l'identifient au premier regard. Il est, avec le chardonnay, la variété blanche la plus prestigieuse.

Sylvaner
Le sylvaner est un cépage d'origine danubienne introduit en Alsace à la fin du XVIIIe siècle par l'Autriche. De maturité tardive, c'est un vin du quotidien, frais et disposé à toutes les rencontres de la table.

Gewurztraminer
Voici le digne successeur du traminer introduit au XVIe siècle. Ses grains d'un rouge laiteux légèrement voilé de velours le rendent reconnaissable entre tous. À l'odorat et au goût, il développe un florilège de saveurs rares.

Muscat d'Alsace
Deux variétés se partagent ce cépage : le muscat d'Alsace que l'on connaît depuis le XVIe siècle et le muscat ottonel d'implantation plus récente. Le plus souvent réunis, ils donnent un vin très aromatique.

AQUITAINE

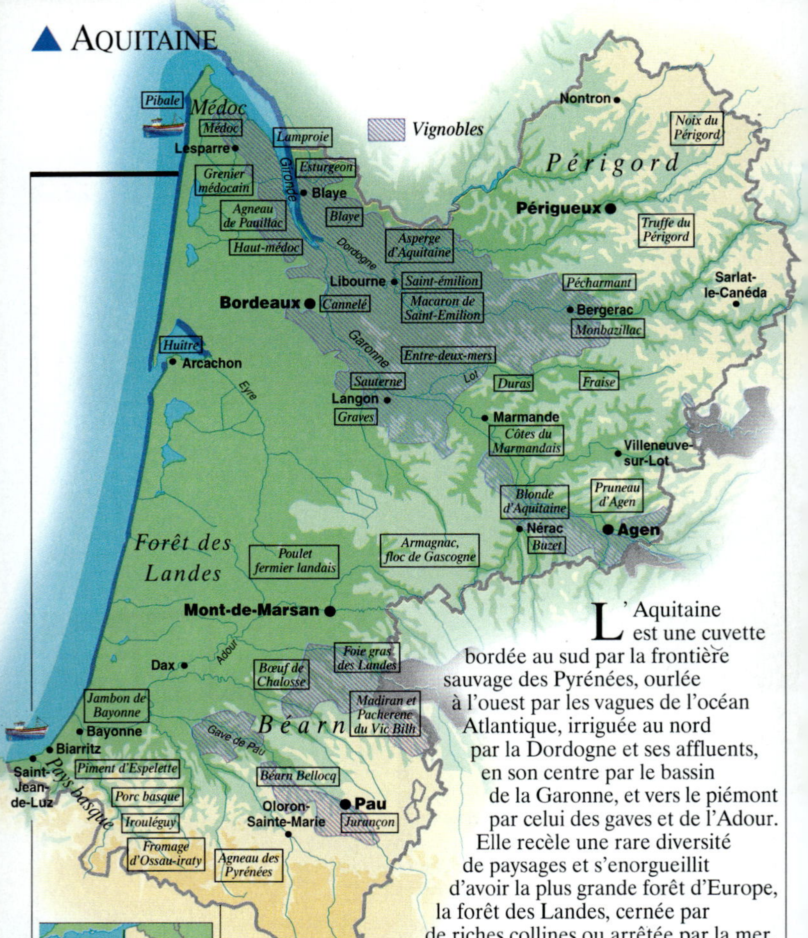

L'Aquitaine est une cuvette bordée au sud par la frontière sauvage des Pyrénées, ourlée à l'ouest par les vagues de l'océan Atlantique, irriguée au nord par la Dordogne et ses affluents, en son centre par le bassin de la Garonne, et vers le piémont par celui des gaves et de l'Adour. Elle recèle une rare diversité de paysages et s'enorgueillit d'avoir la plus grande forêt d'Europe, la forêt des Landes, cernée par de riches collines ou arrêtée par la mer.

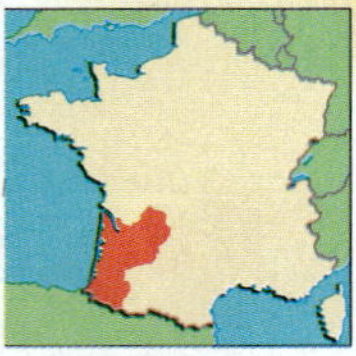

AQUITAINE
41 308 km² pour 2,79 millions d'hab.
Cinq départements : la Dordogne (Périgueux), la Gironde (Bordeaux, capitale régionale), les Landes (Mont-de-Marsan), le Lot-et-Garonne (Agen), Pyrénées-Atlantiques (Pau).

FROMAGES
Ossau-iraty-brebis Pyrénées AOC, caillé de brebis
FOIES GRAS
du Sud-Ouest

SUR LA CÔTE

LA LAMPROIE. Seules deux espèces sont consommables, la lamproie fluviatile, ou «lamproyon», qu'on cuisine grillée sur des sarments, et la lamproie marine, la plus recherchée pour la qualité de sa chair. C'est un des fleurons de la gastronomie locale. Les ingrédients de la recette marient trois éléments propres à la cuisine d'estuaire : un poisson, la lamproie, un légume, les poireaux du potager et le vin rouge des vignobles qui bordent les rivières alentour. Elle se consomme fraîche à la saison, de mars à mai, ou en conserves traditionnelles. La sauce qui l'accompagne est faite de vin et liée au sang du poisson.

L'ESTURGEON D'AQUITAINE. Quoique réputé depuis le Moyen Âge, l'esturgeon d'Aquitaine, ou «créât», a pratiquement disparu des eaux de l'estuaire de la Gironde où il était abondant. En 1769, Valmont de Bomare écrivait : «À Bordeaux, l'esturgeon est si commun que tout le monde en mange.» À l'origine, seule la chair de ce poisson qui vit depuis quelque 300 millions d'années sur notre planète intéressait les

Parcs à huîtres du cap Ferret

Lamproie. Elle fait partie du groupe le plus primitif des vertébrés connu sur notre planète et sa présence dans nos océans daterait de quelque 400 millions d'années. Il existe trois espèces de lamproies qui remontent l'estuaire de la Gironde pour venir pondre en amont sur le gravier des frayères.

pêcheurs. C'est l'arrivée en France des émigrés russes au début du siècle qui accéléra le développement de la pêche en vue de la production du caviar. Des prélèvements incontrôlés, l'aménagement des rivières et la pollution eurent raison des esturgeons autochtones (*Acipenser sturio*). L'espèce élevée dans les esturgeonières (*Acipenser baeri*) en est proche, mais provient d'échanges scientifiques avec les Soviétiques. Outre les poissons entiers et l'esturgeon fumé, le GIE Esturgeon d'Aquitaine propose à nouveau du caviar d'Aquitaine qui soutient la comparaison avec son illustre cousin.

Les huîtres du bassin d'Arcachon. Au siècle dernier, l'ostréiculture du bassin d'Arcachon eut à subir plusieurs aléas, et bien rares sont actuellement les huîtres plates autochtones, ou «gravettes», encore élevées dans les parcs. En 1920, l'huître plate fut relayée par la «portugaise», présente sur le bassin dès la création des parcs, pour être remplacée dans les années soixante-dix par la japonaise, ou «gigas» (*Crassostrea gigas*). Actuellement, le bassin d'Arcachon est un important centre reproducteur qui fournit en naissains la plupart des bassins ostréicoles français et produit de belles huîtres, très typées, dont la saveur dépend de l'endroit où se situent les parcs où elles sont élevées.

La pibale. Plus communément associée au fruit défendu du braconnage, la consommation des alevins d'anguilles, civelle, ou pibale en Aquitaine, est aujourd'hui devenue un des plats-vedettes de la gastronomie du Sud-Ouest. Portées depuis la mer des Sargasses par les courants les ramenant vers l'embouchure des estuaires, les larves se transforment à l'approche des côtes en alevins translucides que l'on consomme la plupart du temps cuits à l'ébouillanté et assaisonnés avec de l'huile d'olive brûlante, un peu de piment et quelques pétales d'ail.

Vins et liqueurs AOC
Armagnac, floc de Gascogne, vins (bordeaux, buzet, bergerac, côtes de duras, pécharmant, saussignac, monbazillac, côtes-du-marmandais, madiran, jurançon, irouléguy, pacherenc du Vic-Bilh, béarn bellocq)
Volailles
Volailles fermières des Landes (LR)
Charcuteries
Jambon de Bayonne (LR), jambon basque, boudins…
Viandes LR
Baskari (LR), agneau de Pauillac, porc du Sud-Ouest, bœuf blond d'Aquitaine et de Chalosse (LR)
Produits aquatiques
Esturgeon d'Aquitaine, lamproie, civelle huître du bassin d'Arcachon
Fruits et légumes
Fraise d'Aquitaine, tomate de Marmande, noix du Périgord, carotte et asperge des Landes, melon de Nérac
Pâtisseries
Cannelé bordelais, tourtières, gâteau basque, pastis landais
Autres
Pruneau d'Agen, truffe du Périgord, cèpe, piment d'Espelette

LE POULET DES LANDES
Le poulet fermier landais est le fruit d'une longue tradition d'élevage pratiquée dans les «airials» au cœur de la plus grande forêt d'Europe.

LES LANDES

LE POULET FERMIER LANDAIS. Il est issu de l'incontestable qualité d'une souche ancienne dont la présence est attestée dans les Landes depuis plus d'un siècle et demi, le poulet jaune «cou nu». Conscient des atouts de son environnement, le groupement interprofessionnel fondé en 1952 a contribué très tôt à améliorer ce patrimoine. Premier label rouge de France en 1965, les fermiers landais, pionniers du genre, sont à l'origine du concept du label rouge Liberté créé en 1982, qui défend un mode d'élevage artisanal où les clôtures sont interdites. Les poulets répondant au cahier des charges défini par ce label sont élevés dans de petites cabanes en bois, les «marensines», qu'on peut déplacer dans la forêt au gré des besoins et qui orientent les animaux vers un parcours naturel dans les sous-bois. Leur nourriture sauvage est complétée par un apport de céréales où le maïs est obligatoirement présent pour moitié.

LE BŒUF DE CHALOSSE. Choisi parmi les races à viande reconnues pour leur qualité, limousine ou blonde d'Aquitaine, le bœuf label rouge de Chalosse est élevé durant quatre ans. Il passe la majeure partie de son temps au pacage en prairie, mange du foin et finit sa vie engraissé au maïs pendant les six derniers mois, voire plus, ce qui donne à sa chair un beau persillé.

LES CHAMPIGNONS (Landes)
Le genre «bolets» compte une quarantaine de variétés, 4 vénéneuses, 6 immangeables. Le *Boletus eludis*, plus connu sous le nom de cep de Bordeaux, et le *Boletus aereus*, ou cèpe à tête noire, restent les deux champignons les plus convoités de cette famille. Girolles (ci-dessus), trompettes-des-morts, mousserons, lactaires forment le cortège des variétés les plus recherchées.

LE FOIE GRAS DES LANDES. Les paysans du Nil furent les premiers à remarquer que les oies sauvages se gavaient naturellement pour faire des réserves avant leur grand voyage de migration. De là à en déduire que les qualités gustatives de leur foie à cette époque de l'année s'en trouvaient améliorées, le pas fut franchit, et le gavage méthodique devint une pratique courante. Une fresque datée de 2500 ans av. J.-C. et décorant la sépulture de Ti en témoigne. Oies et canards subirent le même sort, et l'on a tout lieu de croire que ce sont les Romains, héritiers de la culture égyptienne, qui introduisirent cette méthode d'élevage en Aquitaine.
Au XIIe siècle, la représentation du canard sur les cathédrales de Morlaas et Sainte-Marie d'Oloron traduit l'importance de cet animal dans la vie quotidienne des campagnes. S'agissant du foie gras, le terme de Sud-Ouest renvoie donc à une famille de produits qui peuvent se référer à une véritable histoire et à un terroir. Depuis janvier 1997, les entreprises de la région peuvent faire apparaître cette mention sur les produits répondant au cahier des charges qui permet de valider leur qualité et leur provenance.

Bœuf de Chalosse Longtemps, dans les collines de la Chalosse, le bœuf est resté l'instrument de travail privilégié du paysan.

Déchaussant la vigne au printemps, tirant la charrue, indispensable aux travaux de la ferme, le bœuf de Chalosse était fêté à Carnaval, au temps des bœufs gras.

La région bordelaise

Le grenier médocain. Cette spécialité gourmande originaire du Médoc s'est longtemps cantonnée dans cette presqu'île avant de conquérir la région. On suppose qu'on la doit à l'habileté gourmande de charcutiers itinérants qui tuaient et aidaient autrefois à la préparation du cochon de ferme en ferme. C'est une panse de porc, cuite dans un court-bouillon très parfumé, roulée sur elle-même et recousue, simplement salée et très poivrée, qu'on mange froide au casse-croûte ou en entrée, mélangée à d'autres charcuteries.
L'agneau de Pauillac. L'agneau dit de Pauillac est par excellence l'agneau du vin. Si l'on remonte l'histoire, on le trouve associé à la vigne depuis toujours. Transhumant d'une lande hostile et marécageuse, les bergers venaient alors passer l'hiver au sec dans les vignes où les brebis enrichissaient les sols de fumure naturelle tout en broutant entre les rangs. Chaque château avait son troupeau. Cet équilibre se gâtait au printemps, quand les agneaux, beaucoup trop turbulents et gourmands pour baguenauder en liberté parmi les premiers bourgeons, devaient être consignés dans les bergeries. Uniquement nourris au lait de leur mère, les nouveau-nés ne repartaient pas tous vers la lande. L'agneau de lait tombait à point pour Pâques. La tradition faillit disparaître, et l'on doit son maintien à un groupement d'éleveurs pugnaces qui produisent encore cette viande magnifique. La simplicité lui sied en cuisine.
Bordeaux et son cannelé. On attribue aux religieuses du couvent des Annonciades l'origine du cannelé. Les sacs de farine éventrés sur les quais servaient à fournir la matière première nécessaire à la fabrication de ce petit gâteau qui tire son nom du moule dans lequel on lui donne sa forme. Le lait était fourni par le couvent. Disparue sous la Révolution, la recette resurgit quelques années plus tard.

Le Blayais et le Libournais

L'asperge d'Aquitaine. Elle ne fut intégrée au potager que vers le XIe siècle à Byzance, et bien plus tard dans le Sud-Ouest. L'Aquitaine concentre dans les Landes, le Blayais et la vallée de la Garonne la plus grande partie des 2 800 t de sa production, essentiellement de l'asperge blanche, bien que la verte effectue actuellement une percée non négligeable.
Le macaron de Saint-Émilion. En 1630, en vue de la bonne éducation des jeunes filles, Mlle de Lacroix fonda à Saint-Émilion le couvent des Ursulines. Les sœurs, entre autres talents, se firent une spécialité du «macaron». Un siècle et demi plus tard, la Révolution faisait rage, le cloître était rasé et le couvent vendu comme bien national. La recette parvint entre les mains d'une certaine veuve Goudichaud, qui autorisa son aîné à exploiter le filon.

Le Périgord

La noix du Périgord. Mayette, Saint Martial, Ronde, Moussine, Fermette : le «gland de Jupiter», ainsi nommé par les Romains, se cache en Périgord sous bien des appellations.

L'asperge d'Aquitaine
L'asperge blanche exige une vigilance attentive et sa récolte est délicate. Ce primeur est présent sur les marchés à l'arrivée du printemps et pratiquement jusqu'au début de l'été. L'asperge bénéficie de techniques de conditionnement et de distribution qui permettent de commercialiser en moins de dix-huit heures des produits fraîchement cueillis, gardant toute leur saveur. Le logo «Asperges de France» garantit cette qualité.

Château de Monbazillac

Aujourd'hui, les vins du Sud-Ouest représentent entre 7 et 8 % de la récolte nationale. On peut distinguer trois grandes zones de production : au nord, celle de la Dordogne avec les vins du Bergeracois ; au centre, celle du Lot-et-Garonne, des Landes et du Gers ; et, au sud, celle du piémont pyrénéen.

Les vins du Bergeracois

Établie sur les deux rives de la Dordogne, l'aire d'AOC s'étend sur 13 000 ha et regroupe 5 grandes familles : les bergeracs rouges, les côtes de bergerac rouges, les bergeracs rosés, les côtes de bergerac moelleux et les bergeracs secs. On distingue par l'appellation de pécharmant des vins rouges issus du terroir de sables et graviers au nord-ouest de Bergerac. Les vins blancs les plus réputés sont : les secs du terroir de Montravel, les moelleux des côtes de Montravel et Haut-Montravel, le saussignac, et, parmi les liquoreux, le monbazillac.

Armagnac et floc

On a coutume de distinguer trois terroirs dans la zone de production de l'armagnac : le bas armagnac à la lisière de la forêt landaise, la ténarèze entre Eauze et Condom, le haut armagnac entre Agen et le piémont pyrénéen. L'armagnac est essentiellement obtenu à partir de la distillation des vins de cépage : l'ugni blanc, le colombard, la folle blanche pour l'essentiel, mais également le bacco, hybride vinifère. Le floc est un vin de liqueur blanc ou rosé qui résulte de l'assemblage de jus de raisin et d'armagnac produits sur la même exploitation viticole. Sa zone de production recouvre celle des trois terroirs de l'armagnac. Après avoir été soumis à une commission d'agrément, il est vendu sous l'AOC floc de Gascogne.

Côtes du Brulhois

Cette zone de production (AOVDQS) s'étend sur 10 000 ha sur les coteaux d'Agen, jusqu'aux abords de Toulouse et produit des vins appelés «vins noirs» depuis le XIIIe siècle.

Tursan, madiran et pacherenc du Vic-Bilh

Mi-landais, mi-gascons, les vins de l'AOVDQS de Tursan couvrent 435 ha à l'orée de la forêt landaise. Ce sont des rouges auxquels le tannat donne du caractère, des blancs bouquetés dans lesquels prédomine le «barroque», et des rosés fruités. AOC depuis 1948, les madirans (à droite) sont devenus, ces dernières années, la référence de qualité des vins du Sud-Ouest. Les assemblages se font à partir de cabernet franc, de cabernet sauvignon et de tannat. Le vignoble de pacherenc du Vic-Bilh ne concerne qu'une petite partie des Pyrénées-Atlantiques. Produits à partir de l'arrufiat, ces vins blancs très parfumés se répartissent en vins secs et en liquoreux.

Côtes du Marmandais

Le terroir (1 400 ha) s'étale sur les rives de la Garonne à la hauteur de Marmande. Les 3/4 du vignoble (AOC en 1990) sont plantés de merlot, de cabernet franc et de cabernet sauvignon. Dans la production de blanc, le sauvignon prédomine sur les autres cépages.

Côtes de Duras

Leurs vignes couvrent 2 000 ha au nord-ouest du Lot-et-Garonne, à la frontière des départements de la Dordogne et de la Gironde. Cette AOC qui date de 1937 donne des blancs secs de caractère, des moelleux, des rouges et des rosés. Hormis le rare mauzac, l'encépagement de l'appellation est classique du bordelais.

Le buzet

Ce vignoble de 1 250 ha qui s'étend sur les coteaux de la Garonne, entre Damazan et Sainte-Colombe est principalement consacré aux vins rouges. À la fin du siècle dernier, le phylloxéra le démantela, mais un renouveau tout à fait exemplaire en relança la production dans les années d'après-guerre.

Béarn bellocq

Ce vignoble couvre 160 ha autour du village de Bellocq et donne des rouges puissants à partir de tannat et de bouchy (nom local du cabernet franc), des rosés gouleyants ainsi que des blancs typés dans lesquels se mêlent avec bonheur le raffiat de Moncade et les petits et gros manseng.

Jurançon

Le vignoble du jurançon s'étale autour de Pau en regard des sommets de la chaîne sauvage des Pyrénées. On y cultive surtout le gros et le petit manseng qui donnent des AOC : des jurançons secs, blancs, puissants et corsés ; et, à partir de raisins passerillés, des jurançons blancs moelleux.

Le piémont pyrénéen Irouléguy

L'aire de production de l'AOC irouléguy (ci-dessous), en Basse Navarre, est centrée sur le couloir de la Cize, dépression de 3 à 6 km de large située entre les villages de Saint-Étienne de Baigorry, à l'ouest, et Mendive, à l'est. Ce vignoble, qui dépasse les 150 ha, produit essentiellement des vins rouges et rosés à partir de tannat et d'achéria (nom local du cabernet blanc), mais aussi des blancs secs à partir de courbu, de gros et de petit manseng.

▲ Le vignoble bordelais

Les 100 000 ha du vignoble de Bordeaux en font le plus grand des vignobles AOC de France. La production des quatre mille «châteaux» de la région se répartit à parts égales entre vins rouges et vins blancs ; les premiers sont issus des cépages cabernet, sauvignon et merlot ; les seconds proviennent de sauvignon et de sémillon. La première tentative de classement des vignobles remonte au XIXe siècle. Elle sera reprise par les lois de 1919 et de 1927 qui distingueront une soixantaine de «crus». En 1935, un décret fixe définitivement les appellations et confie à l'Institut national des appellations d'origine (INAO) la mission de faire respecter le cahier des charges établi en fonction des «usages locaux, loyaux et constants».

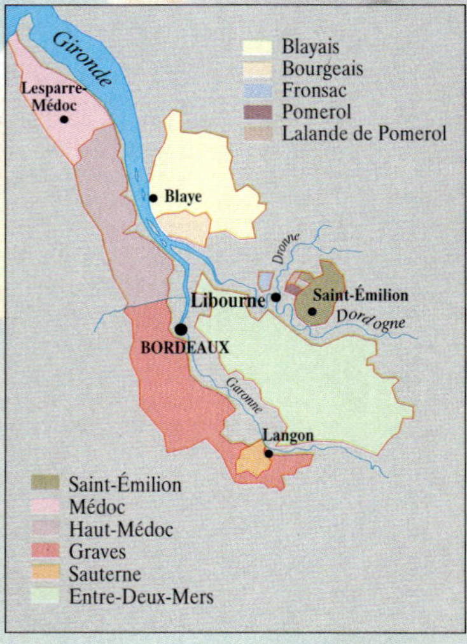

Les régions viticoles
Le Bordelais se divise en cinq régions viticoles. Le Médoc, pays de vins rouges, occupe la rive gauche de l'estuaire ; le Blayais et le Bourgeais, la rive droite. Le Libournais, qui comprend notamment les vignobles de Saint-Émilion, Pomerol et Fronsac, domine la rive droite de la Dordogne. Sur la rive gauche de la Garonne mûrissent les graves et les sauternes. Enfin, délimité par ces deux fleuves, s'étend l'Entre-Deux-Mers.

Conservation et vieillissement
Longtemps, on ne sut conserver le vin autrement qu'en y ajoutant des épices : cannelle, gingembre… Au XVIIIe siècle, les vignerons découvrent l'art de le faire vieillir dans des fûts en chêne stérilisés à l'aide de mèches soufrées. Le «collage» aux blancs d'œufs permet, en outre, de le faire décanter plus rapidement. Son conditionnement dans des bouteilles de verre, provenant des premières verreries industrielles installées à Bordeaux, remonte à la même époque.

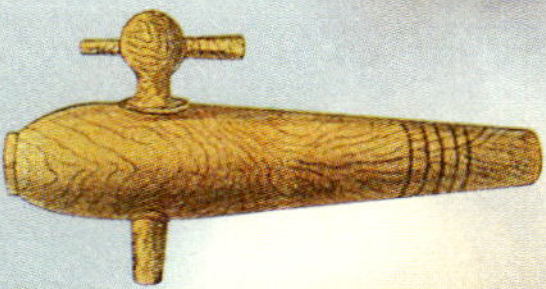

Le privilège des vins de Bordeaux
Le 1er juillet 1189, les Bordelais obtiennent du roi d'Angleterre, alors roi d'Aquitaine, le droit de bloquer à l'entrée de la ville les vins de l'arrière-pays jusqu'au jour de la Saint-Martin (11 novembre), afin d'écouler en priorité leur production. L'essor du port de Libourne, épargné par cette loi, favorise le développement des vignobles de la Dordogne qui sera ainsi plus rapide que dans le Médoc. Lors de la construction du canal des Deux-Mers, Colbert tentera de mettre fin à ce privilège, qui sera finalement supprimé par Turgot en 1776.

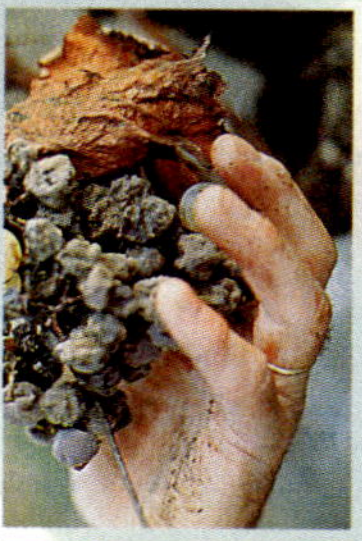

La pourriture noble du Sauternes
C'est à un champignon, le *Botrytis cinerea*, que l'on doit les vins blancs liquoreux de Sauternes, qui, tout en retenant le sucre du raisin, en élimine le jus. Ce parasite apparaît avec les premiers brouillards hivernaux dans le vallon du Ciron. À Sauternes, on prétend qu'il faut un pied de vigne pour produire un verre de ce nectar naturel. Par ailleurs, on protège les vignes de champignons parasites avec la «bouillie bordelaise», mélange de sulfate de cuivre et de chaux.

La Roque Gageac

NOIX. On devrait l'acclimatation du noyer en Europe à Alexandre le Grand qui le ramena de Perse. Au XIIIe siècle, des archives signalent en Périgord des baux payés en huile aux moines cisterciens, mais c'est à partir du XVIIe siècle que Sarlat devint la capitale de la noix.

Dans la noix, tout est bon. On en fait de l'huile, du vin de noix et de la liqueur avec les feuilles, des condiments avec les noix vertes dites «morveuses», de la confiture, de l'eau de noix, et la liste est loin d'être close.

TAUREAU DE LA RACE BLONDE D'AQUITAINE
En 1950, la baisse des effectifs due à l'abandon de la traction animale fait naître l'idée d'un regroupement des rameaux d'origine (agenaise, landaise, garonnaise) et la Blonde d'Aquitaine voit le jour dans les années soixante. Elle est aujourd'hui présente sur l'ensemble de la zone d'élevage, et son cheptel s'est considérablement agrandi.

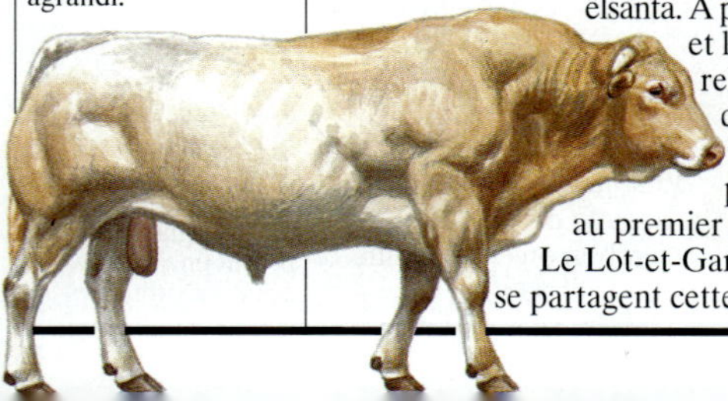

En fait, rien n'est plus hétéroclite que les noix. Il est convenu de les classer en deux catégories, les noix fraîches dont les ventes s'étalent de septembre à octobre, et les noix sèches, qui prennent le relais jusqu'au mois d'avril.

LA TRUFFE. Actuellement on sait tout de ce diamant noir, sauf peut-être l'essentiel : déclencher son cycle et l'assurer jusqu'à la récolte. La truffe noire (*tuber melanosporum)* est mondialement connue sous le nom de truffe du Périgord, alors que la production de cette région trufficole n'a cessé de décroître ; le rendement annuel avoisine les 4 t.

L'AGENAIS

LE PRUNEAU D'AGEN. En 1148, Damas résiste aux croisés, les preux chevaliers se heurtent aux défenses de la ville et font demi-tour, avec, dans leurs bagages, une prune violette, dite de Damas. Les humoristes se moquèrent… il en est resté l'expression «pour des prunes». Jusqu'au XIXe siècle, la prune n'était pourtant pas l'apanage de l'Agenais. Ce sont les moines, ceux d'Eysses, ou d'un couvent proche de Clairac, qui introduisirent cette culture en Lot-et-Garonne. Le flux des pèlerins accomplissant le voyage à Saint-Jacques-de-Compostelle battait son plein, et les pruneaux soutenaient l'effort des marcheurs. Dans les campagnes ou les monastères, le four à pain suffisait pour déshydrater les fruits. Les étuves ont modernisé la méthode en l'industrialisant et le pruneau d'Agen, nature ou fourré, s'est lancé à la conquête du marché.

LA BLONDE D'AQUITAINE. Sa viande, peu grasse, présente une finesse de goût et une texture de grain qui en font un produit de qualité toujours reconnu. Parmi l'ensemble des carcasses de bêtes âgées de plus de vingt-huit mois et de moins de sept ans, celles qui font l'objet d'attentions particulières de la filière production-abattage sont identifiées par le label rouge bœuf blond d'Aquitaine, saveur tradition, obtenu en juillet 1992 et garantissant cette viande comme un produit haut de gamme.

LA FRAISE. On doit la présence de la fraise dans nos jardins à M. Frezier qui rapporta à Plougastel quelques plants du Chili en 1713 ▲ *89* et eut l'idée d'en faire part à La Quintinie, le jardinier du Roi-Soleil. La suite est une question de rencontre entre ces plants et les variétés sauvages cultivées dans les serres royales. En 1997, cinq nouvelles variétés de fraises, issues du Centre de recherche de la fraise en Dordogne (CIREF), seront proposées au consommateur : ciflorette, cigaline, cireine, ciloé et cigaëlle, à côté des désormais classiques guariguette, pajaro et autre elsanta. À partir de l'été, la selva, la seascape et la mara des bois prennent le relais, jusqu'aux derniers rayons de soleil d'automne. L'Aquitaine fournit plus de la moitié de la production nationale et se situe au premier rang des provinces françaises. Le Lot-et-Garonne et la Dordogne se partagent cette culture.

Le piment d'Espelette Fin octobre, les façades des maisons d'Espelette s'ornent du rouge du piment mis à sécher en longues tresses sur les murs blancs réchauffés par le soleil.

Le Pays basque

Le fromage d'ossau-iraty. Dans le «cayolar», l'odeur des fromages se répand dans toute la cabane. Ceux de la veille sont encore dans la saumure, les autres sèchent sur les étagères. Artisanal et ancestral, le fromage de brebis ossau-iraty est la seule AOC à pâte pressée à être exclusivement faite avec du lait de brebis de race locale, manech tête noire et tête rouge, béarnaise. Ce fromage traditionnel dont la taille dépendait autrefois de la grosseur du troupeau est produit à partir de lait emprésuré à chaud. Affiné ensuite pendant au moins trois mois en cave, il mûrit lentement et développe son arôme. Il est d'usage de manger les brebis très secs, accompagnés de confiture de cerises noires d'Itxassou.

L'agneau des Pyrénées. Manech tête rouge et manech tête noire ou béarnaises forment un cheptel d'environ 450 000 brebis dont la quasi-totalité part à la fin du printemps transhumer sur les hauteurs des montagnes du Pays basque et du Béarn, pour y passer la période estivale. Les premiers agneaux naissent environ un mois après le retour dans la vallée et les naissances s'échelonneront jusqu'au mois de mai. C'est pendant cette période de retour à la bergerie que les brebis mettent bas. Pendant trente-cinq jours, sous la surveillance du berger, l'agneau (*axuria*), sera nourri exclusivement avec le lait de la mère, ce qui lui donnera une chair particulièrement fine.

Le jambon de Bayonne. On raconte volontiers que la coutume du jambon dans ce piémont pyrénéen tient du hasard. Un porc fut un jour retrouvé par des bergers, conservé dans une source d'eau salée de la bien nommée Salies-de-Béarn. La chair s'en révéla exquise, surtout la cuisse. De là à penser reproduire ce hasard, il n'y avait qu'un pas à franchir. Ainsi naquit le jambon, qui devint plus tard de Bayonne. Sombre querelle de préséance : le port de Bayonne en assurait l'exportation, les Béarnais en revendiquaient la paternité, le compromis fut difficile à trouver. Galvaudé pour n'avoir pas été protégé à temps, le jambon de Bayonne faillit perdre la confiance des consommateurs. Aujourd'hui, sous l'impulsion d'un groupe de puristes et de l'Interprofession porcine, le véritable jambon de Bayonne, frotté manuellement au sel de Salies, produit uniquement dans le bassin de l'Adour, est en train de renaître de ses cendres, sauvé *in extremis* et réconcilié avec sa légende.

Le porc basque. Les jambons sont séchés à l'air, jusqu'à quinze mois pour les plus gros, et les salaisons produites dans la vallée à partir de ces porcs sont remarquables.

Le piment d'Espelette. C'est d'une culture de jardin, utilisant le fumier des bêtes de la ferme pour l'enrichissement des sols, qu'est né ce fleuron de la gastronomie basque, dont aucune omelette, aucune piperade, aucun jambon ou charcutaille ne saurait se passer.

Calendrier gourmand
Février : fête des Bœufs gras à Bazas
Mai : Journées du Chocolat à Bayonne
Juin : fête de l'Agneau de Pauillac, fête de la Fleur à Saint-Emilion
Juillet : fête du Thon à Saint-Jean-de-Luz, fête du Chipiron à Hendaye
Août : fête de l'Huître à Gujan-Mestras, foire aux Fruits à Prayssas
Septembre : fête du Sel à Salies-de-Béarn, foire aux Pruneaux à Saint-Aubin
Octobre : fête du Piment à Espelette

Le porc basque Déclarée en voie de disparition par le ministère de l'Agriculture en 1981, cette race citée par Rabelais fait depuis 1988 l'objet d'un programme de sauvetage. On en différencie trois types, dont le plus connu est le pie noir du Pays basque. Le groupement des producteurs de la vallée des Aldudes élève les cochons basques en liberté pendant dix-huit mois, ce qui leur permet de se faire les muscles sur les pentes escarpées. Ils sont nourris de maïs, glands et châtaignes et pèsent environ 200 kg avant l'abattage.

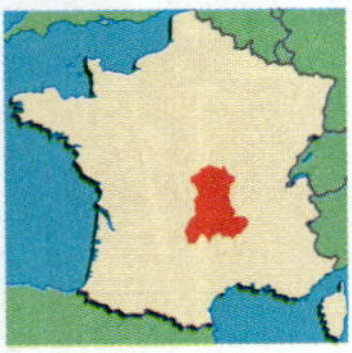

AUVERGNE
26 013 km² pour 1,32 million d'habitants. Quatre départements : Allier (Moulins), Cantal (Aurillac), Haute-Loire (Le Puy-en-Velay), Puy-de-Dôme (Clermont-Ferrand).

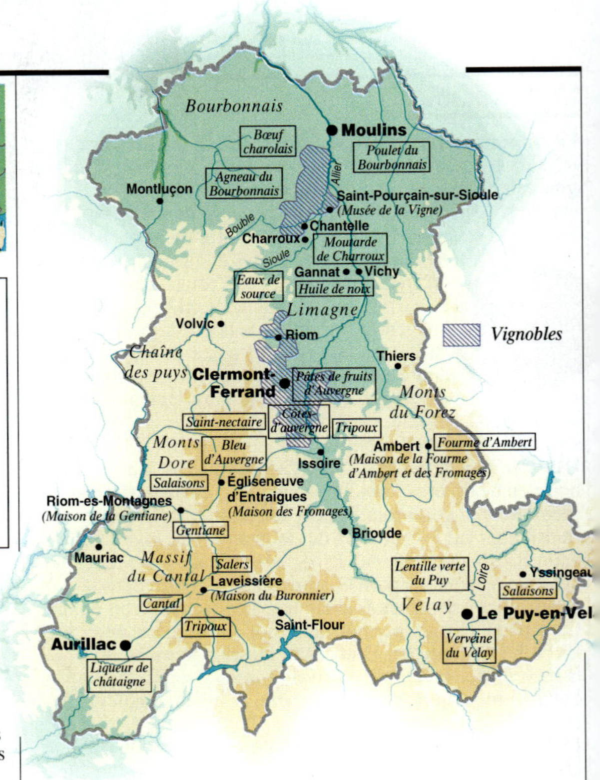

UN PLAT DE ROI
Serait-ce parce que leur «pays» fut le berceau de l'une des plus illustres familles royales, celle des Bourbons ? En tout cas, les Bourbonnais dégustaient déjà du bœuf en des temps où, dans les provinces voisines, on se contentait de cheval et de chèvre. De nos jours, dans les bocages, de Bourbon-l'Archambault à Vichy en passant par Montluçon, c'est d'abord le bœuf charolais à la robe blanche qui est à l'herbe.

Au cœur de la France se dresse la vieille terre historique des Arvernes, fief de Vercingétorix, qui s'ouvre au nord sur le vert et souriant Bourbonnais, et à l'est sur le volcanique Velay. «[…] toute l'Auvergne n'est pas que volcans : il n'est de région plus composite : plaines fertiles, coteaux où s'accroche la vigne, plateaux couronnés de basalte, bocages verts, lieux pauvres ou riches» (Robert Sabatier). Adieu l'image du vieux massif replié sur lui-même ! Ce château d'eau naturel, raffiné collectionneur de trésors féodaux, apparaît comme un lieu d'accueil privilégié de tous les tourismes. Et si ses horizons montagneux cultivent les formes douces, arrondies, il a pourtant du caractère, ce pays de «bougnats» courageux et de bourgs de pierre grise finement ciselée. De l'appétit aussi. On aurait tort aujourd'hui de cantonner l'Auvergne à la soupe aux choux et aux marrons grillés car, derrière l'image d'une tradition culinaire robuste et fruste, l'éventail des produits de ses terroirs joue de bien des registres gourmands.

LE BOURBONNAIS

LE POULET DU BOURBONNAIS. Une illustre famille de la région, celle des Montpensier, a donné son nom à une garniture de volailles, suprême hommage à ce prestigieux poulet blanc né il y a un siècle. Entre la fin du XIXe siècle et la Seconde Guerre mondiale, le système de métayage qui régissait la vie agricole en Bourbonnais consentait une tolérance au métayer, qui avait droit à la conservation de la quasi-totalité des poulets et des œufs de sa basse-cour :

«L'Auvergne produit des ministres, des fromages et des volcans [...]. La chèvre broute sur leur profil une espèce de pierre ponce poreuse [...] qui donne à son lait un peu rêche une petit goût de secousse tellurique.»
A. Vialatte (*Dernières Nouvelles de l'homme*)

l'intérêt devenait donc grand de multiplier et d'améliorer la production. Les métayers eurent alors fort à cœur d'acclimater au terroir la nouvelle race de poulets, née vers 1850 d'une race blanche autochtone et du brahma asiatique. La poule herminée qui naquit de cette rencontre retint, dès le début du siècle, l'attention d'un directeur général au ministère de l'Agriculture, qui, pour cette belle, créa un Bourbonnais-club. Aujourd'hui, la race, tombée pendant quelque temps en désuétude, connaît une nouvelle jeunesse, revigorée par des aviculteurs locaux : elle est l'objet de marchés réputés, comme celui de Lapalisse.

La route des vins. Dès 1569, Nicolas de Nicolay, géographe du roi Charles IX, trouvait « le Bourbonnais très délectable et fertile ». Il ne manqua pas, dans sa description de la région qui fit longtemps autorité, d'insister sur «des vignobles produisant quantité merveilleuse de très bons vins clairets et blancs». De Moulin à Chantelle, un itinéraire touristique, soigneusement fléché, dont les caveaux sont, bien sûr, ouverts à la dégustation, permet de se familiariser avec les vins de Saint-Pourçain : les blancs secs et fruités, les rouges légers et parfumés (très estimés dès le XIVe siècle), les rosés secs, les mousseux bruts et secs. Il s'agit là d'un des plus anciens vignobles de France, créé par les Phéniciens en 500 av. J.-C. Très dynamique, il surplombe les poissonneuses rivières de l'Allier, de la Sioule, de la Bouble.

Pays arverne et Velay

Le vignoble. Les doux vallonnements du Bourbonnais s'estompent et les dômes vert mauve des volcans se profilent. Tel est le paysage dans lequel voient le jour les vins frais et gouleyants des côtes d'Auvergne (VDQS depuis 1977) : châteaugay, boudes, madargues ou corent, sans oublier le chanturgue, qui, dit-on, serait à l'origine de la recette du coq au vin. Leurs crus ont des noms qui chantent. Ils annoncent les fameuses salaisons d'Auvergne, avec lesquelles ils vivent, depuis des siècles, un véritable mariage d'amour.

Fromages
Gaperon d'Auvergne, chambérat
Fromages AOC : cantal, bleu d'Auvergne, fourme d'Ambert, saint-nectaire, salers
Charcuteries
Salaisons (LR), tripoux d'Auvergne
Viandes et volailles
Bœuf charolais (LR), agneau fermier du Bourbonnais (LR) et cœur de France (LR), poulet du Bourbonnais, porc fermier (LR), volailles fermières d'Auvergne (LR)
Vins et spiritueux
Vins des côtes d'Auvergne (AOC), vins de Saint-Pourçain, gentiane, verveine du Velay
Divers
Huile de noix de Gannat, moutarde de Charroux, pâte de fruits, ail d'Auvergne, lentille verte du Puy (AOC)

La vigne au musée
Le bourg médiéval de Saint-Pourçain-sur-Sioule, blotti autour de son ancienne abbatiale romane, possède un musée de la Vigne dont la visite complète utilement la découverte du vignoble, et qui permet de reconstituer l'histoire du terroir.

GRAINE DE MOUTARDE
À l'heure de la dégustation, on associe tout naturellement la viande, dans le Bourbonnais, à la moutarde de Charroux, glorieux condiment à l'ancienne, remis récemment au goût du jour.

L'EAU À LA «UNE»
L'eau de pluie filtrant à travers de multiples roches volcaniques perméables s'enrichit à leur contact de minéraux variés qui, avec le temps, se tranforment en sels nutritifs. Le département du Puy-de-Dôme et le bassin de Vichy rassemblent, à eux seuls, le tiers des sources françaises d'eaux gazeuses et d'eaux plates.

LA GENTIANE
On rencontre l'été, dans les grandes prairies d'altitude, cette plante aux fleurs jaunes et aux grandes feuilles arrondies, dont les racines servent à la fabrication de la liqueur. Le travail des «gentianiers», les ouvriers saisonniers qui procèdent à l'arrachage des racines, est une tâche ingrate. En effet, ces racines, qui doivent avoir environ 35 ans, peuvent atteindre plusieurs kilos chacune.

LES CHARCUTERIES. Si l'Auvergne est un «grand plateau de fromages», elle est aussi la «bible du cochon». Du sang recueilli pour le boudin noir aux pieds mis en terrine, rien ne se perd du PORC. À l'horizon des puys, tuer le «Monsieur» ne tient pas de l'abattage, mais du rite. Dominée par l'élevage, la région produit une remarquable viande porcine. Fabriquées, à l'origine, pour la consommation familiale, les SALAISONS auvergnates sont pleines de ces accents artisanaux qui répondent aux souhaits du gourmet d'aujourd'hui. Fidèlement respectées d'une génération à l'autre, elles sont «droites en goût», pour reprendre la formule de Curnonsky. JAMBONS SECS aux saveurs franches et puissantes, SAUCISSONS SECS hachés gros, moelleuses SAUCISSES SÈCHES à la caractéristique forme en U (elle est due aux bâtons sur lesquels elles sèchent) : le porc auvergnat a permis l'émergence d'un savoir-faire de renom dans l'élaboration des produits de charcuterie. Ceux-ci brillent de toutes leurs saveurs dans l'Auvergne historique, des monts Dore aux monts du Cantal, avec des «pointes de popularité» dans le Velay, en Haute-Loire.

Mais c'est toute la région qui sacrifie, avec bonheur, au culte du cochon-roi. Quant aux fameux TRIPOUX, ces petits coussins de pansette d'agneau, ils sont farcis notamment avec de la fraise de veau et de la pansette d'agneau ou de veau, parfois aussi avec un mélange des deux. C'est d'abord le Cantal qui excelle dans leur préparation, de Saint-Flour à Aurillac, de Murat Chaudes-Aigues, même si le Puy-de-Dôme a aussi ses références en la matière. Charcutiers, cuisiniers, traiteurs ont souvent une recette bien à eux, qu'ils ne divulguent pas volontiers. Quant à la POTÉE, il se trouve des poètes régionaux, tel Arsène Vermenouze, pour la chanter avec des inflexions dignes de celles de Ronsard évoquant la rose. Les solides produits régionaux et les recettes plantureuses ont toujours donné de l'Auvergne l'image du lieu par excellence des nourritures qui tiennent au ventre. Mais aujourd'hui les restaurateurs révisent cette tradition en rajeunissant la cuisine locale. En outre, de longue date, l'Auvergne sait aussi prendre ses visiteurs par la douceur…

Douceurs aux fruits. Est-ce pour faire face aux rigueurs de l'hiver que l'on prit l'habitude de confire les fruits, les abricots en particulier, qui poussaient en abondance l'été sur les coteaux de Limagne ? Toujours est-il que cette tradition d'origine domestique fit le bonheur des confiseurs de Clermont-Ferrand et de Riom, qui lancèrent la vogue des «confitures sèches» aux abricots et aux pommes. Ces douceurs furent pendant des siècles offertes aux personnalités de marque : Louis XI, Richelieu, Voltaire… reçurent en présent ces renommées pâtes d'Auvergne. Aujourd'hui, la tradition de culture fruitière est soigneusement entretenue et on continue de cueillir dans les forêts, les montagnes et les vergers d'Auvergne, châtaignes, framboises, fraises, myrtilles, pommes, poires et prunes, dont naîtront bonbons et confitures, mais aussi et toujours, pâtes de fruits et fruits confits.

La lentille verte du Puy. Quoique d'origine méditerranéenne, la lentille verte a trouvé sur les hauts plateaux volcaniques du Velay un terrain de prédilection, tant par la nature du sol que par les enchaînements climatiques auxquels elle est soumise. Des écrits et découvertes archéologiques attestent sa présence sur les terres rouges de la région du Puy-en-Velay, depuis 2 000 ans au moins. Ainsi, sur le site gallo-romain de Ruessium (actuel Saint-Paulien), un vase de terre cuite renfermant des graines de lentilles fut mis au jour. Aujourd'hui, celle que ses qualités tant gustatives que roboratives ont fait surnommer «le caviar du pauvre» bénéficie d'une appellation d'origine contrôlée.

Les liqueurs et les apéritifs. Les vieux grimoires recommandaient déjà de prendre en décoction de la LIQUEUR DE GENTIANE. Aujourd'hui, dégustée à l'apéritif, elle est l'une des grandes spécialités de la région, et sa tradition perdure. La VERVEINE DU VELAY, verte ou jaune, est plus récente. Liqueur (et non tisane !) d'un siècle et demi d'existence, elle contribue, au même titre que la fameuse dentelle, à donner à la région du Puy ses lettres de noblesse… et à toute l'Auvergne des parfums d'antan qui redeviennent furieusement à la mode.

Le marché aux bestiaux de Mauriac
L'Auvergne multiplie les foires, marchés et concours agricoles. À Mauriac se tient, chaque jeudi du mois, une foire aux bestiaux qui compte parmi les plus spectaculaires de toute la région. Sous la bénédiction de sa basilique Notre-Dame-des-Miracles, le bourg réunit, à cette occasion, un cheptel exceptionnel, notamment de salers.

Calendrier gourmand
Janvier : saint cochon à Besse et Saint-Anastaise
Fin mai : fête de l'Estive à Allanche
Début juillet : fête de la Gentiane à Riom-es-Montagnes
Août : fête de la Lentille à Rosières, fête de l'Ail d'Auvergne à Billom, fête des Vins à Saint-Pourçain-sur-Sioule, fête des Burons et des Gabares à Chalvignac
Fin septembre : *Forma del salers* à Saint-Martin-Valmeroux
Octobre : fête de la Châtaigne à Morjou

Au XVIIIe siècle, les édiles auvergnats, prenant bouche avec des fromagers suisses, voulurent, pour des raisons économiques, introduire dans les monts Dore le concurrent direct de leur cantal : le gruyère. L'expérience, bien sûr, se solda par un échec : terre d'élevage par excellence, l'Auvergne tirait de cette activité fort ancienne, à laquelle Pline l'Ancien fait déjà référence, des produits dont la noblesse se passait sans mal de tout apport extérieur. Aujourd'hui, les fromages d'Auvergne ne dérogent nullement à leur renommée historique puisque cinq d'entre eux ont obtenu l'appellation d'origine contrôlée.

BLEU D'AUVERGNE
Pâte molle à moisissure bleue interne et au goût plus soutenu que la fourme d'Ambert, le bleu d'Auvergne (AOC) vit le jour à la fin du XIXe siècle sur les premières pentes de la chaîne des Puys. C'est à un paysan de Laqueuille que l'on attribue cette création.

LA SALERS
Vache rouge aux étonnantes cornes en forme de lyre, la salers règne sur la montagne auvergnate. En mai, elle monte dans les estives, ces pâturages des hauteurs, et redescend à l'automne dans la vallée. La fabrication du fromage salers est exclusivement faite à la ferme, notamment avec le lait de ces vaches, qui sert aussi à la production du cantal et du saint-nectaire.

SAINT-NECTAIRE
Fromage à pâte semi-dure, le saint-nectaire (AOC) «sent légèrement le mur de cave et [...] est le meilleur fromage du monde» (Alexandre Vialatte). Il n'a pas attendu notre époque pour atteindre la célébrité. Dès le XVIIe siècle, le maréchal de France Henri de La Ferté-Senneterre, qui prévoyait pour lui un grand destin, s'employa à le faire connaître et apprécier à la table de Louis XIV.

Jasseries et burons
Dans le Forez, les fermes-laiteries d'hier étaient appelées jasseries ▲ *191*. Dans les monts du Cantal, c'est dans les fromageries d'estives, les burons ▲ *141,* que les fromages voyaient autrefois le jour sous la houlette du maître des lieux, le *cantalès*.

Cantal
Fromage de garde réputé, tout comme le salers, le cantal (AOC) peut, lui aussi, se prévaloir de plusieurs siècles d'existence. Il présente une saveur agréablement fruitée sous une croûte boutonnée d'or.

Fourme d'Ambert
À l'est du Puy-de-Dôme se dessine l'univers préservé du Livradois-Forez, avec ses étés très chauds et ses hivers très froids. La fourme d'Ambert (AOC), pâte molle à moisissure interne, et d'une forme cylindrique très particulière (19 cm de hauteur sur 13 cm de diamètre), y fait figure de grande ancienne : un fromage à la pâte légèrement persillée est attesté, dès le IXe siècle.

Un fromage fermier : le salers
Du puy de Dôme au Cantal, on ne quitte ni les volcans ni les fromages. Avec le salers, né dans un village médiéval, s'ouvrent les chemins des monts verdoyants piqués de plantes odoriférantes.
Ce fromage AOC, ancêtre du cantal, n'est fabriqué qu'à la ferme, de mai à octobre, durant la mise à l'herbe des vaches.

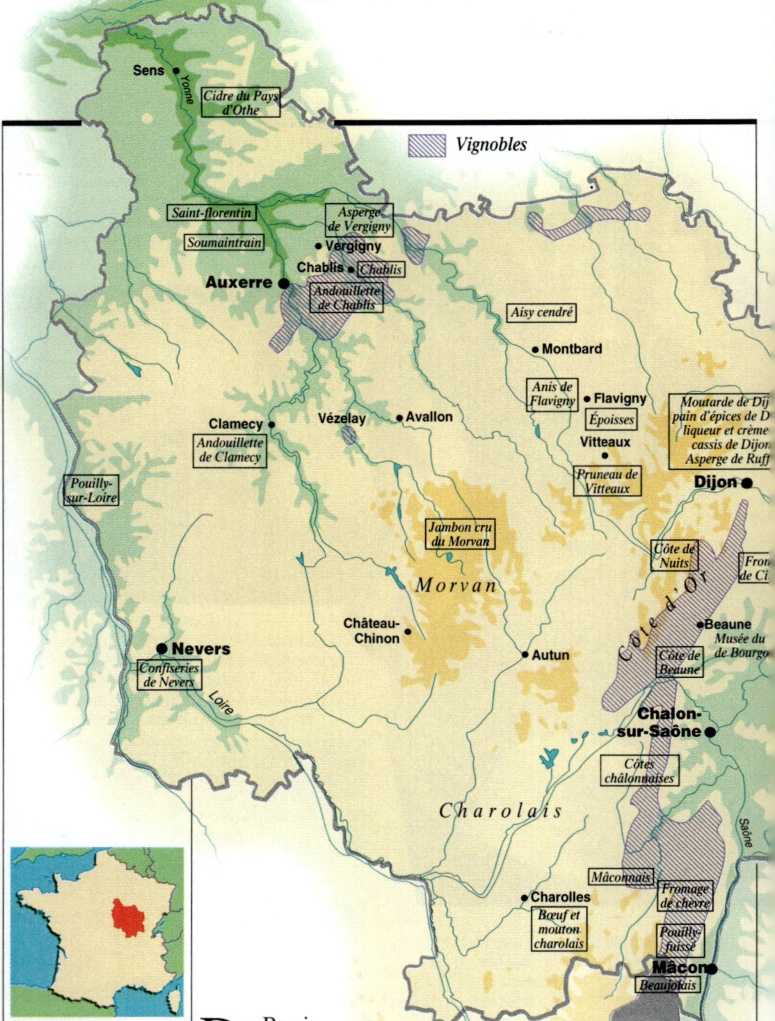

BOURGOGNE
La région
(31 581 km^2,
1,61 million
d'habitants, soit une
assez faible densité
de 51 hab/km^2)
s'est constituée
autour de l'ancien
duché
de Bourgogne.
Quatre
départements :
la Côte d'Or (Dijon,
146 703 habitants,
capitale régionale),
la Nièvre (Nevers),
la Saône-et-Loire
(Mâcon), l'Yonne
(Auxerre).

Du Bassin parisien aux confins du sillon rhodanien, la Bourgogne épouse grossièrement la forme d'une parenthèse qui contourne le massif du Morvan et les monts du Brionnais, derniers et lointains contreforts du Massif central. Sa forme administrative, quatre départements à peu près réguliers, recouvre une grande hétérogénéité géologique et historique. La plaine nivernaise, orientée vers la Loire, le Chatillonnais, qui prolonge la Champagne, les plaines de l'Yonne, tournées vers Paris, et la Bresse bourguignonne, appuyée au Revermont jurassien ont peu en commun. De même, la Bourgogne historique des grands ducs d'Occident, tardivement rattachée par Louis XI à la France, occupe une partie de la région quasiment limitée à la Côte-d'Or dijonnaise. Cette région joue aux quatre coins avec, au moins, six autres régions. Son unité profonde, il faut la chercher ailleurs : dans son nom, qui est aussi celui d'un vin. De Chablis à Mâcon, en passant par Nuits-Saint-Georges et Beaune, c'est bien le vin qui traverse la Bourgogne de part en

Tuiles vernissées des toits des Hospices de Beaune

Santenay

part et la rassemble. Selon une chanson populaire, «La Bourgogne, c'est comme le cochon. Il y a du meilleur et du moins bon», ce qui est assez dire la très ancienne et très réelle vocation gastronomique de cette région.

La région de Dijon

La moutarde. Lorsque la Bourgogne était presque un royaume, Dijon était presque une capitale. Elle a donné son nom à un grand nombre de spécialités dont certaines se sont perdues et d'autres ont perduré. Elles rendent assez bien compte de ce qu'est l'âme profonde de la cuisine bourguignonne : l'alliance d'un terroir fortement rural et d'un savoir-faire de cour, qui utilise et transforme sans rien jeter. La moutarde était préparée à l'origine à partir du moût de raisin (d'où son nom), puis du verjus – c'est en tout cas la définition qu'en donne Bossuet. Aujourd'hui, l'appellation «moutarde de Dijon» est générique : elle désigne une moutarde du genre Brassica noire, écrasée, tamisée puis brassée dans le vinaigre. Les innombrables fabricants du siècle dernier ont été aujourd'hui absorbés, pour la plupart, par le même groupe ou ont disparu. Il en reste pourtant quelques-uns, qui diversifient leur production en réalisant des moutardes fantaisie. Un seul écrase encore la graine à la meule. Il est situé à… Beaune. Il existe également une moutarde au vin blanc, elle aussi traditionnelle, mais de plus en plus difficile à trouver.

Le pain d'épice. Il fut inventé par les Chinois. Importé en France sous la forme du pain d'épice de Reims, à la farine de seigle, il est devenu dijonnais sous la forme du «boichet», ou «pavé de santé» : froment pur, miel, aromates. Jadis utilisé comme médicament, pour sa forte valeur énergétique, le pain d'épice de Dijon connaît depuis plusieurs années, grâce à la passion d'une famille de fabricants, un net renouveau.

Le cassis. Dernière spécialité spécifiquement locale, le cassis de Dijon. Les fruits rouges font l'objet d'une culture

Fac-similé d'une affiche dessinée par Jossot. (Bourgogne, imp.)

Fruits et légumes
Pruneau de Vitteaux, oignon d'Auxonne, asperge de Ruffey et de Vergigny, cassis et fruits rouges
Fromages
Époisses (AOC), aisy cendré, saint-florentin, soumaintrain, fromages de chèvre
Viandes et volailles
Bœuf (LR) et mouton charolais, volailles de Bresse (AOC)
Charcuteries
Jambon persillé, jambon cru du Morvan, andouillettes de Clamecy et de Chablis
Condiments
Moutarde, cornichons d'Appoigny
Pâtisseries et confiseries
Pain d'épice de Dijon, anis de Flavigny
Vins et liqueurs
Vins (AOC), marc et fine de Bourgogne, liqueurs et crème de cassis de Dijon

FÉLIX KIR
Le truculent chanoine Kir, qui fut longtemps maire de Dijon, a donné son nom au vin blanc cassis, servi dans tous les vins officiels avec la traditionnelle gougère. Mais, d'après Lucien Hérard, le «blanc cassis» aurait été en fait «inventé» par un cafetier de l'avenue du Drapeau, à la suite d'une erreur de manipulation : il se serait trompé de bouteille en composant un vermouth cassis. En réalité, et depuis longtemps, les vignerons des Hautes Côtes avaient coutume d'apaiser l'acidité de leurs vins à l'aide d'un léger trait de sirop de cassis.

CASSIS DE DIJON
Au XVIIIe siècle, la liqueur de cassis connut un énorme succès ; elle passait alors pour être un élixir de longue vie. Aujourd'hui, elle est surtout consommée mélangée au vin blanc, mais elle conserve toujours ses amateurs.

traditionnelle dans l'arrière-côte et le sirop de cassis était pratique pour apaiser l'acidité des vins aligotés de ces collines… La liqueur de cassis résulte de la macération des fruits du cassis dans l'alcool. Ingrédient de base d'un apéritif passé à la postérité grâce au chanoine Kir, elle sert aussi à la fabrication des CASSISSINES (pâte de cassis et liqueur), bonbons absolument délicieux mais qui, parce que alcoolisés, ont du mal à se trouver un marché.

LE JAMBON PERSILLÉ. Il n'est pas exclusivement dijonnais, mais c'est à Dijon que, à la Saint-Antoine, il fait l'objet d'un concours très serré. Extrapolation du jambon de Pâques, il mélange cuisse et épaule de porc (cette dernière est moins sèche), cuites dans un bouillon au vin blanc, puis pressées en saladier après avoir été grossièrement écrasées et agrémentées d'une coulée de gelée à l'ail et au persil.

LÉGUMES, TRUFFE, FROMAGES ET PRUNE. L'ASPERGE DE RUFFEY, variété rustique et savoureuse de l'Argenteuil, offre un heureux compromis entre l'asperge violette et la verte (attention : elle peut rester ferme). D'Auxonne à Chalon, le val de Saône, ancienne région typiquement maraîchère jadis exclusivement spécialisée dans l'oignon, est en passe de devenir l'une des régions majeures des légumes de plein champ et des légumes primeurs (le marché de Chalon est un des plus performants de l'Hexagone), et la TRUFFE GRISE de l'espèce *Uncinatum*, des régions des plateaux de Bourgogne, sans pouvoir se comparer à la *Melanosporum* (truffe noire), connaît un renouveau intéressant. Notons enfin la percée du FROMAGE DE CITEAUX, variante du reblochon savoyard très travaillé par les moines cisterciens, et la soudaine, quoique limitée, résurgence du PRUNEAU DE VITTEAUX, prune jaune défendue par une dynamique association.

LE NORD DE LA BOURGOGNE, LE MORVAN

VINS ET CIDRE DU PAYS D'OTHE. Le département de l'Yonne est surtout connu par le vignoble de Chablis, qui, situé sur un sol riche en coquilles d'huîtres (le kiméridgien), donne des vins blancs convenant particulièrement aux poissons et crustacés. Les grands crus peuvent très bien résister à certaines viandes. Le vignoble de l'Yonne ▲ *82* est en extension et des terroirs où la vigne avait pratiquement disparu au début du siècle (à cause du phylloxéra) sont en plein renouveau : Tonnerre et Épineuil, Coulanges-la-Vineuse, Chitry, Vézelay, Saint-Bris, Irancy, où la cerise avait peu à peu supplanté la vigne. Au nord du département,

le pays d'Othe donne un CIDRE sec et marqué par le terroir, dont la production augmente depuis quelques années.

L'ANDOUILLETTE. Chablis est également célèbre pour son andouillette tirée à la ficelle, cousine de la troyenne, mais différente de celle de Clamecy en ce qu'elle n'utilise que des intestins de porc, à l'exclusion de la panse de veau. L'andouillette morvandelle de Clamecy est sœur de l'andouillette beaujolaise : sa production régulière ne bénéficie pas de l'impulsion donnée à celle de Chablis par les vins.

DES FROMAGES DE CARACTÈRE. Il se fabrique un peu de FROMAGE DE CHAOURCE, mais les fromages les plus typés de l'Yonne sont le SAINT-FLORENTIN et le SOUMAINTRAIN. Il s'agit de fromages de vache à croûte lavée, de couleur brun rouge, le second un peu plus petit que le premier. À l'ouest de la Côte-d'Or, l'Auxois produit l'ÉPOISSES, le plus célèbre des fromages bourguignons. D'origine fermière, il a vu son rendement se développer depuis son passage en AOC (sur une zone, on doit le dire, plutôt vaste…).

LES CORNICHONS. La région d'Appoigny continue à produire des CORNICHONS, jadis très renommés, dont les usines de condiments dijonnaises font encore un certain usage.

L'ANIS. Tout près d'Époisses, dans le joli village de Flavigny, la fabrication de l'anis, concentrée aujourd'hui chez un seul fabriquant, reste vivace et traditionnelle. On enrobe la graine d'anis vert de couches successives et fines de sucre aromatisé.

Le promoteur du fromage d'Époisses, M. Berthaut, a failli se perdre en voulant passer au stade industriel : les bactéries ont refusé. La fabrication est donc redevenue artisanale. Son caractère vient de son lavage à l'eau et au marc. Sa qualité est très dépendante de son affinage ; sa puissance, très recherchée par Napoléon, appelle les vins rouges corsés. Son frère de lait, l'Aisy cendré, est désormais fabriqué au même endroit. Non lavé, il est croûté de cendres.

Le mont Beuvray

▲ Le vignoble bourguignon

Ci-contre, le marchand de vin (monument funéraire d'époque gallo-romaine de Til-Châtel) ; ci-dessous, caves du château de Meursault.

Du nord-ouest au sud-est et de Joigny à Saint-Vérand, «l'étroit rideau» du vignoble bourguignon s'incurve sur une distance d'environ 200 km, des collines de l'Yonne aux coteaux regardant le bassin de la Saône. Situé hors de la Bourgogne administrative, le beaujolais appartient géographiquement au vignoble bourguignon. Le nombre des amphores, retrouvées au fond de l'ancien port de Chalon-sur-Saône, atteste que les Gaulois aimaient le vin romain, et l'on pense que ce sont les Romains qui ont introduit le vin en Bourgogne. La vigne y prospéra à partir du VIe siècle sous l'impulsion des monastères. Au XIIe siècle, les moines de Citeaux lui donnèrent son caractère qualitatif et en assurèrent le renom. Renommée propagée jusqu'en Flandres par la cour des ducs de Bourgogne, puis par celle de France, au temps de Louis XIV, auquel son médecin prescrivait du bourgogne.

Des cépages très typés. La Révolution française et les héritages ont favorisé, autant que la géologie, le morcellement des grands domaines. Ainsi peut-on trouver, tous les 200 m, des vins très différents. La plupart proviennent des mêmes cépages : le pinot pour les grands vins rouges ; le chardonnay pour les grands vins blancs ; le gamay noir pour le passetoutgrain de Côte-d'Or (mélangé au pinot), le mâconnais et le beaujolais ; l'aligoté, enfin, vinifié sous son propre nom (bourgogne aligoté) et, à Bouzeron seulement, en appellation «village».

Sur les routes des vins

Pour les découvrir on pourra emprunter la «Route des grands crus» de Dijon à Vougeot, la «Route de Beaune à Cluny par le vignoble», la «Route des vins du Mâconnais». Sans manquer de découvrir le trop méconnu vignoble des Hautes Côtes, justement renommé aussi pour ses liqueurs de fruits rouges. Enfin, la fine de Bourgogne se distingue du marc en ce qu'elle est distillée à partir du vin et des lies et non à partir des reliefs de la vendange. Sa production est limitée, naturellement. Ci-dessous, le château de Pierreclos (Mâconnais).

Côte ou côtes ?
Du vignoble bourguignon, on connaît surtout la côte. On devrait dire les côtes.

Côte de Nuits à partir des faubourgs de Dijon, où subsistent encore quelques vignes, dont la célèbre «montrecul» (ainsi nommé, parce que sa forte pente y révélait d'intéressants points de vue), jusqu'aux abords de Nuits-Saint-Georges. Côte de Beaune, de Nuits-Saint-Georges aux Maranges, qui disposent de leur autonomie. Côtes châlonnaises ensuite (mercurey, givry, rully, montagny), et vignoble du Couchois. Le Mâconnais, au sud, s'achève par les pouilly-fuissé, que l'on ne doit pas confondre avec les pouilly-fumé, issus d'un autre cépage et, quoique nivernais, communément associés aux vins de Loire.

Ci-dessous, caves de romanée-conti.

Ci-contre, vendanges aux Grands-Échezeaux.

Variantes
L'aligoté entre, en outre, dans la composition du crémant, vin blanc à bulles de méthode champenoise, et dans… le kir. À ces cépages on doit ajouter le sauvignon, qui donne de beaux résultats dans la région de Saint-Bris, et le pinot gris, qui prend ici le nom de «beurot», jusqu'à maintenant toléré, mais qui commence à dire son nom.

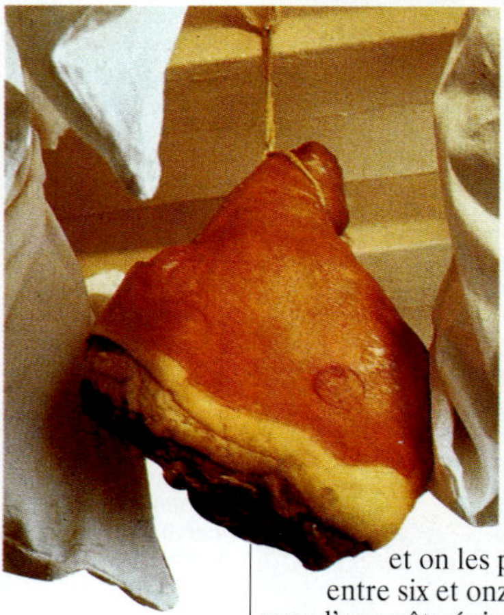

LE JAMBON DU MORVAN. Jadis, les jambons du Morvan, également appelés jambons de neuf mois, pendaient aux poutres des fermes morvandelles. Jusqu'au début des années quatre-vingt-dix, ces jambons crus salés et séchés à l'air libre étaient faits à partir de truies réformées, ou «coches», dont le prix de la viande était moins élevé. La zone actuelle de production correspond au haut Morvan, de Château-Chinon à Arleuf. Les jambons frais sont frottés d'un mélange de gros sel, d'épices et de poivre ; ensuite ils sont empilés et recouverts de gros sel. Ils restent entre trois et quatre semaines dans le saloir. Puis on les lave, on ôte la croûte de sel et on les pend à l'air libre pour une durée qui varie entre six et onze mois. Enfin, on frotte les jambons secs d'une pâte épicée qui colore la couenne. Par ailleurs, il ne saurait être question de quitter la Bourgogne du Nord sans mentionner la relance du vignoble châtillonnais, qui produit des crémants de première finesse, parfois égaux aux champagnes, qu'ils voisinent.

CHAROLAISE
Le charolais est désormais l'objet de labels. Mais, comme le dit le chef Jean-Pierre Billoux, originaire de la région : «C'est le mot charolais qui devrait être un label, comme le bourgogne.»

LE SUD DE LA BOURGOGNE ET LE NIVERNAIS

LE BŒUF CHAROLAIS. Au sud-ouest de la Côte des vins, la Bourgogne se dissémine en collines potelées. C'est la terre des églises romanes, du Brionnais, du Charolais, et du charolais. Le bœuf charolais est en pleine expansion dans toutes les

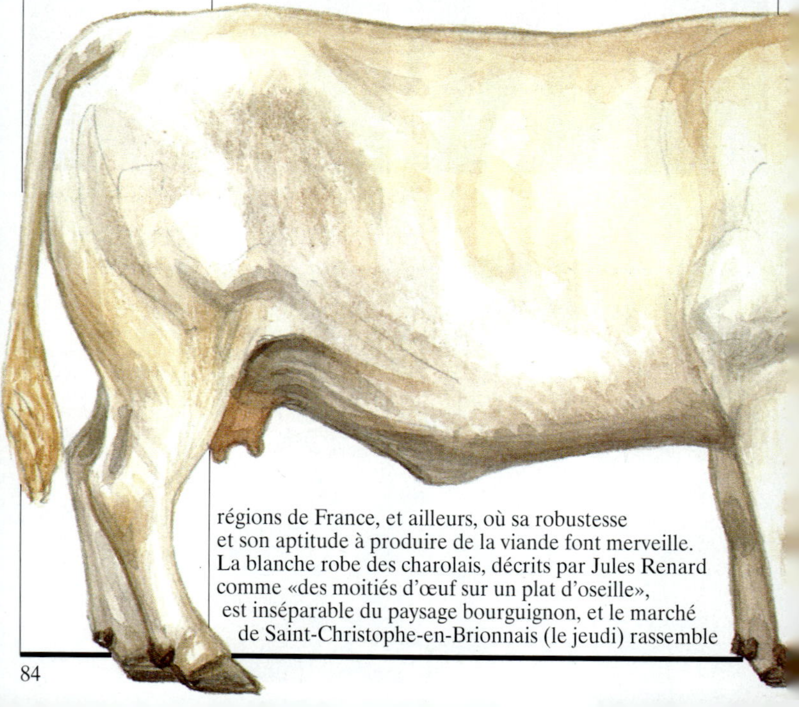

régions de France, et ailleurs, où sa robustesse et son aptitude à produire de la viande font merveille. La blanche robe des charolais, décrits par Jules Renard comme «des moitiés d'œuf sur un plat d'oseille», est inséparable du paysage bourguignon, et le marché de Saint-Christophe-en-Brionnais (le jeudi) rassemble

L'ESCARGOT DE BOURGOGNE
Sa chair ferme, au goût peu prononcé, s'accompagne à merveille d'une sauce au beurre et à l'ail.

en saison presque autant de badauds que de professionnels. Le marché commence la veille au soir avec une entrecôte (le meilleur morceau du charolais) ; il s'achève à mi-matin autour d'un pot-au-feu.

JAMBONS DU PAYS DES AMOGNES. À l'est du Brionnais, on glisse vers la plaine de Loire et le Nivernais, terres à vrai dire quelque peu rapportées à la Bourgogne historique. Au nord de Nevers, du côté du Morvan, le pays des Amognes produit encore, en petite quantité, des jambons, lesquels, cuits et cuisinés, donnèrent naissance au «saupiquet» (jambon à la crème).

NEVERS ET SES CONFISERIES. C'est aux confiseries que Nevers doit son renom, même si la tourte, de porc et de pommes de terre, comme dans le Morvan, a pu s'y faire remarquer. Créée par un Poitevin, la NOUGATINE DE NEVERS doit une part de sa renommée à la gourmandise de l'impératrice Eugénie. De fabrication traditionnelle (sucre, amandes hachées), la nougatine de Nevers se caractérise, par sa couverture rose orangé. Quant au NÉGUS et à l'ABYSSIN (nommés ainsi à la suite de la visite en France de Négus, empereur d'Éthiopie), qui ne se vendent en principe qu'ensemble, ils doivent moins à l'opportunisme malin de leur créateur, le confiseur Grellier, qu'à l'excellent mélange du caramel, du chocolat et du café.

FROMAGES DE CHÈVRE. À l'est du Charolais, les collines qui dominent le vignoble mâconnais sont propices à l'élevage de la chèvre. On y voit par conséquent fleurir les fromages de chèvre, tous de tailles différentes. Le MÂCONNAIS est de forme tronconique. Le BOUTON DE CULOTTE est le plus petit et le plus sec, au point qu'on le râpe parfois pour en faire une spécialité régionale, le «fromage fort» malaxé au vin, à l'ail et aux herbes. Quant au CHAROLAIS, le plus produit, il est cylindrique.

LES CÉLÈBRES VOLAILLES BRESSANES. De l'autre côté de la Saône commence la plaine de Bresse, dont une partie est bourguignonne. On y élève le poulet «patte bleue», dont l'appellation est l'une des mieux défendues et l'une des plus puristes de France. La réputation des volailles bressanes est assez tardive. Elle doit beaucoup à Grimod de La Reynière ● *44*, qui mettait la Bresse au premier plan pour ses poulardes ; mais c'est le poulet qui est aujourd'hui le plus consommé toute l'année. De la sélection au conditionnement final, chaque phase de la production obéit à des préceptes et à des contrôles rigoureux (élevage en plein air, céréales, lait et produits laitiers), qui font des poulets, poulardes et chapons bressans des volailles de tout premier ordre, dont la chair, très juteuse et goûteuse, n'est jamais meilleure que rôtie. Chaque année, avant Noël, les Trois Glorieuses de la volaille de Bresse attirent les grands amateurs de toute l'Europe. Si la production du poulet reste stationnaire, celle de la poularde et du chapon est en régulière expansion.

COMITÉ INTERPROFESSIONNEL DE LA VOLAILLE DE BRESSE

CHÈVRE DE RACE ALPINE
Curieusement, c'est désormais en Saône-et-Loire que se fabrique le plus souvent le claquebitou, qui est en fait originaire de l'arrière-côte de Beaune. C'est un fromage de chèvre frais aux herbes, qui doit son nom au fait qu'il avait la réputation d'améliorer la vue, le mot «bitou» signifiant en patois local «qui voit mal».

CALENDRIER GOURMAND
Janvier : fête de la Saint-Vincent-Tournante
Mars : vente des vins des Hospices de Nuits-Saint-Georges
Mai : Foire des vins de France à Mâcon, journées gourmandes du Grand Morvan à Saulieu
Juillet : festival des grands crus de Bourgogne à Chablis et fin juillet à Meursault
Août : fête du Charolais à Saulieu
Novembre : vente des vins des Hospices de Beaune, Foire internationale gastronomique de Dijon

▲ BRETAGNE

BRETAGNE
27 506 km², 1 100 km de côtes, 2,79 millions d'hab. Quatre départements : les Côtes d'Armor (Saint-Brieuc), le Finistère (Quimper), l'Île-et-Vilaine (Rennes, capitale régionale), le Morbihan (Vannes).

VIANDES, SALAISONS
Andouille de Guéméné, pâté de campagne breton (LR)

LES HUÎTRES
Les lieux d'élevage leur confèrent des saveurs particulières. Parmi les crus les plus réputés, la cancale a un parfum iodé et un arrière goût de noisette ; la paimpol, une pointe iodée et salée ; la morlaix-penzé est appréciée pour sa finesse et son moelleux ; l'aber Wrac'h et l'aber Benoît, profondes rivières marines, donnent à la nacre des Abers une chair goûteuse et iodée ; la belon, au goût nuancé et évolutif, est la plus convoitée.

Une péninsule exposée au souffle océanique, une vie côtière rythmée par les marées, des falaises découpées à vif, des golfes grandioses, des îles, paradis des oiseaux et des pêcheurs : le premier visage de la Bretagne est celui de l'Armor, le pays de la mer. L'Argoat, le «pays des bois», commence aux portes du littoral, avec la zone légumière du Nord-Finistère, la fameuse «ceinture dorée» protégée par le Gulf Stream. C'est la Bretagne secrète des druides du temps jadis, celle de la lande, du granit et de l'ardoise ; son paysage se compose de gros bourgs, de villages et de fermes disséminées à travers le bocage ; ce vaste domaine est favorable à l'agriculture et à l'élevage, aux pommiers… «Cent pays, cent guises, cent paroisses, cent églises», dit un dicton populaire breton qui peut s'appliquer tout autant à la cuisine armoricaine. Devant sa diversité, on n'a que l'embarras du choix. La mer et la terre (où autrefois on ne consommait guère de poisson) fournissent généreusement leurs produits. Cette cuisine est faite de mets simples tels que soupes, huîtres, charcuteries, volailles, laitages, galettes, crêpes, gâteaux bretons, accompagnés d'une bolée de cidre ou de la conviviale tasse de café.

ARMOR, LE «PAYS DE LA MER»

L'HUÎTRE DE BRETAGNE. En 1759, un édit royal interdit la pêche, le colportage et la vente des huîtres du 1er avril au 31 octobre. C'est la naissance de la fameuse légende des mois en r. Jusqu'au milieu du XIXe siècle, les bancs naturels d'huîtres sauvages formaient un cordon presque ininterrompu le long du littoral breton. À l'instar des autres coquillages, les huîtres des gisements naturels des baies de Cancale, de Morlaix, de Saint-Brieuc et du golfe du Morbihan faisaient l'objet d'une pêche intensive. Face à ce dépeuplement accentué par les maladies parasitaires,

FRUITS ET LÉGUMES Artichaut, chou-fleur, échalote, fraise de Plougastel, oignon de Roscoff, Coco paimpolais
BOISSONS Cidre de Cornouaille AOC, hydromel
VOLAILLES fermières (LR)
PRODUITS LAITIERS Beurre de baratte (LR et AB) demi-sel, lait ribot
PRODUITS DE LA MER Coquille Saint-Jacques, homard, huître, moule, langoustine, bar

Napoléon III décréta de nouvelles règles de pêche et autorisa l'importation d'huîtres étrangères. À la même époque, les expériences de reproduction des huîtres (par développement artificiel du naissain sur des baguettes) constituèrent les premiers pas de l'ostréiculture. Dans les années soixante, décimée à son tour par les maladies, l'huître portugaise (*Gryphea angulata*) est remplacée par la *Crassostrea gigas*, huître japonaise de croissance rapide. De nos jours, le golfe du Morbihan, devenu le premier bassin ostréicole breton et le terroir privilégié de l'huître plate (*Ostrea edulis*), approvisionne les bassins du nord de la péninsule armoricaine grâce à ses entreprises de captage en pleine mer.

LA COQUILLE SAINT-JACQUES. Autrefois, sur toute la côte, les femmes s'en allaient, immergées à demi dans l'eau, pêcher les coquillages, ayant fixé des planches sous leurs sabots pour éviter de s'enfoncer dans la vase. La coquille Saint-Jacques, baptisée «ricardeau» par les Briochins, n'avait pas encore acquis son statut de produit gastronomique. Ce mollusque est pêché à la drague d'octobre à avril dans la rade de Brest, la baie de Saint-Brieuc, le golfe du Morbihan, les parages de Paimpol et de Concarneau, à Belle-Île et dans les fonds de la Côte d'Émeraude. En été, il est interdit de le pêcher.

LA MOULE DE BOUCHOT. Avant les années cinquante, qui voient le début de la mytiliculture bretonne dans les baies de Saint-Brieuc et du Mont-Saint-Michel, la «moucle», ramassée à marée basse

PÂTISSERIES. Crêpe de froment, galette bretonne, crêpe dentelle, *kouign amann*, gâteau breton

COQUILLE SAINT-JACQUES
Elle est vendue entière et se consomme avec son corail. Poêlée au beurre ou flambée, pour ce produit exceptionnel, les recettes les plus simples sont les meilleures.

MOULE
La légende prétend que le marin irlandais Patrick Watson, naufragé en 1235 au large des côtes des Sables-d'Olonne, confectionna à son insu les premiers supports pour les moules, appelés bouchots.

Au large de la pointe du Raz, le phare de la Vieille

LIQUEUR DE FRAISE DE PLOUGASTEL
Le musée du Patrimoine et de la Fraise de Plougastel retrace l'aventure des délicieuses «Madame Moutot», «Marguerite le Breton», ou encore «Docteur Morère», variétés aujourd'hui disparues.

comme les autres coquillages, n'est guère estimée. De nos jours, dans la zone conchylicole du Vivier-sur-Mer, les bouchots en bois de chêne de plus de cinq mètres, installés de janvier à mars, forment, dans le sens du courant, de longues rangées perpendiculaires à la côte. Les moules sont captées sur les pieux situés le plus au large, puis transportées pour l'élevage plus près des côtes. Les moules de bouchot sont largement appréciées pour leur chair jaune et bien parfumée.

L'ARTICHAUT DE BRETAGNE. Ancien produit gastronomique, aux bractées renflées et imbriquées les unes aux autres, il devient un légume courant à partir de 1900. Sa culture est parfois associée avec celle du chou-fleur d'hiver. Le gros-camus se trouve sur les marchés de mai à fin décembre.

L'ÉCHALOTE DE JERSEY. Déjà recensée au Moyen Âge autour de Paris et dans les îles anglo-normandes, l'échalote de Jersey, ou échalote-oignon, est très répandue dans les potagers de toute la pointe de Bretagne. Ce bulbe condimentaire demi-long, fortement ventru, présente une chair rosée aux couleurs cuivrées très parfumée. Depuis les années cinquante, elle fait l'objet d'une production plus intensive.

LE COCO PAIMPOLAIS. La légende prétend que les premières graines du haricot coco paimpolais furent rapportées d'Amérique du Sud vers 1920 par un marin, afin de pallier les mauvais rendements des pommes de terre. Ce haricot demi-sec est l'un des plus beaux produits de la zone légumière du Trégor. Il est récolté manuellement de juillet à novembre. On le sert en accompagnement de volailles ou de l'agneau pré-salé du Mont-Saint-Michel.

L'OIGNON DE ROSCOFF. Originaire du Portugal, l'oignon rosé fut introduit en France en 1647 par Frère Siryl, moine capucin. Sa production devint rapidement une activité lucrative pour les familles de marins. En 1828, à bord d'une gabare en partance pour Plymouth, Henry Ollivier, jeune agriculteur roscovite, est le premier des nombreux «Johnnies», ou «briseurs de sonnette», qui durant un siècle et demi

CHOU-FLEUR DE BRETAGNE
Dans le Léon, à partir du milieu du siècle dernier, la production du chanvre est progressivement abandonnée au profit des cultures maraîchères. Le chou-fleur est une espèce d'origine européenne

qui dérive du brocoli. Le chou-fleur à pomme blanche de Bretagne, fleuron de la région saint-politaine, est vendu sur les marchés toute l'année.

LE «PRINCE DE BRETAGNE»
L'artichaut breton, ou gros-camus, cher aux jardiniers du XVIIIe siècle, appartient à la famille des cardons. Il a pour fief Roscoff et Saint-Pol-de-Léon.

«JE ME SOUVIENS AVEC GRANDE ÉMOTION DES GALIMAFRÉES DE FEST-EN-OC'H CHEZ MON GRAND-PÈRE, DE L'ADMIRABLE BOUDIN, DES MERVEILLEUSES SAUCISSES, CONFECTIONNÉES PAR MES TANTES, AIDÉES PAR LES FEMMES DU VILLAGE QUI "CONNAISSAIENT LES HERBES".»

YVON MAUFFRET

colporteront des bottes d'oignons sur les routes d'outre-Manche. On le vend sur les marchés de septembre à mai.

LA FRAISE DE PLOUGASTEL. Au début du XVIIIe siècle, l'ingénieur breton Amédée-François de Frezier fait revenir à Brest quelques pieds de la «fraise blanche du Chili» ▲ *70*. Bénéficiant d'un climat agréable et d'un sol fertile, la presqu'île de Plougastel devient, à partir du début du XIXe siècle, un des hauts lieux de la fraise française.

OIGNON DE ROSCOFF Son goût léger et parfumé en fait la garniture idéale des sandwichs et des charcuteries.

LA PRÉPARATION TRADITIONNELLE DU COCHON. Jadis, au moment de la tuerie et pour la confection du pâté, on ajoutait à la viande le reste du foie, les rognons, le cœur et parfois de la couenne de lard cuite ou les poumons du cochon. L'ensemble, passé à la machine à viande et assaisonné, était recouvert de crépine. On le faisait cuire dans le four du village ou dans le four du boulanger.

L'ARGOAT, LE «PAYS DES BOIS»

L'ANDOUILLE DE GUÉMÉNÉ. Depuis fort longtemps et jusqu'aux années cinquante, en pays Pourlet comme dans l'ensemble du territoire, on tuait le cochon entre octobre et mai. C'était l'occasion de festins dominicaux, de manifestations gastronomiques appelés «boudines», «boudineries», «boudinailles», «gratonneries», «fricassées» ou encore, en breton, *fest-en-och*, ou *gwadaskennou*. C'est aux paysans du pays Pourlet et de la Cornouaille morbihannaise que nous devons la recette de l'andouille préparée avec des chaudins, ou boyaux de porc. À Guéméné-sur-Scorff, à l'occasion du pardon de Notre-Dame-de-la-Fosse, patronne de la cité, et, sous l'égide de la confrérie des Goustiers de l'andouille de Guéméné, la fête de l'Andouille a lieu le quatrième dimanche d'août.

LE PÂTÉ DE CAMPAGNE BRETON. De nos jours, les charcutiers présentent le pâté de campagne breton, au grain assez gros et de couleur marbrée, dans des terrines. On peut le consommer froid avec des cornichons ou chaud, escorté de pommes de terre ou de galettes.

LE POULET DE JANZÉ. Le poulet de Janzé appartient à la grande famille des volailles noires à crête simple que l'on rencontre dans toutes les régions de France. Pour d'autres, il s'agirait d'une poule locale, d'origine ancienne. Réputée pour la qualité de sa chair, la poularde de Janzé figure au début du siècle sur les menus des prestigieuses croisières transatlantiques. En 1900, le marché des volailles de Janzé est le plus couru du département. Après une éclipse de quelques années et la reconstruction de la race – aujourd'hui, le poulet de Janzé arbore un brillant plumage roux –, la relance de la production a été couronnée par l'attribution d'un label rouge en 1981.

L'OIE DE SOUGÉAL. Au début du siècle, son élevage était principalement destiné au commerce du duvet ; les volatiles étaient plumés quatre fois par an. La relance de la production fut encouragée par l'abbé Perrault, qui organisa en 1987 la première grande dégustation de l'oie de Sougéal.

CALENDRIER GOURMAND
Mai : fête de la Morue à Binic
Juin : fête des Fraises à Plougastel
Juillet : fête des Pêcheurs à Loguivy-de-la-Mer, fête de l'Artichaut à Saint-Pol-de-Léon
Août : fête de la Coquille Saint-Jacques à Erquy, fête du Thon à Étel, fête du Crabe à Plouarzel
Octobre : fête de la Pomme à Dinan, fête des Fruits de l'automne à Peillac
Novembre : fête du Cidre à Plouigneau

▲ Trois ambassadeurs bretons : la galette, le cidre et l'hydromel

Confectionnées par centaines à l'occasion des grands rassemblements, pardons, travaux des champs, mariages, les crêpes et galettes appartiennent depuis fort longtemps à la réalité quotidienne des Bretons. Traditionnellement, elles associent les mêmes ingrédients – farine de blé noir, eau, sel et saindoux – requièrent les mêmes ustensiles et un mode de préparation identique. La crêpe du pays bretonnant, fine et de préférence sèche, se déguste telle quelle, avec un peu de beurre ou un simple bol de lait ribot. La galette de haute Bretagne, souvent épaisse et garnie, escortée de cidre, s'accompagne presque toujours de saucisses chaudes ou d'une sardine grillée. Au fil du temps, les crêpes et les galettes se sont agrémentées de maintes garnitures, et l'utilisation de la farine de froment a renforcé leur distinction.

La galette ● *16*

À partir du XVIe siècle, les bouillies, ou «grou», de blé noir servies le vendredi, jour maigre, et base de l'alimentation paysanne, disparaissent peu à peu au profit des galettes. Jusqu'à la fin des années cinquante, en ville ou dans les bourgades rurales, les galettières comme les crêpières officient dans leur boutique, un long couloir sombre attenant à leur maison. Chacun apporte son beurre et ses œufs et consomme un repas peu coûteux au café voisin. Selon la tradition, les galettes sont cuites sur une grande plaque circulaire en tôle ou en fonte installée sur le feu appelée selon les endroits «galetier», «galetoire», «tuile», «pierre» ou «gauferoué». La pâte est étendue à l'aide d'une raclette, ou rouàble. On la retourne à l'aide d'une latte, puis, quand elle est cuite à point, on dépose la galette sur la «huèche», sorte de claie en bois.

Les gâteaux bretons. Qu'ils soient issus de recettes domestiques ou de fabrication industrielle, les gâteaux bretons doivent leur réputation à l'utilisation du beurre de baratte, onctueux et frais. Le gâteau breton, ou gâteau de Port-Louis, et les galettes de Pont-Aven sont préparés avec du beurre demi-sel. Originaire de Douarnenez, le *kouign-amann* (à gauche) est confectionné à partir d'une pâte à pain enrichie de beurre et de sucre.

La crêpe
En basse Bretagne, on distingue la crêpe de blé noir et la crêpe de froment.
Les instruments traditionnels destinés à leur préparation sont : la tuile à cuire, ou *billig*, la spatule pour étendre la pâte, ou *rozell*, et l'*askelleden spaneli*, ou palette, pour retourner la crêpe. Au XIXe siècle, les crêpes perdent leur rôle de pain pour conquérir leur statut de dessert.

Crêpe dentelle et far
On doit à Marie-Anne-Catherine Cornic, crêpière quimpéroise, la recette originale des crêpes dentelle, petites crêpes desséchées et enroulées sur elles-mêmes. Les premières, présentées dans de jolies boîtes en fer à l'effigie d'une Quimpéroise, furent commercialisées au début du siècle sous la marque Les Délicieuses. Très populaire en basse Bretagne, le *farz*, ou *farz fourn*, nature ou aux pruneaux et aux raisins secs, est aussi le gâteau traditionnel des fêtes familiales..

Le cidre de Cornouaille (AOC)
Le premier cidre AOC de Bretagne est produit sur un terroir strictement délimité qui comprend 38 communes situées dans le pays de Fouesnant, le pays Bigouden, la vallée de l'Aven, le pays de Clohars Carnoët et la vallée de l'Aulne. Ample et doux-amer, il atteint sa plénitude d'avril à octobre.

L'hydromel. Cette boisson fermentée prend en Bretagne le nom de *chouchen*, ou de chemillard (pays gallo). On le sert frais à l'apéritif ou bien au dessert. Il est limpide ou trouble, d'une couleur ambrée plus au moins foncée et d'un titrage compris entre 11,5 et 15 % d'alcool en volume selon la nature du miel.

CENTRE-VAL-DE-LOIRE

CENTRE-VAL-DE-LOIRE
39 151 km^2 pour 2,37 millions d'habitants.
Six départements : Cher (Bourges), Eure-et-Loir (Chartres), Indre (Châteauroux), Indre-et-Loire (Tours), Loir-et-Cher (Blois), Loiret (Orléans).

La région recouvre presque entièrement trois anciennes provinces, la Touraine, le Berry et l'Orléanais. Leur point commun est d'être toutes trois traversées par la Loire, le dernier grand fleuve sauvage d'Europe. Mais ces trois entités historiques présentent des terroirs très divers, déterminés par leur géologie : grandes plaines céréalières, telle la Champagne berrichonne ; marais poissonneux, en Sologne ou en Brenne ; terres propices à l'élevage, caprin notamment, en Pays Fort et sur le plateau de Sainte-Maure ; terrasses et coteaux calcaires propices à la vigne, le long des vallées bien exposées de l'Indre, du Cher, de la Vienne, du Loir et de la Loire.

TOURAINE

POMMES ET POIRES. «En fin de table, Homenaz nous donna grand nombre de grosses et belles poyres [...] – Vrayment, dist Pantagruel, quand je seray en mon mesnaige [...], j'en affieray et hanteray en mon jardin de Touraine sus la rive de Loyre.» (Rabelais, *Quart Livre*).
Les vergers tourangeaux produisirent très tôt des pommes et des poires qu'il fallait bien conserver. On prit alors l'habitude de les faire dessécher à four doux et de les aplatir. D'où leur nom de pommes ou poires tapées.

«JE SAIS, RESPONDIT PANTAGRUEL, OÙ EST CHINON, […] J'Y AY BEU MAINTS VERRES DE VIN FRAIS.»

FRANÇOIS RABELAIS (*CINQUIÈME LIVRE*)

LA GÉLINE DE TOURAINE. C'est à la fin du XIXe siècle que débute l'histoire de la géline de Touraine. Elle est le résultat d'un croisement entre la poule noire rustique connue depuis fort longtemps dans cette province, avec une poule d'origine asiatique, la langshan. Cette nouvelle race, fixée dès 1909, eut une vogue extraordinaire et se développa très rapidement, autour de Loches notamment, avant que son élevage ne tombe en désuétude. Il fallut attendre les années quatre-vingt pour que des passionnés, nostalgiques des saveurs d'antan, relancent la belle noire. Ils s'imposèrent de strictes règles d'élevage et se réunirent en syndicat afin de commercialiser leurs produits sous la marque La Dame Noire. En dépit de son nom, elle présente une chair très blanche et une saveur qui doit tout à la race et à sa nourriture, constituée presque exclusivement de céréales, dont une forte proportion de maïs blanc.

LES RILLETTES DE TOURS. Au siècle dernier, on ne trouvait de rillettes que dans le Maine et en Touraine. C'est dire que les rillettes de Tours sont une vieille spécialité locale, très artisanale puisqu'elles n'étaient jadis qu'une charcuterie de ménage. Il semble bien qu'elles soient nées à Vouvray où on les confectionne toujours avec du porc, du sel et un trait de vouvray ajouté en cours de cuisson. On les aime ici très vivement cuites et roussies, ce qui leur confère leur couleur brune et les différencie de celles du Mans, très claires.

L'ANDOUILLE DE JARGEAU. C'est une des plus vieilles spécialités de la province puisque l'on fait remonter au Moyen Âge sa présence à Jargeau. Comme elle n'intègre pas d'abats mais un mélange de poitrine de porc et d'épaule, elle est en fait plus une saucisse qu'une andouille. On la met quelquefois à fumer. La confrérie des Chevaliers-du-Goûte-Andouille organise chaque année un concours qui récompense les meilleures andouilles de la région.

VINS DE TOURAINE. La typicité des VOUVRAYS (AOC) doit énormément aux sols qui portent le vignoble, argilo-calcaires ou argilo-siliceux, à leur exposition plein sud et au pineau de la Loire, un cépage très tardif que l'on nomme ailleurs chenin blanc. Ce sont des blancs tranquilles, très fruités, qui peuvent aller jusqu'au moelleux et même au liquoreux pour certains millésimes. Mais il existe également une forte production de vins effervescents, et depuis très longtemps, puisqu'ils prennent mousse naturellement. De nos jours, les vignerons

UN ÂNE À LA VIGNE
L'âne du fondateur de l'abbaye de Marmoutier au IVe siècle, Saint Martin, brouta, un jour, une belle rangée de ceps du vignoble local. Quelques mois plus tard, lorsque vint le temps des vendanges, les grappes apparues sur le rang croqué par l'âne étaient bien plus grosses que les autres. La taille était née, que les moines de Marmoutier se hâtèrent de diffuser.

FRUITS ET LÉGUMES
Lentille verte du Berry (LR), asperge et fraise de Sologne, pomme et poire du Val-de-Loire

FROMAGES
Valencay, FROMAGES AOC : selles-sur-cher crottin de Chavignol, sainte-maure-de-touraine, pouligny-saint-pierre

VINS AOC
Touraine, bourgueil et saint-nicolas-de-bourgueil, chinon, vouvray, ménetou-salon, quincy, reuilly, sancerre, montlouis, cheverny, cour-cheverny, crémant de Loire

CHARCUTERIES
Andouille de Jargeau, andouillette au vouvray, rillons de Touraine

PÂTISSERIES ET CONFISERIES
Tarte Tatin, prasline de Montargis, forestine de Bourges, pithiviers

DIVERS
Gibiers et poissons de Sologne, géline de Touraine, vinaigre d'Orléans, huile de noix, miels de Sologne du Gâtinais, champignons de Touraine

La Loire et ses affluents abritent une forte population de brochets.

La faverolles
Cette poule qui eut son heure de gloire au siècle dernier doit son nom au village qui la produisait. Sa chair délicate, sa croissance rapide et le fait qu'elle ponde en hiver la remet en faveur aujourd'hui.

L'asperge de Sologne
L'asperge est arrivée ici vers 1870 grâce à un gendarme solognot. Mobilisé en 1870 pour la défense de Paris, il s'intéressa aux asperges d'Argenteuil et en rapporta quelques griffes.

Dans les bois solognots
«Sarcelotte disait : "les lapins". Et aussitôt par les bois de la Sauvagère, par les friches du Beuvron, par les fourrés de Bouchebrand, des centaines de lapins pullulaient. [...] "les lievres". Et aussitôt des capucins hottus se gîtaient au creux des sillons, se collaient, le poil invisible, le long d'un tas de fanes. [...] ; et tout à coup, dans une enclave cernée de bois, un grand chevreuil dressait sa tête inquiète, démarrait d'un bond fou, le feu à ses quatre sabots.»
Maurice Genevoix, *Raboliot*

ont, bien sûr, adopté la méthode champenoise. Tous ces vins sont des vins de garde. Provenant de vignobles situés pour la plupart dans les vallées de la Loire et de l'Indre, les touraines (AOC) rouges sont élaborés essentiellement à base de gamay auquel viennent s'adjoindre côt et cabernet. Les vins rouges TOURAINE-MESLAND, TOURAINE-AMBOISE et le blanc TOURAINE-AZAY-LE-RIDEAU en sont les principales appellations.

Orléanais

La prasline de Montargis. C'est à Blaye que le cuisinier du duc de Choiseul, comte de Plessis-Praslin, inventa, au XVIIIe siècle, une confiserie à base d'amandes et de sucre caramélisé qui acquit sur-le-champ une grande notoriété. S'étant retiré à Montargis où il ouvrit boutique, ce confiseur de génie dont l'histoire n'a pas fixé le nom (Clément Lassagne ou Clément Jaluzot ?) y implanta définitivement cette douceur.
Le safran du Gâtinais. On recueille le stigmate de la fleur du *crocus sativus*, une plante vivace fleurissant à l'automne qui, séchée, est employée comme épice et condiment. Riche en vitamine B2, le safran possède, semble-t-il, des propriétés antispasmodiques et sédatives. Il est cultivé dans le Gâtinais depuis le XIIIe siècle. Progressivement abandonnée, cette culture reprend depuis les années quatre-vingt. La maison du Safran, à Boynes, retrace histoire, méthodes culturales et usages culinaires de ce colorant naturel.
Le vinaigre d'Orléans. Depuis deux cents ans, à Orléans, on fabrique du vinaigre dans la grande tradition des vinaigriers établis sur les bords de la Loire. Ceux-ci récupéraient jadis des vins piqués, destinés à la capitale mais qui n'avaient pas supporté l'acheminement par bateau.
Le cotignac d'Orléans. On connaît son apparence de mini-boîte de camembert en épicéa emplie d'une douceur orangée : c'est le cotignac, une friandise très ancienne autrefois fabriquée par les apothicaires. Elle avait la réputation de développer l'intelligence des enfants et, surtout, de les calmer, à l'exemple du jeune Zeus que les nymphes apaisaient avec du confit de coing. Car le cotignac est toujours élaboré à base de coing. Les textes mentionnent le cotignac dès le règne de Louis XI comme une spécialité d'Orléans, ce qu'elle est toujours. Le gastronome Grimod de La Reynière raconta comment son oncle, monseigneur de Jarente de La Bruyère,

Ci-contre, tarte Tatin

évêque d'Orléans, fut chargé par Louis XV d'en aller quérir pour ses filles. On y imprime depuis longtemps la marque de la ville, une effigie de Jeanne d'Arc qui la délivra des Anglais.
Le pithiviers. On savoure à Pithiviers une galette feuilletée à la crème d'amandes depuis le XVIIe siècle au moins. C'est toutefois au siècle dernier que son renom s'établit définitivement. Il est aujourd'hui la spécialité de la ville, mais celle, aussi, de nombreux pâtissiers établis à travers la France.
La tarte Tatin. C'est grâce aux sœurs Tatin, qui tenaient au début du siècle un restaurant à Lamotte-Beuvron, que la tarte qui porte désormais leur nom put conquérir les plus fins gourmets. C'était en fait une vieille recette solognote. Les puristes exigent qu'elle soit exclusivement réalisée avec des reines des reinettes.

Berry

La forestine de Bourges. En 1884, un confiseur avisé, M. Forest, inventa un nouveau bonbon, bien dans l'esprit de la Belle Époque. Il parvint à emprisonner un savoureux praliné dans une coque de sucre croquant, délicatement teintée de tons pastel irisés. Le succès de cette friandise, devenue la grande spécialité sucrée de Bourges, fut immédiat, et le nom de son créateur lui fut attribué.
Le sancerre (AOC). La plupart des sancerres sont des vins blancs fruités élaborés à partir de sauvignon, qui développent des arômes caractéristiques du terrain qui les porte, à dominante calcaire mais où affleurent les silex. Le sancerre blanc accompagne parfaitement le crottin de chavignol local. Mais il existe aussi, on l'oublie trop souvent, d'élégants sancerres rouges, de cépage pinot noir, et des rosés légers et fruités.
Le quincy et le reuilly (AOC). Le sauvignon blanc est le cépage exclusif de ces vins. Il donne des blancs secs et fruités. Le reuilly rouge prend une importance de plus en plus grande au fur et à mesure que progresse l'encépagement en pinot noir. Mais c'est pour le rosé que le reuilly fait montre d'une extrême originalité, grâce au pinot gris.
Le menetou-salon (AOC). Les vins blancs, frais et fruités, aux arômes d'agrumes et de fleurs, se marient fort bien avec du fromage de chèvre en apéritif et du poisson en sauce. Ils sont élaborés à partir de sauvignon blanc. Les vins rouges, aux saveurs de fruits mûrs, accompagneront le gibier. Rouges et rosés sont issus du pinot noir et se boivent jeunes.

Calendrier gourmand
Fin avril : Foire aux vins à Chinon
Premier week-end de mai : Foire aux andouillettes à Mennetou-sur-Cher
Début mai : Foire aux crottins de Chavignol à Chavignol
Mi-mai : Foire aux vins de Sancerre à Sancerre
Premier week-end après Pâques : Foire aux vins et fromages à Selles-sur-Cher
Début juin : Foire aux andouilles à Jargeau
Fin juillet : Foire aux vin, fromage et boudin à Richelieu
Mi-octobre : Foire aux potirons et légumes rares à Tranzault, Foire aux pommes à Cléry-Saint-André
Début novembre : Journées gastronomiques de Sologne à Romorantin

La Maison de la Forestine
Sise à Bourges, la Maison de la Forestine a tout de la bonbonnière. Plafond en faïence de Giens et cartouches aux angles rappelant les créations du sieur Forest, sans compter les suaves fragrances qui s'en échappent, en font une étape obligée.

La lentille verte du Berry
Longtemps légumineuse des foyers modestes, la lentille a aujourd'hui de beaux jours devant elle. Elle est aux trois quarts produite dans le Berry. La variété anicia, une petite verte très goûteuse, est, aux dires de certains gourmets, la meilleure de toutes.

La chèvre appartient à l'histoire comme à la géographie de la région Centre. «Vache du pauvre», résistante et peu difficile à nourrir, elle a su s'adapter, depuis le haut Moyen Âge, à ses terrains parfois ingrats à «bouquets d'épines» et bosquets, puis, après les grands défrichements médiévaux qui virent l'essor de la viticulture, aux sols laissés en jachère. Cet élevage caprin a donné naissance à une tradition de fromages, dont quatre, issus de différentes provinces de la région, bénéficient d'une appellation d'origine contrôlée.

DU LAIT AU MOULAGE
Tous les fromages de chèvre de la région sont issus d'une même technique de fabrication fondée sur un caillage lactique (acide) faiblement emprésuré. Seul le crottin de Chavignol est égoutté avant le moulage. Les autres sont versés directement dans leur moule de forme cylindrique, pyramidale, etc. à l'aide d'une louche.

L'AFFINAGE
On trouve deux modes d'affinage : le premier correspond au développement d'une «fleur» de surface, de couleur blanche à gris-vert selon le type de moisissure (pouligny et sainte-maure). L'autre méthode, le cendrage, apparaît comme une réminiscence de la pratique ancienne du fumage (valençay, selles, sainte-maure) : le fromage frais est recouvert de poudre de charbon de bois, ce qui favorise le croûtage.

CROTTIN DE CHAVIGNOL
Il est issu d'un joli village du Sancerrois, à l'est du Berry. Le mot «crottin», ou «crot», aurait désigné, à l'origine, une petite lampe à huile en terre, dont la forme aurait inspiré celle du moule utilisé pour façonner ce fromage, aujourd'hui AOC.

VALENÇAY DE L'INDRE
Sa forme serait due, selon la légende, à Talleyrand. Celui-ci aurait tranché la pyramide afin d'éloigner de la mémoire de Napoléon le souvenir de la campagne d'Égypte. C'est le seul fromage de cette forme à posséder une croûte cendrée.

SAINTE-MAURE-DE-TOURAINE
L'élevage caprin serait en Touraine un héritage des invasions sarrasines, sous les Carolingiens. Le chèvre AOC auquel la ville de Sainte-Maure a donné son nom est consommé soit jeune, soit affiné, sa croûte pouvant être fleurie ou cendrée. Tout en longueur, il est pourvu, dans environ 30 % des cas, d'une paille interne qui aide à l'affinage et lui donne sa résistance.

À CHACUN SA FORME
Afin de différencier leurs produits, les éleveurs-fromagers ont donné des formes variées à leurs fromages : cylindre long légèrement tronconique pour le sainte-maure, disque plat pour le selles-sur-cher, petit cylindre bas pour le crottin de Chavignol, pyramide haute et tronquée pour le pouligny-saint-pierre et pyramide plus basse, tronquée elle aussi, pour le valençay.

POULIGNY-SAINT-PIERRE
La tradition est stricte : seul un bon vin blanc sec et fruité peut mettre pleinement en valeur la saveur prononcée de ce fromage AOC. Le pouligny-saint-pierre est né dans la vallée de la Brenne, où les brunes chèvres alpines font partie intégrante du paysage.

SELLES-SUR-CHER
De pâte très délicate et fine, le selles-sur-cher, issu des vallées de Loire et du Cher, est surtout apprécié frais ou peu affiné. Il faut le déguster avec sa croûte cendrée, car elle lui donne son caractère particulier.

▲ CHAMPAGNE-ARDENNE

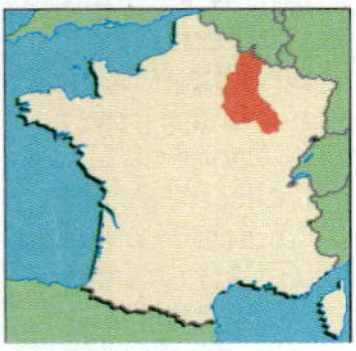

CHAMPAGNE-ARDENNE
25 605 km² pour 1,35 million d'habitants. Quatre départements : Ardennes (Charleville-Mézières), Aube (Troyes), Marne (Châlons-en-Champagne), Haute-Marne (Chaumont).

BOISSONS
Champagne (AOC), cidre du pays d'Othe, coteaux-champenois (AOC), rosé des Riceys (AOC), vin de Muid Montsaugeonnais, cidre des Ardennes, bière de Saint-Rémi
FROMAGES
Chaource (AOC), langres (AOC), rocroi
CHARCUTERIES
Boudin blanc de Rethel, jambon sec, andouillette de Troyes, pied de porc de Sainte-Menehould
PÂTISSERIES
Biscuit rose de Reims, croquignole, galette au sucre, pain d'épice et nonnette de Reims
VIANDES
Viande de porc, dinde rouge des Ardennes
FRUITS ET LÉGUMES
Lentillon rosé de Champagne, truffe de Haute-Marne
DIVERS
Moutarde de Reims

Le massif des Ardennes, souligné par la vallée de la Meuse, qui file vers la Belgique, la Champagne crayeuse, grande plaine cultivée penchée sur l'Île-de-France, la Champagne humide des lacs et des étangs, les collines boisées de l'Argonne, les vastes plateaux de Haute-Marne parcourus d'eaux vives, les pâturages de Thiérache, des crêtes pré-ardennaises et du Bassigny, enfin les suds aubois et haut-marnais, déjà bourguignons… Voilà la Champagne-Ardenne ! Son identité s'est forgée d'époques prospères en débâcles. Au XIIe siècle, le rayonnement des grandes foires de Champagne s'étend à toute l'Europe, et les premières spécialités régionales, surtout charcutières, voient le jour : leur diffusion est facilitée par le public nombreux qu'attirent ces manifestations.
Il faut pourtant attendre le XVIIIe siècle pour que s'exprime la grande tradition gastronomique de la région, alliance subtile du champagne et des mets.

LE MASSIF ARDENNAIS

Les Ardennes ont emprunté leur nom à la déesse celte Arduina, Diane chasseresse chevauchant en amazone un sanglier fougueux. Longtemps, le SANGLIER resta le symbole des Ardennes. Aujourd'hui encore, sa viande et ses abats sont

Ci-contre, les bords de la Meuse

la base d'une charcuterie fine et parfumée.

La marque collective Ardennes de France, créée par différents producteurs locaux, désigne des viandes de bœuf et de porc, jambon sec, pâté en croûte, boudin blanc, cidre, miel, dinde rouge, mais aussi des produits laitiers, tel le FROMAGE DE ROCROI, et des sucreries comme la GALETTE AU SUCRE ou les délicieux chocolats d'Attigny, les ATTIGNUS.

LA GALETTE AU SUCRE. La consistance et le goût de ce dessert de fête varient selon l'épaisseur de la pâte. Fine, la galette sera sèche et croquante ; plus épaisse, elle sera onctueuse et briochée.

LE JAMBON SEC ET LA NOIX DE JAMBON SEC. Dans les Ardennes autrefois, chaque famille élevait un porc, dont la mort constituait un événement. De nos jours, le jambon sec, une tradition bien ancrée dans la région, règne sur la cuisine ardennaise.

BOUILLIE ET BOUDIN
La tradition du boudin blanc de Noël remonte au Moyen Âge, époque à laquelle, au sortir de la messe de minuit, les fidèles avaient coutume de manger une bouillie de lait. Les charcutiers eurent l'idée d'y ajouter de la viande moulinée, de lier l'ensemble avec des œufs et de mettre le tout dans un boyau.

Les pâtissiers locaux dévoilent volontiers le secret de fabrication de la galette au sucre aux amateurs de passage.

LA CHAMPAGNE CRAYEUSE

LE BOUDIN BLANC DE RETHEL. C'est Richelieu qui, à son insu, est à l'origine de cette spécialité de Rethel. En 1626, messire Augustin Henry Chamarande, mousquetaire du roi, enfreignit l'édit du cardinal qui interdisait les duels dans le royaume. Pour éviter les foudres de la justice, il s'exila dans cette ville où il installa une charcuterie dont le boudin blanc fut rapidement fort renommé. De père en fils, la recette s'est perpétuée et le produit s'est affiné. Les Rethélois vous diront que l'on mange du boudin blanc toute l'année, cuisiné à la Richelieu, en croûte, doré au four, truffé…

L'ANDOUILLETTE DE TROYES. Il est difficile de situer l'origine de l'andouillette. On sait qu'en 1475 apparut dans la capitale historique de la Champagne la corporation des *chaircuitiers*, qui détenait le privilège du commerce du porc cuit. Certaines anecdotes attestent l'existence de l'andouillette, présente à la table des soldats de troupes comme à celle de François Ier. Quant à son nom, est-il rattaché à celui de l'abbé de Saint-Loup, nommé Guillaume Andouillette, qui vécut au XVe siècle ? Nul ne peut l'affirmer. La recette de l'andouillette de Troyes constitue un autre mystère, bien que l'on en connaisse les composants : chaudins et estomacs de porc coupés en lamelles et *embaussés* sous boyau. Une association gastronomique en défend la tradition, l'AAAAA, Association amicale des amateurs d'authentiques andouillettes. Elle recommande de veiller à ce qu'elle soit bien moelleuse et le moins grasse possible.

LES SPÉCIALITÉS RÉMOISES AU CHAMPAGNE. À Reims, plusieurs traditions empruntent leur saveur au champagne : le JAMBON DE REIMS, à base d'épaule de porc assaisonnée au

MUSÉE DE L'ARDENNE
Ce musée, sis à Charleville-Mézières, à côté du musée Rimbaud, abrite un intérieur d'autrefois. Ustensiles, mobilier, costumes rappellent fidèlement la vie quotidienne du début du siècle.

champagne, et la MOUTARDE et le VINAIGRE DE REIMS, élaborés à partir de vin de champagne.

DOUCEURS DE LA MARNE. Reims, la cité des sacres, est aussi réputée pour son PAIN D'ÉPICE, de tradition plus ancienne que celui de Dijon ▲ *79*, que l'on trouve toujours sous forme de conques aux fruits et de nonnettes au miel. Son image est également associée aux BISCUITS ROSES aromatisés à la vanille et recouverts de sucre glace (ci-contre). Ceux-ci rivalisent avec les CROQUIGNOLES, d'autres longs biscuits croquants.

VINS ET ALCOOLS. La Champagne est aussi le terroir où s'élaborent des VINS TRANQUILLES qui bénéficient de l'AOC coteaux-champenois. Les rouges vieillissent très bien (bouzy, cumières), les rosés peuvent être acidulés et gouleyants. Quant aux blancs, ils sont secs, frais, légers et vigoureux. Il convient également de citer le RATAFIA, mélange fin et équilibré de jus de raisin et d'alcool, qui offre une idée d'apéritif originale, la FINE DE CHAMPAGNE, obtenue par la distillation du vin, et le MARC DE CHAMPAGNE, issu de la distillation du marc provenant du pressurage des raisins.

LA CHAMPAGNE HUMIDE

LE PIED DE PORC DE SAINTE-MENEHOULD. La confrérie des Compagnons-du-Pied-d'or de Sainte-Menehould (les initiés prononcent «Menou») signale que les «pieds de cochon à la mode de la ville» furent servis au roi Charles VII en 1435. Cette spécialité a pour origine l'étourderie d'un marmiton de la ville qui oublia au coin du feu durant toute une nuit une marmite remplie de pieds de porc. Ceux-ci en sortirent attendris et furent fort appréciés. Revenus dans du beurre avec un hachis d'ail et de ciboulette, les pieds de porc seront ensuite panés et servis grillés. Notez que les pieds antérieurs sont plus fins que ceux de derrière. Il est possible de préparer de la sorte queues de veau et de bœuf et cous de mouton.

LES FROMAGES. La Champagne humide est le fief du CHAOURCE (AOC). Cette pâte molle à croûte fleurie, riche en matières grasses, est issue d'une coagulation acide, ce qui lui donne un grain fin et homogène. Dans ce bassin, notons également les CENDRÉS D'ARGONNE et DES RICEYS, tous deux affinés sous la cendre de bois : la potasse contenue dans la cendre participe à la formation de la croûte.

LE CIDRE DU PAYS D'OTHE. Le pays d'Othe, situé au sud du département de l'Aube, ainsi que dans une partie de l'Yonne (Bourgogne), a souvent été comparé à la Normandie en raison de la grande quantité de pommiers qui fleurissent la campagne et du cidre qu'on y produit. Même si la surface des vergers a diminué, les producteurs de cidre, réunis en syndicat, perpétuent la fabrication du cidre bouché et veillent à son goût caractéristique et à sa couleur, qui varie de l'or à l'ocre de la terre.

LA ROUTE DU CHAMPAGNE ▲ *102*
S'étirant sur 600 km, la route touristique du champagne traverse deux cent seize villages. Les sept circuits organisés permettent de découvrir, dans la Marne, le vaste et noble plateau de la montagne de Reims, la romantique vallée de la Marne, l'élégante côte des blancs, et les coteaux du Sézannais. Les vastes carrières de craie creusées à l'époque gallo-romaine pour bâtir Durocorturum, (la future Reims) servent aujourd'hui de caves à de nombreuses maisons de champagne. À Épernay, il y aurait 110 km de galeries.

«LE CHAMPAGNE EST LE SEUL VIN QUI LAISSÂT LA FEMME BELLE APRÈS BOIRE.»

MADAME DE POMPADOUR

LA CÔTE DES BAR

Si la vigne envahit les coteaux de Montgueux, qui dominent Troyes, la majeure partie des cinquante-neuf communes d'appellation champagne du département de l'Aube s'étale sur la partie sud-est, sur les flancs de la côte des Bar, entre Bar-sur-Seine et Bar-sur-Aube. À la porte de la Bourgogne, la charmante commune des Riceys, formée de trois bourgs, est la seule de France à bénéficier de trois AOC : champagne, coteaux-champenois, et rosé des Riceys. Les 750 ha du vignoble occupent les côtes en pentes raides de la vallée de la Laignes. Bien exposés à l'est et au sud, les plans de pinot noir s'accrochent au sol caillouteux argilo-calcaire.

LE ROSÉ DES RICEYS. La vinification de ce vin tranquille est un exercice très difficile. C'est au moment précis où le moût est rosé, lorsque le goût rappelle la noisette et la violette, spécificité du rosé des Riceys, que le vigneron interrompt la macération. Élevé en pièces, le vin est voué à une garde de plusieurs années. L'élaboration de ce nectar remarquable et original, classé régulièrement dans le trio de tête des rosés français, est tout un art. Ce vin de race au bouquet ample et au goût exquis n'a qu'un défaut, sa rareté, car les récoltants ne vinifient que les bonnes années et préfèrent souvent réserver le raisin à la production du champagne.

LES «CADOLES»
Des Riceys, deux circuits invitent à découvrir les cadoles, ces constructions de pierres sèches, en forme d'igloos, bâties en haut des vignes. Elles servaient d'abri aux ouvriers, qui y prenaient leurs repas.

LE PLATEAU DE LANGRES ET LE BASSIGNY

LE LANGRES (AOC). Typique de la Haute-Marne, où les vaches à robe beige, de race simmental, sont très généreuses en lait, ce fromage à pâte molle, à croûte lavée de couleur rouge-brun et à forte odeur, peut s'accompagner d'un vin local des coteaux de Montsaugeon.

LE VIN DE COIFFY. Se souvenant de la qualité et de la spécificité du vin du cru, les habitants de la commune ont décidé, il y a une dizaine d'années, de replanter les coteaux en vignoble. L'auxerrois et le chardonnay donneront du vin blanc, et le gamay se transformera en vin rouge. À force de sérieux et de ténacité, les producteurs offrent une nouvelle jeunesse au vin de Coiffy. Celui-ci est en effet régulièrement classé dans les différents concours de dégustation.

DU CHOU EN CHAMPAGNE
Le chou à choucroute est cultivé dans la région de Brienne-le-Château, où l'on maintient une tradition de conserverie et de cuisine de la choucroute au vin de Champagne.

CALENDRIER GOURMAND
Fin avril : fête du Boudin blanc de Rethel
Juillet : Route touristique du champagne en fête
Début août : fête des Produits du terroir à Estissac
Septembre : Foire au jambon sec des Ardennes à Renwez, Foire à la choucroute à Brienne-le-Château

Dom Pérignon

Plantées à l'époque gallo-romaine, les vignes champenoises produisent jusqu'au XVIIIe siècle un vin rouge – non pétillant –, réputé pour sa subtilité. Par ses observations sur la fermentation et son art d'assembler les crus, Dom Pérignon (1638-1715) devient le père spirituel du champagne, blanc et mousseux. Aujourd'hui plus de 250 millions de bouteilles sont vendues de par le monde où le même mot suffit pour que passe un air de fête : «Champagne !»

IRRÉSISTIBLES ASCENSIONS, TERRIBLES REVERS

Le champagne est livré en tonneaux jusqu'à l'arrêté royal de 1728 qui autorise les bouteilles. Apparaissent alors les négociants et les premières grandes maisons de champagne. Au XIXe siècle, l'engouement va croissant, la fabrication s'améliore et de nouvelles marques sont créées.

À la fin du siècle, les ravages du mildiou et surtout du phylloxéra sont catastrophiques et obligent au renouvellement du vignoble par l'introduction de plants nord-américains. La fraude et l'arbitraire des prix du raisin durciront le marché jusqu'à la loi de 1927 qui garantit l'authenticité du champagne en fixant les zones d'appellation et les cépages.

Zones de production
Les 31 000 ha de vignoble sont cultivés dans la Marne (pour les trois quarts), l'Aube, l'Aisne, et, en moindre proportion, en Haute-Marne et Seine-et-Marne.

Les rites de fabrication du champagne

1. Pressurage
Sitôt les grappes coupées, le pressurage s'effectue en plusieurs fois avec célérité pour éviter la coloration du jus par la peau des raisins noirs. 150 kg de raisin donnent, selon la règle champenoise, 100 l de jus (moût).

2. Première fermentation
Les moûts après décantation sont mis en cuve par origine durant 3 semaines pour donner un jeune vin blanc, non pétillant.

3. Assemblage
Au printemps, les crus sont mariés selon des proportions gardées secrètes par chaque chef de cave. L'ajout de vin de réserve assure le maintien de la qualité. Lorsqu'elle est exceptionnelle, la cuvée n'est faite qu'avec des vins de l'année et le champagne est alors dit millésimé.

4. Champagnisation
La cuvée est mise en bouteille avec du sucre de canne et des ferments qui se transformeront, lors de la seconde fermentation, en alcool et gaz carbonique. Ce dernier donne naissance aux bulles : c'est la «prise de mousse».

5. Remuage et dégorgement
Un, deux ou trois ans après, on procède au «remuage». Placées sur un pupitre, le col en bas, les bouteilles sont remuées afin que se détachent les dépôts. Au bout de deux à trois mois, la bouteille est décapsulée et débarrassée de son dépôt : c'est le dégorgement. Une liqueur de champagne est alors versée dans des proportions correspondant à l'état désiré (brut, extra-dry, sec…). Ce dosage achevé, il ne reste plus qu'à boucher, museler et habiller la bouteille !

▲ CORSE

CORSE
8 680 km² pour 240 178 habitants. Deux départements : Corse-du-Sud (Ajaccio) et Haute-Corse (Bastia).

LA «PIEVE»
Ses nombreuses vallées font de la montagne corse un monde cloisonné au point que, jadis, chaque vallée était une entité administrative, économique et religieuse : la *pieve*.

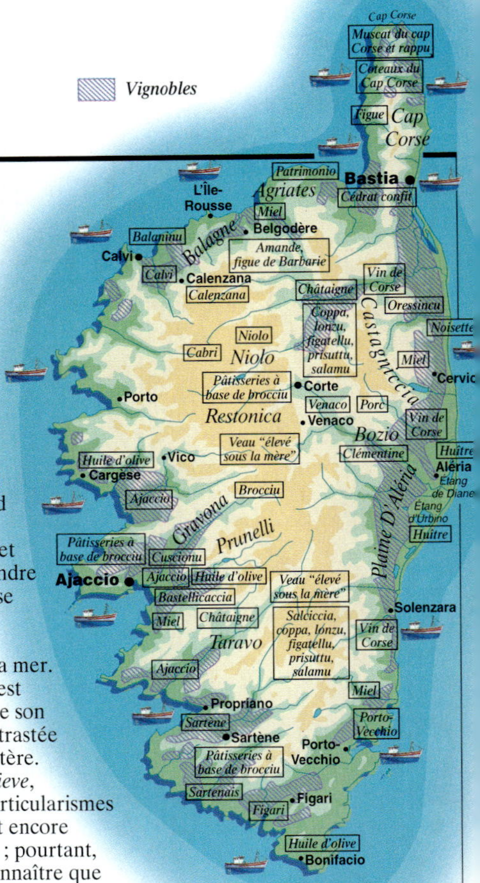

Un seul regard jeté sur la carte permet de comprendre que la Corse est une montagne posée sur la mer. Sa cuisine est à l'image de son relief : contrastée et de caractère. Issus des *pieve*, certains particularismes locaux sont encore entretenus ; pourtant, il faut reconnaître que l'invention d'une cuisine régionale n'a pu se faire que par la circulation des livres de recettes dans les régions corses, et même par quelques emprunts à la cuisine continentale ainsi qu'à celle de colonies qu'ont gagnées de nombreux Corses. Cuisiniers et restaurateurs ont emboîté le pas aux ménagères, soit en recherchant des recettes plus authentiques, soit en innovant par l'introduction de produits nouveaux. Le fait est que, aujourd'hui, foires et fêtes créent une culture gastronomique qui s'éloigne de plus en plus de l'alimentation traditionnelle, tandis que seuls les rassemblements familiaux entretiennent la coutume culinaire.

PRODUITS MARINS. Les Corses savent mieux que quiconque déguster les OURSINS, dont ils recueillent la chair à l'aide d'un morceau de pain.

Les POUTINES, petits alevins, sont préparés en beignets.

Quant aux HUÎTRES de l'étang de Diane, elles étaient

À droite, vue de Calvi prise à l'est de la Baye

FRAGRANCES MÉDITERRANÉENNES
Parmi les plantes qui embaument la Kallisté des Grecs de l'Antiquité, les plus connues sont : le myrte, l'arbousier (à droite), la bruyère, le romarin, l'olivier, le genévrier, le ciste (ci-dessus) et le lentisque.

«C'EST AUSSI LE PAYS DE LA VENDETTA, DE LA SIESTE, DES JEUX POLITIQUES COMPLIQUÉS, DES FROMAGES VIGOUREUX, DES COCHONS SAUVAGES, DES CHÂTAIGNES, DES SUCCULENTS MERLES MOQUEURS ET DES VIEILLARDS SANS ÂGE QUI REGARDENT PASSER LA VIE.»

UDERZO ET GOSCINNY

connues des Romains. Traditionnellement, les poissons du cap Corse étaient conservés en escabèche (*scabecchju*) dès qu'ils étaient rapportés au port. Frits dans du vinaigre parfumé de feuilles de myrte, puis conditionnés dans leur huile de cuisson entre deux feuilles de l'arbrisseau, ils étaient ensuite expédiés sur le continent. Faite à base de rascasse, de denti et de murène, la bouillabaisse corse, *azziminu cortenese*, est assaisonnée d'anis, de fenouil et de piment.

LE BROCCIU. Le 18 juin (1983) reste célèbre pour le fromage corse brocciu, car c'est la date d'obtention de son AOC. Il doit avoir été fabriqué exclusivement avec du lactosérum frais (le petit-lait), celui-ci provenant de brebis, de chèvres ou de ces deux bêtes. Il est chauffé par méthode directe à environ 40 °C puis additionné, lors de ce chauffage, de sel, de lait entier de brebis ou de chèvre ou d'un mélange des deux. Le mélange est alors brassé et porté à une température comprise entre 80 et 90 °C. Le produit est, après écumage, mis dans des moules tronconiques pour égouttage. Lorsqu'on le déguste frais, le brocciu se consomme dans les cinq jours suivant sa fabrication. Il peut aussi subir un salage de surface et un affinage d'au moins quinze jours. Bien protégé par son appellation d'origine, il ravit les gourmets. Les pâtissiers en font des sciacci, chaussons au brocciu parfumé à l'eau-de-vie.

LES AUTRES FROMAGES. À chaque région de Corse son fromage. Riche de ses cheptels caprins et ovins, la Corse offre un vrai plateau de fromages. Des pâtes molles avec ou sans croûte, comme le venacu, le calinzana, le bastelicacciu, l'oressincu, le cuscio ou le balaninu, et des pâtes dures comme le sartenais.

LA CHÂTAIGNE. Après la cueillette et le décorticage, les châtaignes sont stockées dans des séchoirs, puis, dans certaines régions, passées au four. Elles sont consommées sous forme de marrons glacés. Réduites en farine, elles servent à la confection de confitures et de plats (comme la pulenta, cousine de la polenta italienne).

LES AGRUMES. Depuis l'Antiquité romaine, la Corse cultive des agrumes. Mise en place par des pionniers de la côte orientale dès 1925, la CLÉMENTINE, qui est produite sans traitement de conservation,

BOISSONS
Huit AOC (dont deux appellations «en cru» : ajaccio et patrimonio, muscat du cap Corse), cap-corse et rappu.
FROMAGES
Brocciu, fromages de brebis et de chèvre
CHARCUTERIES
Coppa, lonzu, prisuttu (jambon), figatellu (saucisse de foie de porc), salciccia (saucisse), terrines de sanglier ou de grive
FRUITS. Châtaigne (farine, confiture, marrons glacés, mets et desserts), clémentine, myrte, cédrat (liqueurs, gelées, ratafia)
VIANDES
Cabri, veau, agneau «sous la mère»
ÉPICERIE
Miel de Corse, huile d'olive vierge

POISSONS, CRUSTACÉS. Moule, dorade, huître, loup, rouget, oursin
AUTRES. Pâtisseries à base de brocciu

À L'OMBRE DES CHÂTAIGNIERS
La châtaigne a toujours joué un rôle primordial dans l'économie et l'histoire de l'île. Si les Génois en avaient favorisé la plantation dès le XVIIe siècle pour éviter les disettes, les Français tentèrent, en vain, d'en interdire la culture en accusant les châtaigniers de favoriser la paresse des indigènes et l'abandon des terres arables.

Récolte de figues de Barbarie à la fin du XIXe siècle.

LES AUTRES FRUITS L'amande et la noisette sont des productions traditionnelles. Île gorgée de soleil, la Corse acclimate naturellement toutes sortes de cultures : pêches, nectarines et figues, bien sûr, mais aussi fruits tropicaux. Le kiwi s'affirme, l'avocatier aussi. D'autres fruits moins connus entrent sur les marchés : nashi (sorte de poire cultivée en Chine depuis deux mille ans), prune d'Ente (qui, séchée, devient pruneau), feijoa (arbre d'ornement aux fruits délicieux), kaki.

Ci-dessus, clémentine et kumquat nagami ; ci-contre, cédrat et olives ; ci-dessous, figatellu.

CALENDRIER GOURMAND
Février : *A Tumbera* (fête de la charcuterie de Renno)
Mars : *Merendella in Castagniccia* (Piedicroce)
Mai : *A Fiera di u Casgiu* (foire aux fromages de Venaco)
Juillet : *A Fiera di u Vinu* (foire au vin de Luri)
Juillet : *A Fiera di l'Alivu* (foire à l'olivier de Montegrosso)
Novembre : journée du marron (Evisa)
Décembre : *A Fiera di a Castagna* (foire à la châtaigne de Bocognano)

en reste le leader incontesté. Dans les années soixante, la vocation agrumicole de l'île s'est fortement accrue. La culture du POMÉLO, notamment, se développe. Quant au CÉDRAT, c'est l'un des premiers agrumes à avoir conquis le sol corse. Quelques hectares de cédratiers produisent des fruits très recherchés pour la fabrication de fruits confits, de bonbons et, bien sûr, de la fameuse liqueur appelée CÉDRATINE. Le KUMQUAT (nom qui vient du chinois cantonnais) est une toute petite orange qui se mange souvent confite. On le cultive de plus en plus.

LES DOUCEURS. Source de plaisir pour les gourmands, les bonbons se fabriquent à partir de myrte, de cédrat, de châtaigne ou d'arbouse. La biscuiterie compte des spécialités sèches comme les CANISTRELLI et les FRAPPES.

LES SAVEURS DU MAQUIS. L'apiculture corse livre ses produits depuis l'Antiquité. Les tributs imposés à l'île par Rome puis Gênes se payaient déjà en cire d'abeilles, et l'histoire raconte que Napoléon Bonaparte a semé des abeilles d'or sur son manteau impérial en pensant aux abeilles corses. Le miel (*u mele Corsu*) est reconnu par une marque collective régionale. L'huile d'olive (de type Sabine, Germaine et Picholine) est un produit traditionnel : chaque village possédait son moulin qui tirait son énergie des rivières.

SALAISONS ET VIANDES. Sangliers et porcs y étant élevés en liberté et nourris de glands et de châtaignes, la charcuterie ne pouvait qu'être reine en Corse. La fabrication artisanale et le fumage, pratiqué au-dessus de ceps de vigne et de bois de châtaignier, lui donnent son goût rustique. La FICATELLU est une saucisse de foie mi-sèche, fumée, que l'on cuit à la braise. Pour obtenir le LONZU, on fume le filet de porc au bois de châtaignier.

Le jambon (PRISUTTU), la COPPA (échine de porc), la saucisse (SALAMU), les pâtés de sanglier, de grive ou de merle… tout est bon pour confectionner un pique-nique à déguster dans la garrigue.
En Corse, on prise plus particulièrement l'épaule du cabri élevé sous sa mère, en daube avec les cèpes du maquis, ou encore le veau, rôti et piqué d'ail, qui a mijoté ensuite dans une sauce au vin blanc.

La vigne aurait été introduite en Corse par les Phocéens (originaires de Phocée, cité ionienne d'Asie Mineure), quelque six cents ans av. J.-C. Rome en favorisa la culture en créant des propriétés constituées d'oliviers et de vignes. Les invasions barbares mirent un terme provisoire à cette expansion, qui ne reprit qu'au XIe siècle, sous la houlette des moines installés en Corse et de son gouverneur, l'évêque de Pise. Exporté en Toscane notamment, le vin constitua un atout commercial. Les habitants du cap Corse firent de la vigne une monoculture jusqu'au XVIIIe siècle et exportèrent jusqu'en Amérique. Au début du siècle, le phylloxéra détruisit le vignoble corse, mais, dans les années soixante, les rapatriés d'Afrique du Nord introduisirent de nouveaux plants. Les trois grands cépages s'appellent le vermentino, ou malvoisie corse (dont sont issus tous les blancs de l'île), le nielluccio et le sciaccarello.

«A SALUTA !»

Le 2 avril 1976 paraissait le décret consacrant l'AOC du vin de Corse. Il en compte en fait six, selon les communes de production et le rendement de base autorisé (60 ou 45 hl/ha) : vin de Corse, vin de Corse-calvi, vin de Corse-coteaux du cap Corse, vin de Corse-figari, vin de Corse-sartène et vin de Corse-porto-vecchio. Les vins rouges et rosés sont issus des cépages principaux nielluccio, sciaccarello et grenache noir (au moins 50 %). Pour les vins blancs, les cépages sont principalement du vermentino (au moins 75 %) et en appoint de l'ugni blanc (rossola) ainsi que du codivarta pour l'appellation vin de Corse-Coteaux du Cap Corse.

AJACCIO

Les cépages autorisés pour les vins rouges et rosés sont plus nombreux que pour le Patrimonio (principalement barbarossa, nielluccio (à droite), sciacarello et vermentino), sachant que pour les blancs, le vermentino doit représenter au moins 80 % de l'encépagement. Trente-six communes situées autour du golfe d'Ajaccio appartiennent à la zone d'appellation, définie par le décret du 3 avril 1984.

VENDANGES DANS LA RÉGION DE BARCHETTA

Réputé pour être racé, au bouquet et à l'onctuosité authentiquement corses, le patrimonio est produit pour ses vins rouges (minimum 12 % d'alcool en volume) et ses rosés à partir de cépages nielluccio (au moins 60 %) et pour ses vins blancs en cépage exclusif vermentino (à droite). Selon le décret d'AOC du 23 octobre 1984, 7 communes, dont Patrimonio, peuvent porter ses fruits. C'est aussi ici qu'est fabriqué le RAPPU, vin enrichi en alcool servi à l'apéritif.

MUSCAT DU CAP CORSE

Seuls ont droit à cette appellation des vins blancs produits sur l'une des 17 communes (autour de Patrimonio) mentionnées par le décret du 26 mars 1993. Autre contrainte, seul entre dans la composition de ces vins le cépage muscat blanc à petits grains ayant plus de 3 ans. Après fermentation et mutage, les vins présentent un titre alcoométrique volumique total d'au moins 21°5 et une teneur minimale en sucres résiduels de 95 g/l.

▲ Franche-Comté

Franche-Comté
16 202 km² pour 1,09 million d'habitants. Quatre départements : Doubs (Besançon), Jura (Lons-le-Saunier), Haute-Saône (Vesoul), et Territoire de Belfort (Belfort).

Fromages
Emmental français est-central grand-cru (LR), cancoillotte (L. Rég.), morbier au lait cru (L. Rég.), crème de gruyère
Fromages AOC : bleu de Gex, comté, mont-d'or
Spiritueux
Anis de Pontarlier, apéritif à la gentiane, liqueur de sapin, kirsch de Fougerolles (AOC), macvin du Jura (AOC), crémant du Jura (AOC)
Vins AOC
Arbois, château-chalon, côtes-du-jura, l'étoile, vin jaune, vin de paille
Charcuteries
Brési, jambon fumé du haut Doubs ou de Luxeuil (L. Rég.), saucisse de Montbéliard (L. Rég.), saucisse de Morteau (L. Rég.)
Divers
Miel de sapin de Franche-Comté, griottines

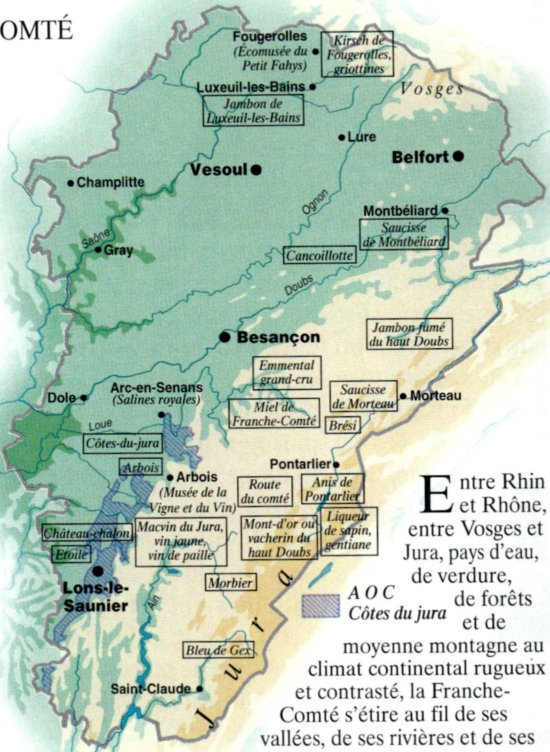

Entre Rhin et Rhône, entre Vosges et Jura, pays d'eau, de verdure, de forêts et de moyenne montagne au climat continental rugueux et contrasté, la Franche-Comté s'étire au fil de ses vallées, de ses rivières et de ses bois. Industrieuse et urbanisée au nord, elle renoue avec la ruralité, la pêche et l'élevage lorsque l'on descend vers le sud et la frontière franco-suisse. Lieu privilégié de transformation du lait et de la viande bovine et porcine, cette Franche-Comté campagnarde a longtemps dû sa prospérité à sa belle palette de fromages et de salaisons. Et comme le bien-manger implique aussi la dégustation de vins de pays et de crus de qualité, elle a développé des vignobles de caractère qui, de Champlitte, en Haute-Saône, aux vins de la vallée de la Loue et du Jura, l'ont gratifiée d'excellents cépages blancs, rosés et rouges. Le promeneur gourmand ne perdra rien, chemin faisant, des autres richesses de cette ancienne province rattachée à la France sous Louis XIV et dont les vestiges d'une histoire tumultueuse demeurent inscrits au cœur de son patrimoine.

Les Vosges saônoises

Le jambon de Luxeuil-les-Bains. Ce jambon faisait-il partie des salaisons du pays des Séquanes (anciens habitants de l'actuelle Franche-Comté) fort appréciées par la Rome antique, ou serait-il le fait, au XIXe siècle, d'un certain «M. Richard qui tint longtemps l'hôtel du Lion Vert»? Toujours est-il qu'il appartient à une longue tradition de salaisons fumées comtoises. Subissant dans un premier temps une macération lente dans du vin rouge ou de l'alcool, puis un frottage au sel sec fait à la main, il est mis à reposer pendant quatre semaines à plat sur des claies avant d'être légèrement fumé à la sciure de résineux. Puis vient le temps du séchage où il reste sept ou huit mois suspendu. Enfin, une fois lavé et brossé pour éliminer la «fleur» qui le recouvre, le véritable jambon de Luxeuil-les-Bains est marqué et daté de manière indélébile avant d'être commercialisé.

Ci-contre, le village de Belvoir

Le kirsch de Fougerolles (AOC). Considérée comme «le berceau des eaux-de-vie de fruits», Fougerolles se veut aussi la capitale du kirsch, invention d'un moine quelque peu alchimiste qui, au XVIIIe siècle, brûla des pulpes de cerises fermentées. Le kirsch se fabrique avec la cerise «guigne» noire ou rouge, issue de greffes pratiquées sur des merisiers sauvages de la montagne dont on planta les champs à l'époque. À la fermentation, le noyau mince de cette guigne dégage une saveur fort goûtée des connaisseurs. Si la récolte des cerises, fin juin, tend à se mécaniser, la cueillette manuelle, au cours de laquelle on utilise l'échelle appelée «pied de chèvre» et la «charmotte», panier porté en bandoulière par les ouvriers, n'en perdure pas moins. C'est pour que disparaisse son goût d'alambic que le kirsch vieillit en bonbonnes ouvertes. De cette tradition locale du kirsch est née la spécialité des griottines, griottes sauvages, équeutées et dénoyautées, qui macèrent dans un sirop léger au kirsch. La variante dite «des griottaigres», aromatisée avec des plantes naturelles, marine, elle, dans un vinaigre de vin léger.

Les autres eaux-de-vie de Fougerolles. Elles sont produites à partir de framboises, myrtilles, airelles, sureau, fraises des bois, sorbier, prunelles et baies de houx. Les fruits à noyau, ainsi que les poires, font l'objet d'une fermentation tandis que les baies macèrent. Leur distillation, comme celle des cerises du kirsch, s'effectue dans des alambics de cuivre, en deux chauffes successives durant lesquelles on opère la séparation des «produits» : les âpres produits «de tête», correspondant à la première fraction d'alcool obtenue, sont mis de côté ainsi que ceux de fin de distillation, ou produits «de queue». Seul le «cœur» de la préparation est mis à vieillir dans des bonbonnes en verre cerclées d'osier (ci-contre). «Les eaux-de-vie de fruits, on les met sous le grenier», souligne un dicton, en souvenir de l'époque où ces bonbonnes, fermées par un linge, étaient placées sous les tuiles de la maison.

Au gré des routes gourmandes
La Franche-Comté s'est dotée d'itinéraires de découvertes élaborés à partir de ses produits les plus renommés : on y traverse des villages fourmillant de richesses artistiques et architecturales, ainsi que de musées de traditions populaires (on peut aussi y visiter des ateliers de démonstration et de dégustation...).

Vin de pays
Entre Vosges et Jura, le vin de pays a trouvé son royaume : Charcenne, Bonnevent-Velloreille, Roche-et-Raucourt, Offlanges, Vuillafans... et Champlitte, où des cépages du nord-est de la Haute-Saône donnent des crus locaux méconnus, mais de bon aloi.

Au paradis du pêcheur
Avec ses torrents, ses dizaines de lacs et ses centaines d'étangs, la région ne pouvait ignorer l'art de la pisciculture. Ses magnifiques réserves de truites, d'ombles et de corégones en font un paradis pour les amateurs de pêche.

LES CINQ CÉPAGES
Les rouges sont le PINOT NOIR (rarement employé seul), le TROUSSEAU (qui n'excède guère 5 % de la production mais qui génère un vin à la robe intense pouvant, après quelques décennies en cave, rivaliser avec les plus grands) et le POULSARD (fruité, qui se boit assez jeune et dont la clarté fait penser à un rosé). Quant aux blancs, il s'agit du CHARDONNAY (d'une culture facile et qui occupe à lui seul 45 % du vignoble) et du SAVAGNIN (acclimaté par les dames chanoinesses de Château-Chalon et vendangé le dernier).

LE MASSIF DU JURA

LE VIGNOBLE JURASSIEN. Les archéologues ont établi que la culture du raisin dans le Jura remontait à cinq millénaires au moins. Au VIe siècle av. J.-C., les marins phocéens qui, de Marseille, remontaient la Saône, faisaient provision de ces vins «de Séquanie» dont le consul romain Pline le Jeune (62-144 apr. J.-C.) fut le premier à parler. Le roi Philippe le Bel les introduisit plus tard à la cour de France, et ils firent les délices de Charles Quint, de François Ier, d'Henri IV et de Napoléon Bonaparte. Aujourd'hui, les membres de la Paierie des Vins d'Arbois et de la Commanderie des nobles vins du Jura et du Comté perpétuent leur célébration. Le vignoble comprend quatre AOC, cultivées sur une bande de terre baptisée Revermont ou Bon Pays : les CÔTES-DU-JURA (cette appellation générique du vignoble englobe une soixantaine de villages), CHÂTEAU-CHALON, L'ÉTOILE et ARBOIS. Parmi les fleurons vinicoles du Jura, on distingue le vin jaune et le vin de paille. Le VIN JAUNE, obtenu à partir du seul savagnin, est unique en France par ses caractéristiques et son mode de vinification : après maturation, il repose six ans en fût non rempli entièrement afin de laisser se développer à la surface un voile de levures. Un autre vin tournerait au vinaigre dans de telles conditions, mais cette «fleur» donne au contraire au vin son étonnant «goût de jaune». La fabrication du fameux VIN DE PAILLE liquoreux, obtenu à partir de poulsard, de chardonnay et de savagnin, demeure, malgré sa réputation, quasi confidentielle : en effet, il faut près de 100 kg de raisins séchés sur un lit de paille ou sur des claies pour en produire dix-huit litres. Enfin, du mariage de vieux marc de Franche-Comté et de moût issu des cépages autorisés naît le MACVIN DU JURA (AOC), vin de liqueur velouté.

LA «ROUTE DES VINS». Longue d'environ 80 km, elle relie Salins-les-Bains à Saint-Amour et suit un chapelet de bourgs et de villages qui s'égrène au pied de coteaux ensoleillés, adossés au plateau calcaire. Châteaux, abbayes et églises ponctuent ce périple ; une visite s'impose à Arbois (ci-dessous) : celle du musée de la Vigne et du Vin au château Pécauld. Et Arbois abrite aussi, outre sa demeure, la vigne expérimentale d'un enfant du pays, Louis Pasteur, qui s'ingénia à y découvrir des remèdes contre les maladies vinicoles.

LES SALAISONS FUMÉES. La fumaison, caractéristique de la charcuterie franc-comtoise, proviendrait du souci ancestral de conserver la viande et remonterait au Haut-Empire romain. C'est dans les fermes à *tuyé* que la charcuterie, conservée dans le garde-manger-fumoir et suspendue sur des perches, gagne en bouquet. Le BRÉSI, chair de bœuf séchée et fumée à déguster en très fines tranches, constitue un mets de choix, à l'instar de la véritable SAUCISSE DE MONTBÉLIARD, fabriquée avec de la viande de première qualité issue de porcs engraissés en Franche-Comté. Fumée aux sarments de vigne et à la sciure de résineux, elle se savoure après vingt minutes de cuisson à l'eau ou en papillote. Selon la méthode, toujours respectée, des paysans du XIVe siècle, elle est assaisonnée avec de l'ail et du cumin. La SAUCISSE DE MORTEAU, qui répond aux mêmes exigences, est produite en zone de montagne, à plus de 600 m d'altitude. Elle est identifiable à la cheville en bois placée à l'une de ses extrémités. Il est recommandé de ne pas la piquer avant cuisson. Quant au JAMBON FUMÉ DU HAUT DOUBS, il doit peser au minimum dix kilos à la mise en fabrication. Il se prépare dans sa forme d'origine avec os, après suppression des excès de graisse et d'une partie de la couenne. Le jambon est salé par frottage au sel sec, en partie éliminé au bout de quelques semaines, et est ensuite fumé dans un *tuyé.* Comme pour le véritable jambon de Luxeuil, le déroulement des opérations ne doit pas être inférieur à neuf mois.

LES APÉRITIFS, LIQUEURS ET MIELS. La Franche-Comté, terre d'arbres fruitiers et de végétaux odorants, propose une gamme riche et diversifiée d'alcools et de miels. L'ANIS DE PONTARLIER, cher à Toulouse-Lautrec, est dérivé de l'absinthe, cette «fée verte» interdite en 1915, dont l'histoire, liée à celle de la capitale du haut Doubs, est retracée dans un musée de la ville. L'apéritif anisé est fabriqué à partir de plantes (anis vert, hysope, mélisse…) mélangées à l'alcool neutre surfin puis distillées au bain-marie dans des alambics avant de vieillir en fûts de chêne. La LIQUEUR DE SAPIN est obtenue à partir de vingt-quatre plantes médicinales et aromatiques séchées sur des claies, mélangées à l'alcool de betterave. Le tout est ensuite filtré et vieilli en fûts de chêne. Quant à la GENTIANE, eau-de-vie à la saveur «terrienne», elle est issue des racines de cette plante à fleurs jaunes qui recouvre les pâturages du haut Doubs et du haut Jura. Enfin, LES MIELS DE FRANCHE-COMTÉ s'ajoutent à ces produits originaux nés des spécificités de la flore. Ils peuvent être, entre autres, de sapin, d'acacia, de trèfle ou de pissenlit.

CALENDRIER GOURMAND
Début février : célébration de la Percée du vin jaune à Arlay
Fin février : fête du Morbier à Morbier
Début juillet : fête des Cerises à Fougerolles
Mi-juillet : fête des Myrtilles à Belfahy
Fin juillet : fête des Vins à Arbois
Mi-août : fête de la Saucisse de Morteau à Morteau, Semaine du miel à Nancray
Début septembre : fête du Biou à Arbois
Mi-octobre : fête de la Pomme à Sellières

LE «TUÉ» OU «TUYÉ»
Ce terme, propre au massif du Haut-Doubs et du Jura, désigne, depuis le début du XVIIIe siècle, ces hautes cheminées-fumoirs pyramidales surmontant une pièce carrée située au cœur de la maison, où l'on conserve la charcuterie qui est ainsi fumée.

La Franche-Comté, terre d'élevage, propose à ses hôtes un plateau de fromages de vache aussi séduisant que varié. Si certains ne sont pas spécifiques à la région, tel l'emmental grand cru qu'on trouve également dans des provinces limitrophes, la plupart relèvent de traditions et de savoir-faire locaux, et leur histoire remonte à des siècles, voire, pour quelques-uns, à des millénaires. Malgré l'industrialisation et l'organisation des filières, nombre d'entre eux sont encore produits de manière semi-artisanale dans les fruitières, ces fromageries coopératives qui réunissent plusieurs éleveurs au sein d'un unique atelier.

LE MORBIER AU LAIT CRU
Fromage de vache, en meule d'une quarantaine de centimètres de diamètre et d'un poids compris entre 5 et 9 kg, le morbier présente une pâte onctueuse, mi-sèche, mi-collante de couleur ivoire ou jaune pâle. En son milieu, une raie horizontale de charbon végétal rappelle l'époque où ce fromage était fabriqué en deux fois. Selon la tradition, cette couche de «noir» permettait de protéger le premier caillé, issu de la traite du matin, jusqu'à l'assemblage avec le produit de la traite du soir.

LA CANCOILLOTTE FRANC-COMTOISE
Cette préparation utilise le méton, fromage de lait cru de vache écrémé, caillé et chauffé à 60 °C. Celui-ci est pressé, émietté et brassé avant l'étape de l'affinage. Il est ensuite fondu dans de l'eau additionnée de beurre et de sel. On peut y ajouter du lait, des aromates et même du vin blanc. Si elle se consomme comme un fromage, elle peut aussi accompagner des pommes de terre rôties, des œufs brouillés ou des croque-monsieur.

«C'était elle qui, matin et soir,
portait le lait à la "fruitière". L'après-midi,
elle menait son troupeau de vaches aux communaux.»

Marcel Aymé (*La Vouivre*)

La route du comté

Entre pâturages, lacs et sapinières, la «Route du comté» sillonne le massif du Jura. Au gré des haltes, fruitières et caves d'affinage offrent à leurs visiteurs la possibilité de goûter cette pâte fine et compacte à l'arôme de noisette et de s'initier à sa fabrication. Ces dégustations seront chaque fois singulières car le bouquet du comté (AOC) varie en fonction de la saison, de son micro-terroir de production ou du tour de main de l'artisan.

Des vaches au pré pour le comté

L'alimentation des vaches, de race montbéliarde pour la plupart, dont le lait cru servira au comté, devra être constituée des flores des prairies jurassiennes. En outre, chacune de ces laitières devra disposer d'un hectare de surface herbagère au minimum ; l'utilisation de fourrages fermentés (ensilage) est interdite.

Le mont-d'or ou vacherin du haut Doubs

Sa fabrication n'est autorisée que de septembre à mars, quand les troupeaux de vaches montbéliardes et de pies rouges de l'Est ont regagné leurs étables, après avoir passé l'été dans les hauts pâturages. Après démoulage, ce fromage AOC est cerclé dans une sangle d'écorce d'épicéa (d'où son ancien nom de «fromage de boîte») qui permet le maintien de sa pâte molle tout en l'enrichissant d'une saveur boisée.

Bleu de Gex ou de Septmoncel

C'est en altitude, avec le lait cru produit sur les pâturages de pré-bois du haut Jura, qu'est fabriqué ce fromage connu depuis le XIIIe siècle. Sa confection reste très artisanale : coagulation à la température de la traite, découpage lent du caillé, égouttage en présence de sel dans des cuveaux. Ce fromage AOC à pâte persillée diffère des autres bleus de lait de vache par son goût nettement moins corsé et sa saveur plus parfumée et légèrement amère.

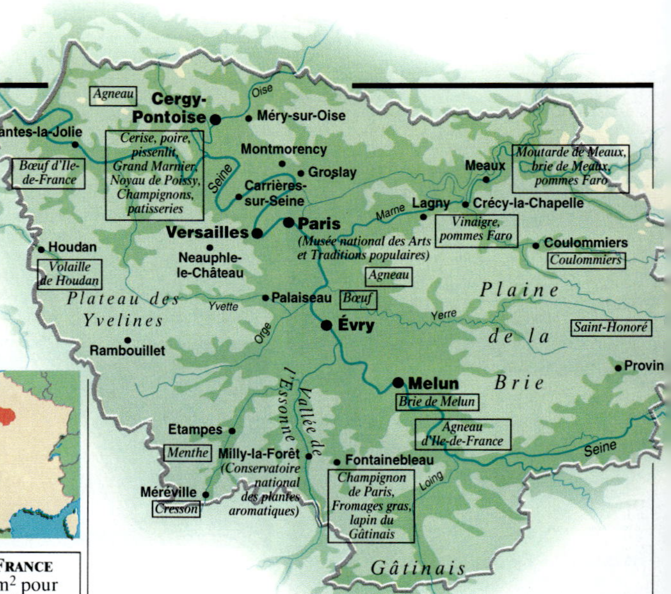

ÎLE-DE-FRANCE
12 072 km² pour 10,6 millions d'habitants.
Huit départements : Paris, Essonne (Évry), Hauts-de-Seine (Nanterre), Seine-et-Marne (Melun), Seine-Saint-Denis (Bobigny), Val-de-Marne (Créteil), Val-d'Oise (Pontoise) et Yvelines (Versailles).

LE CHAMPIGNON DE PARIS
Il faut attendre 1807 pour que ce champignon de couche soit cultivé de manière intensive, dans les carrières désaffectées de Paris. L'extraction de la pierre du sous-sol parisien ayant été interdite peu après, son exploitation se développera dans le Val-d'Oise, de Méry-sur-Oise à Carrières-sur-Seine, zone de production, désormais très concurrencée par celle de la Loire ▲ *163*.

L'Île-de-France, l'ancien pays des Francs, s'étend de part et d'autre de la Seine, à l'ouest jusqu'en Normandie, au nord jusqu'aux confins de l'Oise, à l'est aux limites de la Champagne… La diversité de ses micro-climats et de ses sols, sable de Fontainebleau, vallée en corniches des Yvelines, calcaire des plaines fertiles de Brie et de Beauce, a donné naissance à une tradition toujours vivace de cultures fruitières et maraîchères qui assurent l'approvisionnement des marchés de la «Grande Ville» depuis le XIIe siècle, mais aussi le développement d'une agriculture céréalière à grande échelle. Quant à l'élevage, il a diminué au fil du temps devant l'extension urbaine mais n'en demeure pas moins, lui aussi, un moteur de l'histoire alimentaire de la région.
De ces ressources multiples est né le large panel de produits et spécialités, dont la présence de Paris, à la fois bouche à nourrir, ville royale et haut lieu de la gastronomie, a largement contribué à promouvoir l'essor.

Vergers de Montmorency

La route des fruits. La cerise de Montmorency, griotte acide recherchée pour la préparation des conserves et des confitures, était déjà cultivée au XVIIe siècle, dans les vergers situés en bordure de forêt. Mais l'urbanisation et la concurrence des bigarreaux ont contraint à réduire sa surface d'exploitation autour des communes de Saint-Prix et de Soisy. Non loin de là, la poire de Groslay a conquis les palais jusqu'en Angleterre. Il ne s'agit pas d'une variété mais d'une appellation qui consacre le savoir-faire, plus de deux fois centenaire, des arboriculteurs de la région. Une fête de la poire se tient en octobre à Montmagny, ville également réputée pour sa production de pissenlits, appelés verts de Montmagny et cueillis au printemps.

Plateaux des Yvelines

La volaille de Houdan. Les Yvelines vivent des heures de gloire au XIXe siècle, lorsque les éleveurs, volant la vedette à la Normandie, se spécialisent dans un type de volaille fort goûté à l'époque : la poule «huppée». En 1863, leur poule de Houdan, au caractéristique plumage noir moucheté de blanc, est consacrée «poule française par excellence», détrônant presque ainsi sa rivale de Bresse. Elle disparaît pourtant après la Première Guerre mondiale, provisoirement puisque son exploitation a été relancée récemment. Très appréciée pour sa chair fine et goûteuse, cette race est à rapprocher, par sa saveur, de celle du Favray, autre volaille fermière d'Île-de-France.

Les liqueurs. Le Grand Marnier est exclusivement fabriqué à Neauphle-le-Château depuis les années qui ont suivi la guerre de 1870, à raison de seize millions de bouteilles par an. Cette liqueur dite «de dame», faite de zestes d'oranges amères importés d'Haïti et macérés dans du cognac ▲ *176*, a été mise au point par Louis-Alexandre Marnier. La distillerie, installée dans la commune en 1827 par la famille Lapostolle, est ouverte à la visite, tout comme l'usine de fabrication de noyau-de-poissy, située dans la ville du même nom. Cet alcool à base de cognac et d'infusion de noyaux d'abricot aurait été conçu en 1698, par Mme Suzanne, aubergiste à Poissy.

Pâtisseries
Chouquette, macaron, paris-brest, saint-honoré, tarte bourdaloue

Boulangerie
Pain parisien, brioche, croissant

Liqueurs
Grand Marnier, noyau de Poissy

Fromages
Brie de Meaux (AOC), brie de Melun (AOC), coulommiers

Volailles et lapins
Volaille fermière de Houdan (LR), volailles fermières d'Île-de-France (LR), lapin du Gâtinais

Viandes
Bœuf et agneau d'Île-de-France

Fruits
Champignon de Paris, cresson, salade, pomme, poire, cerise de Montmorency

Divers
Moutarde de Meaux, vinaigre de Lagny, menthe de Milly-la-Forêt

D'hier à aujourd'hui
Dans la proche banlieue de la capitale, appelée jadis «ceinture maraîchère», des retraités et des maraîchers plantent des légumes et des fleurs de saison, dans des enclaves oubliées du monde. Ailleurs, on vient encore chercher son lait frais à la ferme. À Joinville-le-Pont, on déguste en juin, à la fête des guinguettes, un petit blanc local baptisé guinguet, en souvenir du vin qui était produit au XVIIe siècle dans les faubourgs de la capitale.

L'AGNEAU D'ÎLE-DE-FRANCE C'est dans les bergeries du château de Rambouillet que l'élevage d'agneaux gagne ses lettres de noblesse. En 1786, Louis XVI fait importer d'Espagne un élevage de moutons mérinos, réputés pour leur laine. Le mérinos, croisé en 1832 avec une race anglaise, le dishley, contente encore les éleveurs en quête de «toison d'or» et les Parisiens friands d'agneau pascal.
De nos jours, les cheptels regroupent trente mille bêtes de la race ovine Île-de-France.

LE BŒUF D'ÎLE-DE-FRANCE Ce nom désigne non pas une race mais le résultat d'une technique d'engraissement traditionnelle.
Les bêtes peuvent être nées dans une autre région mais doivent, avant d'être abattues (elles ont alors entre trente et trente-cinq mois), passer au moins six mois (en général un an) en Île-de-France. L'hiver, on les nourrit d'aliments produits localement (fourrage, betterave, farine de luzerne et céréales) ; l'été, elles vont au pâturage.

VALLÉE DE L'ESSONNE

LE CRESSON DE MÉRÉVILLE. Des hommes agenouillés au-dessus de bassins peu profonds alimentés par les eaux de la Juine, telle est l'image qu'offrent les cressonnières de Méréville, au moment de la cueillette, en automne et au printemps. La culture du cresson de fontaine, introduite en France en 1811 et à Méréville en 1893, est contraignante. Cette plante a besoin d'une eau très pure, dont la température idéale varie entre 10 et 12 °C. Une de ses principales caractéristiques est de grandir vite

(le mot «cresson» est dérivé de «croître»), puisqu'un mois et demi après sa plantation elle est prête à être récoltée (à la main). L'Essonne est devenue le premier producteur français de cresson, qu'une foire à Méréville met à l'honneur chaque année en avril.

LA MENTHE DE MILLY-LA-FORÊT. L'exploitation de la menthe poivrée de Milly-la-Forêt est une tradition dans le département de l'Essonne. La culture de cette plante médicinale et aromatique y est attestée depuis la Révolution. En 1959, Jean Cocteau, qui résida à Milly, se fit le chantre de cette tradition d'herboristerie dans le «pays», en consacrant aux plantes médicinales le décor mural qu'il réalisa pour la chapelle Saint-Blaise. Cette ancienne maladrerie du XIIe siècle, sise un peu à l'écart du bourg, fut restaurée par ses soins peu avant qu'il n'y trouve le dernier repos.

PLAINE DE LA BRIE

LA ROUTE DES FROMAGES. Le BRIE, qui tenait déjà bonne place dans les foires médiévales de Meaux et de Coulommiers, fut le fromage du peuple avant d'être celui des rois. Un sans-culotte aurait ainsi proclamé au cours de la Révolution : «Le fromage de Brie, aimé par le riche et par le pauvre, a prêché l'égalité avant qu'on ne la soupçonne possible.» En 1815, souverains et diplomates rassemblés au congrès de Vienne le couronnent «Roi des fromages». L'appellation d'origine contrôlée est accordée en 1980 au BRIE DE MEAUX, puis en 1987, au BRIE DE MELUN. Ces deux fromages à pâte molle, au lait cru de vache, contiennent 45 % de matières

Ci-dessous, le village de Lommoye

grasses et sont affinés pendant une période allant de quatre à sept semaines. Les procédés de fabrication différents leur donnent à chacun un caractère particulier.
Les gastronomes assisteront au concours annuel du meilleur brie, à Meaux, ou à la Foire internationale aux vins et aux fromages de Coulommiers, en avril. Cette commune a donné son nom à une variété de brie dont le jury de l'Exposition universelle de Paris avait déjà fait l'éloge en 1878.
Sur la route des fromages, n'oublions pas de faire escale, toujours en Seine-et-Marne, à Tournan-en-Brie et à Fontainebleau. BOURSAULT, DÉLICE DE SAINT-CYR et FONTAINEBLEAU sont les héritiers d'une tradition de production de fromages riches en matières grasses, très recherchés au XIXe siècle par les classes aisées de Paris.
CONDIMENTS. À l'origine, la MOUTARDE DE MEAUX est préparée par les seuls religieux de la cité. Son secret de fabrication est transmis à la maison Pommery au XVIIe siècle, puis à la famille Chamois en 1949, sans jamais être divulgué. Cette famille détient aussi l'usine de VINAIGRE DE LAGNY, qui doit en partie son existence au phylloxéra : elle produit en effet du vinaigre d'alcool ; or celui-ci remplaça le vinaigre de vin quand l'épidémie atteignit la région, entre 1875 et 1900.

LE GÂTINAIS

LE LAPIN DU GÂTINAIS. La poule gâtinaise a longtemps prédominé dans les élevages avicoles de la région, situés près de Nemours et d'Egreville. Elle a pratiquement disparu, cédant la place au lapin du même nom. Cet animal était élevé depuis le XVIIe siècle avant d'être désigné par une appellation spécifique : la première mention de son nom actuel, «lapin du Gâtinais», figurant dans un catalogue d'épicier, date de 1909. Jusqu'alors, le lapin domestique n'avait trouvé grâce auprès d'aucun gourmet et d'aucun agronome. Olivier de Serres, dans son ouvrage *Théâtre d'agriculture et mesnage des champs* (1600), affirme lui préférer le lapin de garenne, car celui-ci évolue en toute liberté dans les bois et dans les campagnes. Aujourd'hui, les mentalités ont évolué au point que le lapin de basse-cour est considéré comme un plat festif. Par les habitants du Gâtinais, cela va de soi !

LA POMME FARO
Faro en vieux français signifie «fort», vigoureux. La pomme faro prospère, depuis le Moyen Âge, dans les vergers briards, sur les coteaux bien exposés de Lagny, de Meaux et de Crécy-la-Chapelle. Objet de fierté local, elle s'expose au «Conservatoire de pommes anciennes».

CALENDRIER GOURMAND
Fin mars : Foire aux fromages et aux vins de France à Coulommiers, Foire au cresson à Méréville
Avril : Foire gastronomique à Héricy ; marché campagnard à Mormant
Fin mai : marchés des produits du terroir à Corbeil-Essonnes
Premier week-end de juin : Foire de la fraise à Milly-la-Forêt
Fin juin : concours du Brie de Meaux et chapitre de la confrérie à Meaux
Fin août : fête de la Moisson à Provins
Fin septembre : fête des Vendanges à Bagneux, Foire aux haricots à Arpajon
Novembre : les Pommades à Savigny-le-Temple

Les plateaux calcaires recouverts de limon, propices à la culture des blés, ont fait de la Beauce le grenier de la capitale, et consacré l'Île-de-France, reine de la boulange. Et si, depuis le Moyen Âge, la renommée des pains de France a franchi ses frontières, ce sont bien ceux de l'Île-de-France qui restent les plus recherchés. Ce fut Paris, ville royale et haut lieu de la gastronomie, qui lança, outre une tradition boulangère concurrençant celle de ses faubourgs, une mode de petites pâtisseries, souvent richement fourrées. Celles-ci abandonnèrent la pâte à pain des pâtisseries traditionnelles de province pour des préparations plus légères, comme la pâte feuilletée ou la pâte à choux.

Pain blanc, pain noir

La baguette ne se répandit en province que vers 1965, au moment où Paris découvrait les pains de campagne, voire le pain noir. Après avoir été le pain des pauvres, ce dernier est aujourd'hui considéré comme un produit de luxe.

Du gros pain à la baguette fraîche

Sur les marchés des faubourgs se vendaient de gros pains familiaux. Au XVIIIe siècle, les boulangers de Paris – souhaitant promouvoir leur propres productions – créèrent un pain plus petit, de forme allongée, qui cuisait plus rapidement. Au début du XXe siècle, ce pain, pesant moins de un kilo, était destiné aux couples n'ayant qu'un ou deux enfants. Puis vint la baguette, qui suffisait au Jules et à sa midinette.

Les «viennoiseries»

Une petite corne dorée en pâte à pain, appelée «croissant», aurait été introduite en France par Marie-Antoinette. Elle sera travaillée en pâte levée et feuilletée pur beurre, par les pâtissiers parisiens, au début du XVIIe siècle. Son nom lui aurait été donné par les boulangers viennois, voulant commémorer ainsi une victoire de la ville, en 1685, sur les Turcs, dont le drapeau affiche… un croissant ! La brioche apparaît elle aussi au XVIIe siècle à Paris, «poussée» à la levure et non pas au levain de pain comme partout ailleurs dans l'Hexagone.

«La boulangerie, très claire, [...] où des pains longs et vernis s'inclinaient, [...] avait une bonne tiédeur de pâte cuite, qui l'épanouissait, lorsque, cédant à la tentation, elle entrait acheter une brioche de deux sous.»

Émile Zola (*Le Ventre de Paris*)

Des moulins en Île-de-France

«Les moulins assis sur les rivières de Provins allaient déjà. [...] Leur bruit accusait la profondeur du silence» (Balzac, *Pierrette*). Quelques rares moulins médiévaux ont échappé à la destruction, tel celui de la Chaussée, à Saint-Maurice, dans le Val-de-Marne. Il y a un siècle, quatre ou cinq variétés de blé prédominaient, moulues à l'ancienne entre deux meules de pierre. On en compte aujourd'hui une trentaine, broyées entre les cylindres métalliques des Grands moulins industriels de Paris et de Pantin.

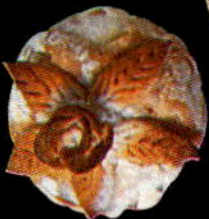

Paris-brest

1891 ou 1909, la date de création du paris-brest reste encore un mystère. Inspiré par la course cycliste du même nom, Louis Durand, pâtissier à Maisons-Laffitte, serait l'auteur de ce gâteau à la forme de roue, fait de pâte à choux fourrée de crème au beurre pralinée.

Chouquettes

Ces petits choux étaient déjà vendus au XVIe siècle, dans les rues de Paris, par des marchands ambulants. Ils étaient, alors, le plus souvent garnis de fromage.

LANGUEDOC-ROUSSILLON
27 447 km²
pour 2,11 millions d'habitants.
Cinq départements : Aude (Carcassonne), Gard (Nîmes), Hérault (Montpellier), Lozère (Mende), Pyrénées-Orientales (Perpignan).

FROMAGES
Bleu des Causses (AOC), pélardon, pérail
PRODUITS DE LA MER
Huîtres de Bouzigues, anchois de Collioure, anguille fumée, tielle sétoise, brandade de morue de Nîmes
CHARCUTERIE
Petit pâté de Pézenas
VIANDES
Taureau de Camargue (AOC), agneau du Languedoc
FRUITS, LÉGUMES, RIZ
Olive (verte de table), pomme granny sud (CC), melon, abricot, huile d'olive, riz de Camargue
VINS
Banyuls, maury, muscat, rivesaltes, côtes-du-roussillon, costières-de-nîmes (AOC), vins du Languedoc (AOC : minervois, corbières, fitou…), tavel, vins de pays
CONFISERIES
Rousquille, grisette de Montpellier, miels de Lozère

Comme son nom l'indique, cette région administrative est double. Non qu'elle recouvre les limites historiques des anciennes provinces dont elle porte le nom, tant s'en faut, mais elle comprend deux entités ; on pourrait dire que l'une, le Languedoc, se rattache au Massif central, tandis que l'autre, le Roussillon, se rattache au monde pyrénéen. Elles sont toutes deux indissolublement liées au monde méditerranéen et reliées l'une à l'autre par une longue plaine littorale, parfois très étroite, qui s'étend quasiment sans entraves du sillon rhodanien à la frontière espagnole. Le tout forme un vaste amphithéâtre tourné vers la mer qui s'élève progressivement de gradin en gradin. Les terroirs qui les composent, d'une extraordinaire diversité, peuvent

aussi bien être à l'origine d'une économie montagnarde fondée sur l'élevage, que prospérer grâce à la culture de la vigne, omniprésente en plaine et sur les collines, ou vivre des activités maritimes, comme la pêche à l'anchois. L'espace lagunaire, quant à lui, a généré une civilisation originale, où s'activent gardians de Camargue, conchyliculteurs et mytiliculteurs des étangs littoraux. Ces contrastes géographiques font toute la richesse du Languedoc-Roussillon, renforcés par des différences climatiques tout aussi capitales, liées à l'altitude et à la proximité plus ou moins grande de la mer.

LE LITTORAL

LE TAUREAU DE CAMARGUE (AOC). La Petite Camargue est le royaume du taureau. L'élevage de cet animal autochtone du

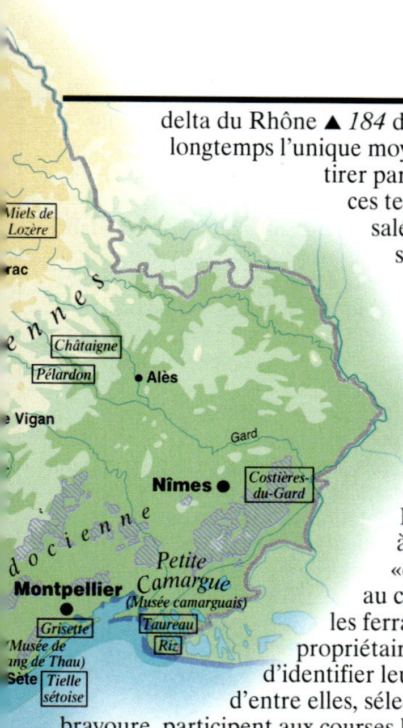

delta du Rhône ▲ *184* demeura longtemps l'unique moyen de tirer parti de ces terres salées recouvertes de salicorne et inadaptées à la culture. L'élevage extensif se pratique en plein air dans de vastes espaces parfois clôturés où les animaux se déplacent librement en troupeaux semi-sauvages, ou manades. Des marquages au fer à l'oreille, les «escoussures», réalisés au cours de fêtes annuelles, les ferrades, permettront aux propriétaires et aux gardians d'identifier leurs bêtes. Certaines d'entre elles, sélectionnées pour leur bravoure, participent aux courses libres traditionnelles, qui ne comportent pas de mises à mort. La viande de taureau, de grande qualité, est essentiellement destinée à la consommation régionale. Elle est souvent servie grillée sur un feu de sarments de vigne, mais est également indispensable à la confection de la GARDIANE, la daube typique, qui peut être accompagnée de riz de Camargue.

LE RIZ DE CAMARGUE ▲ ***184*.** Le musée Camarguais, situé près d'Arles, met en évidence la présence séculaire du riz dans l'environnement du delta du Rhône. Son apparition sur le littoral méditerranéen est antérieure à la Renaissance ; il était utilisé essentiellement dans l'alimentation des marins. Par la suite, la culture du riz,

LES VINS DE SABLE
C'est peu de dire que la vigne est omniprésente dans le Languedoc, où elle occupe même des terroirs situés en bord de mer ou d'étang. Les vins de pays des côtes de Thau en sont issus, comme leur nom l'indique. Leur vinification se fait en rouge, en rosé et en blanc. Ils étaient autrefois destinés à l'élaboration des vermouths mais se font connaître depuis quelques années en tant que vins de pays. C'est sur des terrains sablonneux qui s'étendent en bordure de littoral que se sont développés les vins des sables du golfe du Lion. Ce sont essentiellement des vins rosés, gris et même gris de gris. Ils représentent la plus forte production du département du Gard en vins de pays, mais on les rencontre également dans l'Hérault.

À BOIRE ET À MANGER Les délicieux abricots du Roussillon sont mis à contribution par les Rivesaltais afin d'élaborer l'*abricotada*, breuvage obtenu par macération de ces fruits dans du rivesaltes.

DES DOIGTS DE FÉE Après avoir été mis au sel pendant une quinzaine de jours, l'anchois est étêté et éviscéré manuellement, par des femmes, ce qui demande un indiscutable tour de main, avant d'être remis en saumure pour trois mois dans des fûts.

à laquelle s'intéressèrent Henri IV, Louis XIV et surtout Napoléon III, servit à dessaler les sols camarguais destinés à la vigne et aux céréales. Après une période de culture rationnelle, comprise entre les années 1880 et la dernière guerre, le riz en Camargue connaît un véritable essor avec la disparition de l'empire colonial français. Aujourd'hui, la plupart des variétés de riz (grains longs et grains ronds) ont été acclimatées en Camargue, région qui produit annuellement le tiers de la consommation française.

LES HUÎTRES DE BOUZIGUES. Activité primordiale de l'étang de Thau, la conchyliculture peut se prévaloir d'une importance économique bien supérieure à celle du tourisme pour l'ensemble du département de l'Hérault. On y récolte en effet entre 7 000 et 8 000 t d'huîtres par an, appelées «huîtres de Bouzigues». Plusieurs centaines de familles vivent aujourd'hui de cet élevage, perpétuant ainsi une tradition qui remonte à l'époque gallo-romaine, alors que ces coquillages étaient simplement ramassés à l'état sauvage. Pour tous ceux qui souhaitent parfaire leurs connaissances en ce domaine et découvrir le quotidien des «paysans de la mer», le musée de l'étang de Thau, à Bouzigues, constitue une mine d'informations.

LES ANCHOIS DE COLLIOURE. Collioure, bâtie sur la Côte vermeille, est, depuis des siècles, la capitale de l'anchois. Au Moyen Âge, ce port s'était spécialisé dans la pêche, la salaison et le commerce de poissons de diverses espèces. La petite cité avait donc été exemptée de la gabelle, l'impôt sur le sel, par le roi Louis XI, afin de pouvoir être à même de faire face à cette énorme production. En effet, des barils d'anchois salés, mais également de thons et de sardines, étaient vendus dans tout le bassin méditerranéen. Avec la raréfaction des autres poissons, l'anchois est devenu la spécialité. De nos jours, le port ne se consacre plus à cette pêche, mais Collioure se charge toujours de la conservation, les anchois venant essentiellement de Port-Vendres (ci-contre), mais aussi de Saint-Jean-de-Luz, de La Turballe ou de Lorient. Le travail est manuel, comme autrefois, l'anchois étant trop fragile pour supporter toute mécanisation. Trois entreprises artisanales préparent chaque année environ 500 t de ces anchois. Dans la région, on déguste volontiers ces poissons en anchoïade, une pommade d'anchois et d'olives, ou encore en beignets.

Plat emblématique du Languedoc, le cassoulet ne peut être, d'après les gourmets, que de Castelnaudary, la petite capitale du Lauragais. On y emploie un haricot charnu à peau fine. Découvert par Christophe Colomb alors qu'il venait de débarquer sur le continent américain, le haricot, ou *ayacotl*, fit son apparition dans le sud de la France à la fin du XVIe siècle, ce qui, selon certains, situerait à cette époque l'invention du cassoulet. En réalité, le ragoût chaurien était un plat bien antérieur à la Renaissance, le haricot n'ayant fait qu'y remplacer la fève et le dolique.

La guerre du cassoulet

Plusieurs villes ayant revendiqué avec véhémence la paternité du cassoulet, le cuisinier Prosper Montagné, originaire de Carcassonne, tenta de calmer les esprits au début de ce siècle en affirmant : «Le cassoulet est le dieu de la cuisine occitane, un dieu en trois personnes. Le père qui est le cassoulet de Castelnaudary, le fils qui est celui de Carcassonne, et bien sûr le Saint Esprit qui est celui de Toulouse». On évita ainsi la guerre du cassoulet, tout en confortant les Chauriens dans leur prééminence.

La cassole

C'est la *cassoulo*, ou cassole, dans laquelle il mijote au moins deux heures durant, qui a donné son nom à ce plat. Il s'agit d'un récipient en terre cuite évasé, vernissé intérieurement. La cassole est fabriquée à Issel, un petit village situé au nord-est de Castelnaudary.

Tour de main magique

Au cours de la cuisson au four se forme une peau épaisse. Il est de rigueur ici de l'enfoncer dans la préparation afin qu'une autre peau se forme. Cette opération, à renouveler sept fois – le chiffre 7 est gage de perfection –, contribue à conférer à l'ensemble une saveur exceptionnelle.

UN PRÉCIEUX TUBERCULE
Les truffes de l'Uzège, des *Tuber melanosporum,* représentent 15 % de la récolte française. Elles se négocient tous les samedis matin, de novembre à mars, au marché d'Uzès.

AUX PETITS OIGNONS
Lézignan-la-Cèbe s'est fait une spécialité de l'oignon doux, tandis qu'Uzès fête tous les ans, le 24 juin, les aulx rouge et rose de la région par une foire, héritière des grandes manifestations du Moyen Âge.

L'OLIVE LUCQUES
Dans l'Aude et l'Hérault, on consomme la lucques, une grosse olive verte et pointue, à peau lisse et très charnue, qui se récolte en octobre, avant maturité, aux alentours de Bize-Minervois.

LA «CLÉDA» À CHÂTAIGNE
Au fur et à mesure de la récolte, les châtaignes sont entreposées dans ce séchoir constitué d'un plancher à claire-voie sous lequel est entretenu un feu. Elles ne seront décortiquées qu'à la fin de la dessication.

PLAINE LANGUEDOCIENNE

LA GRISETTE DE MONTPELLIER. La grisette, minuscule bonbon de couleur presque anthracite, est une spécialité de Montpellier et peut s'enorgueillir d'une très ancienne origine qui en ferait l'une des plus vieilles douceurs de France. Elle remonterait en effet au Moyen Âge, alors que, par milliers, les pèlerins se mettaient en marche pour gagner Saint-Jacques-de-Compostelle. Cette grisette à base de miel, de réglisse et d'herbes de la garrigue aurait alors été tout spécialement confectionnée pour eux, leur apportant un petit réconfort lors de leur passage dans la prestigieuse cité languedocienne. Les confiseurs montpelliérains en auraient conservé (ou retrouvé) le secret de fabrication.

LE PETIT PÂTÉ DE PÉZENAS. L'origine du fleuron gastronomique de Pézenas, tout aussi historique, est beaucoup plus récente. Il s'agit d'un petit pâté, dont d'autres villes, d'ailleurs, telle Béziers, revendiquent la paternité. Il daterait du XVIIIe siècle et sa création reviendrait à un Indien dont l'histoire n'a pas retenu le nom, au profit de celui de Lord Robert Clive, alors gouverneur des Indes. Lord Clive, alors qu'il séjournait dans les environs, avait un cuisinier indien, qui confectionnait pour les hôtes de son maître de petits pâtés en croûte dont la farce était un mélange de salé et de sucré, de viande de mouton et de fruits confits. La recette en fut divulguée et reprise par un pâtissier piscénois, un certain Roucayrol, qui les vendit sous le nom de «petits pâtés écossais de Lord Clive». Ceux de Pézenas en sont les dignes héritiers.

CÉVENNES

LA CHÂTAIGNE. Le châtaignier, culture prépondérante des Cévennes pendant des siècles, y fut surnommé «l'arbre à pain». Le Cévenol fit en effet de la châtaigne la base de sa nourriture, en fruits frais consommés grillés ou bouillis, en fruits secs qu'il mettait à sécher dans des *clédas.* Il en utilisa le bois dans la construction et en menuiserie pour la fabrication de meubles et d'ustensiles, tandis que les feuilles devinrent souvent l'unique nourriture et la seule litière du bétail. Aujourd'hui, l'ensemble de la région Languedoc-Roussillon met sur le marché 640 000 t de châtaignes, soit près de 6% de la production française, réparties en trois variétés : l'AGUYANE, le MARRON DAUPHINE et le MARRON DU VAR. Les départements du Gard et de la Lozère se partagent l'essentiel de cette activité agricole.

Le pélardon. Il n'y a pas de produit plus typique des Cévennes que le pélardon, un petit fromage de chèvre qui doit sa fine saveur de noisette à la nourriture des troupeaux qui paissent les landes et les sous-bois de châtaigniers. C'est un palet de 6 ou 7 cm de diamètre qui pèse environ 60 g après six jours d'affinage. Il se déguste frais, mi-sec ou affiné. Dans le premier cas, on le mange dans les cinq jours suivant son démoulage, généralement au dessert. Le mi-sec, qui est meilleur entre huit et dix jours après démoulage, est crémeux et fait merveille avec une salade. Quant au pélardon affiné pendant trois semaines et plus, au goût de chèvre bien prononcé, c'est le roi du plateau de fromages. Le PÉLARDON D'ALTIER est également élaboré dans les Cévennes. Il existe aussi un PÉLARDON D'ANDUZE.

Les Causses

Le bleu des Causses. La grande activité des Causses est l'élevage, à vocation essentiellement laitière ; la réputation du bleu des Causses n'est d'ailleurs plus à faire depuis qu'il bénéficie d'une AOC dont l'aire d'appellation s'étend à tout le massif caussenard. On le retrouve donc en Aveyron ▲ *141*, mais également sur les causses et la Margeride lozériennes, et, dans une moindre mesure, dans le Lot, sur les causses du Quercy. C'est exclusivement un fromage de vache, au lait cru entier, même si, jadis, il était élaboré à partir d'un mélange de laits de vache et de brebis. Il se présente toujours sous forme d'une pâte persillée à la belle couleur ivoire marbrée de veinures bleutées, ensemencée au *Penicillium roqueforti,* comme le roquefort ▲ *144*. À l'instar de ce dernier, il est affiné dans des caves naturelles ménagées par l'érosion karstique. Il a subi au moins 70 jours, mais plus souvent entre 3 et 6 mois d'affinage, avant de paraître sur les étals, sous forme de cylindres de 2,5 à 3 kg.

Fin de repas
Les flaunes, sortes de flans au fromage frais de brebis, font la gloire de Lodève, tandis que la tarte aux amandes est une spécialité de Béziers ; quant aux biscotins, ils sont produits à Bédarieux.

Calendrier gourmand
14 janvier-30 mars : Carnaval de Limoux
Mi-juillet : fête de l'Abricot à Rivesaltes
Début août : Foire à la bouffe à Saint-Chély-d'Apcher
Mi-août : Foire aux huîtres à Mèze, Foire aux fromages à Saint-Alban-sur-Limagnole
Fin août : Feria de la pêche et de l'abricot à Saint-Gilles
Mi-octobre : fête des Vendanges et de la Châtaigne à Mons-la-Trivalle
Fin octobre : vente aux enchères des grands vins du Languedoc-Roussillon à Saint-Jean-de-Cuculles, fête de la Pomme, de l'Oignon et de la Châtaigne au Vigan
Novembre : fête de la Lucques à Saint-Jean-de-la-Blaquière

▲ Le plus vaste vignoble de France

Quatre des départements du Languedoc-Roussillon, le Gard, l'Hérault, l'Aude et les Pyrénées-Orientales se partagent le plus vaste vignoble français. Ses quelque 300 000 ha assurent 40 % de la production française, et notamment 18 % des AOC et 70 % des vins de pays. Véritable monoculture, la vigne s'impose partout, des rives du Rhône à la frontière espagnole, des rebords des Cévennes, des Causses, de la Montagne Noire et des Pyrénées jusqu'en bordure des étangs saumâtres qui parsèment le littoral, empiétant largement sur la garrigue et remontant le cours des rivières jusqu'à des altitudes impensables ailleurs et que seules justifient d'exceptionnelles conditions climatiques.

Une date clé pour les vins doux naturels

On doit à Arnau de Vilanova qui fut docteur en médecine et recteur de l'université de Montpellier, la découverte, en 1285, du mutage, stabilisation des vins doux par apport d'alcool – à l'époque de l'eau-de-vie de vin. La région est la plus importante productrice de VDN de France, qu'il s'agisse des lunel, mireval, saint-jean-minervois et frontignan du Languedoc, ou des maury, rivesaltes, muscat de Rivesaltes, banyuls et banyuls grand cru du Roussillon.

Un océan de rouges

Bien que la production des blancs et des rosés soit loin d'être négligeable, le vin rouge est roi. Des cépages traditionnels comme le grenache noir, le cinsault, la syrah et le mourvèdre, mais aussi le bourboulenc et le picpoul donnent les grandes AOC de la région : minervois, fitou, corbières, picpoul-de-pinet, saint-chinian, faugères, coteaux-du-languedoc, côtes-du-roussillon et côtes-du-roussillon-villages. VDQS et vins de pays n'en sont pas pour autant absents. On compte notamment près de soixante-dix vins de pays différents réunis sous une dénomination commune, celle des vins du Pays d'Oc.

Vin de moines

Produits à la limite orientale du Languedoc, les costières-du-gard sont des AOC depuis 1986. Leur cépage d'origine est le mourvèdre, que l'on a longtemps appelé ici le plant de Saint-Gilles, du nom de l'abbaye qui l'introduisit vraisemblablement dans la région. Il n'intervient plus cependant dans les costières-du-gard qu'en faible proportion (15%), au profit du cinsault, du carignan, du grenache noir et de la syrah.

Une œuvre du Temple

Établis sur les derniers contreforts des Pyrénées, qui tombent dans la mer et forment le massif des Albères, les banyuls bénéficient d'un terroir schisteux, très pentu. Les vignes y sont plantées sur d'étroites terrasses façonnées par l'homme, soutenues par des murets de pierres sèches. L'histoire relate que ces aménagements sont dus aux Templiers, qui mirent notamment au point un système de rigoles original afin de canaliser les eaux de pluie. On appelle celui-ci *peu de gall*, c'est-à-dire «pied de coq».

Le plus vieux vin pétillant du monde

Le cépage mauzac prend mousse naturellement dans des cruchons bouchés de liège. Ce processus naturel a conduit les bénédictins de l'abbaye de Saint-Hilaire-de-l'Aude à mettre au point en 1531, à leur corps défendant, la blanquette de Limoux, et ce plus d'un siècle avant qu'un autre moine, dom Pérignon, n'«invente» le champagne (1681). La blanquette, nom local du mauzac, peut donc à raison se proclamer plus vieux vin pétillant du monde. Elle ne fait toutefois plus confiance à la seule nature et a, depuis un siècle, adopté la méthode champenoise et l'assemblage de mauzac, de chenin et de chardonnay.

Ci-dessous, vignobles des Corbières à Carcassonne

LIMOUSIN
16 942 km² pour 720 000 habitants. Trois départements : Corrèze (Tulle), Creuse (Guéret), et Haute-Vienne (Limoges)

VIANDES
Bœuf limousin Blason Prestige (LR), porc du Limousin (LR) et agneau du Limousin (CC)
CHARCUTERIES
Jambon sel sec et saucisse sèche (LR)
FRUITS
Pommes du Limousin, châtaigne blanche, petits fruits rouges, noix
PÂTISSERIES
Clafoutis, flognarde, gâteau creusois, massepain de Saint-Léonard-de-Noblat
VINS ET SPIRITUEUX
Liqueur de châtaigne, liqueur de noix, apéritif à la gentiane, vin de Branceilles
AUTRES
Foie gras, miels polyfloraux, champignons sauvages, moutarde violette de Brive

Avec la réunion des trois départements limousins, sous la bannière du châtaignier, la région retrouva une unité perdue durant plus de dix siècles. La terre limousine, pays de l'arbre et de l'eau, fief de l'élevage bovin et ovin, longtemps enclavée et réputée pour sa rudesse, est soumise à un climat océanique nuancé : doux dans le pays de Brive ; frais à froid en Montagne limousine, dont le célèbre plateau de Millevaches signifie en langue celte les Mille Sources ; dégradé et aux précipitations abondantes dans la Marche. Ces contrastes climatiques annoncent des paysages agricoles diversifiés : bocages, prairies, milieux tourbeux, landes, bas-plateaux, hauts plateaux et vastes domaines forestiers de résineux, de chênes et de châtaigniers. Durant des siècles, les produits de la cueillette – champignons, fruits des bois – et de la chasse – lièvre, sanglier, faisan – améliorent une cuisine rustique souvent très pauvre dont les principales composantes sont la châtaigne, les céréales, le porc et le mouton.

LA MARCHE ET LE BOCAGE LIMOUSIN

L'AGNEAU DU LIMOUSIN. Au Moyen Âge, les bêtes fournissent la laine, pour la confection du drap, et la viande, que l'on consomme séchée. Dans les campagnes, celle-ci provient de vieilles brebis ou «martines», attachées et engraissées pendant quelques mois à la ferme. Les quartiers de viande ne sont décrochés que pour mardi gras, à l'occasion des mariages ou encore pour les *mourtalias*, les repas de funérailles. À partir de 1761, l'intendant Turgot offre des primes à l'abattage des loups, tente d'introduire de nouvelles races et encourage le développement des filatures. Au milieu du XIXe siècle,

«LES COLLINES, LES VALLONS, LES BOIS, LES ENCLOS, LES COURS D'EAU, LES LACS, LES FERMES ÉPARSES FORMENT MILLE TABLEAUX DÉLICIEUX.»

ARTHUR YOUNG

le défrichement des bois et des landes contribue à l'amélioration du cheptel ovin. Mais la concurrence des laines étrangères en réduit fortement le nombre. Il faudra attendre les années 1950 pour que, à l'initiative de grands propriétaires, la production d'agneaux de boucherie lui redonne un nouvel élan en lui offrant un débouché dont la Haute-Vienne détient le premier rang hexagonal.

LES PORCS «CULS-NOIRS» DU PAYS ARÉDIEN. Dès le XVIe siècle, on recense la race limousine des porcs «culs-noirs» dans tout l'ouest du Massif central où ils prospèrent. D'une remarquable rusticité, de taille moyenne, le corps trapu et le pelage pie-noir, les animaux subsistent dans des conditions d'élevage précaires. Au XVIIIe siècle, on les menait à Auch, Bayonne et Bordeaux, où ils étaient engraissés et abattus sur place ; leurs salaisons comptaient parmi les provisions des navires. Le cul-noir de Saint-Yrieix-la-Perche est élevé en semi-liberté et se nourrissait, à l'époque, de châtaignes, de glands ; au printemps, après l'épuisement des pommes de terre et des racines, il reçoit une alimentation de fortune à base de jeunes fougères, les asphodèles ou «pourettes», cuites puis mélangées avec du son. À l'âge adulte, c'est-à-dire de dix-huit mois à deux ans, son poids varie entre 250 et 300 kg. Le cochon est tué à l'approche de Noël.

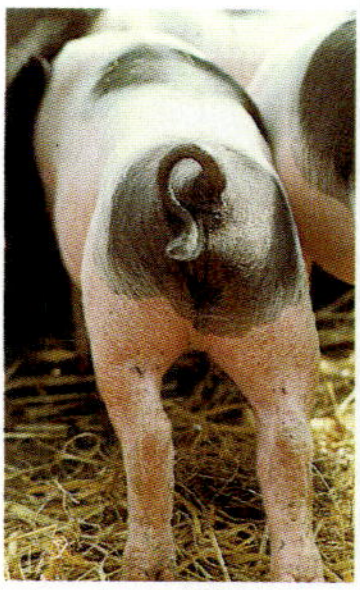

LE CLAFOUTIS AUX CERISES. Gâteau à base de cerises noires, le clafoutis tire son nom du patois *clafir* qui signifie remplir ou garnir. Selon la tradition, au temps des cerises et des foins, le clafoutis est confectionné pour les repas des paysans qui se «prêtent la main». À la ville, il est proposé entier sur les marchés. C'est aussi le gâteau du dimanche, préparé avec une pâte à crêpe et des guignes, variété de merises sauvages dont les noyaux sont conservés pour leur parfum et leur légère amertume. Plus tard dans la saison, une FLOGNARDE pleine de bonnes prunes, de poires ou de pommes, pour laquelle on emploie la même pâte, clôt le repas dominical.

LE GÂTEAU CREUSOIS
Selon la légende, sa recette provient d'un parchemin écrit en latin et retrouvé par hasard en 1969 dans les ruines d'un monastère. Recette moelleuse à base de blancs d'œufs, de noisettes, de beurre et de sucre, ce gâteau était cuit dans une tuile creuse. Celle-ci a été remplacée par une «cuvette» en aluminium dans laquelle le creusois est aujourd'hui proposé par les membres de l'Association artisanale Le Creusois.

LES PORCS «CULS-NOIRS»
Leur lard, goûteux, très blanc, ferme et très fondant, peut atteindre jusqu'à dix-huit centimètres d'épaisseur. Très concurrencé par celui des cochons blancs, le cheptel des porcs «culs-noirs», quasiment tombé en désuétude, est aujourd'hui en reformation.

DOUCEUR À L'AMANDE
Le massepain de Saint-Léonard-de-Noblat est constitué de pâte d'amandes pure et de sucre. C'est après deux à trois jours qu'il prend son délicieux moelleux.

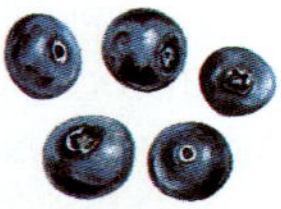

LES MYRTILLES
Depuis fort longtemps, dans le massif des Monédières, les myrtilles sauvages aux baies bleues font l'objet d'une cueillette sauvage. Très aromatiques, mais fragiles, de mauvaise conservation et réservées au négoce local, elles ont peu à peu été délaissées, depuis les années 1970, au profit d'une espèce d'origine américaine, plus résistante, plus juteuse, plus sucrée et à la pulpe incolore. Les vergers sont installés au milieu des bois, sur des sols acides, riches en humus. Les producteurs réservent une partie des fruits, récoltés en été, pour la vente en frais, l'autre partie sera surgelée pour diverses transformations culinaires.

CALENDRIER GOURMAND
Mi-mai : Fête de la fraise à Beaulieu-sur-Dordogne
Mi-juillet : Foire aux fromages et aux produits régionaux à Aubusson
Début août : journée du terroir à Davignac
Début septembre : Foire porcine à Bonnat
Mi-septembre : Foire au miel et aux produits naturels à Aubazines
Dernier week-end d'octobre : fête de la Châtaigne à Dournazac
De décembre à février : marchés aux gras à Brive-la-Gaillarde et à Limoges

DES MONTAGNES LIMOUSINES AU PAYS DE BRIVE

LES FRAISES. Baptisée la Riviera limousine, la vallée de la Dordogne – on y rencontre le bananier et le palmier – jouit d'un microclimat de type méditerranéen. La gariguette et l'elsanta, principales variétés de fraise cultivées dans le canton de Beaulieu-sur-Dordogne, sont le plus souvent issues d'une production agricole polyvalente, et constituent ainsi un complément de revenu pour les éleveurs de veau sous la mère. La gariguette, sucrée, goûteuse et produit phare du pays bellocois, parvient à maturité dès la mi-avril.

LE VIN DE BRANCEILLES. Vers les années 1860, le vignoble sud-corrézien de Branceilles, alors à son apogée, s'étend sur près de 15 000 ha dans le bassin de Brive, dont 450 sur la commune de Branceilles. La ville est aussi réputée pour son marché aux truffes. En 1878, le vin de Branceilles remporte une médaille de bronze à l'Exposition universelle de Paris. Décimé par l'oïdium et le phylloxéra, le vignoble sera sauvé de l'oubli en 1986 par des viticulteurs regroupés en coopérative. Issu d'un assemblage des cépages cabernet, gamay et merlot, le branceilles est un vin de pays.

LA MOUTARDE VIOLETTE DE BRIVE. Au XIVe siècle, le pape Clément VI, d'origine corrézienne, réclame à la cour pontificale un grand moutardier afin de confectionner cette spécialité. Très en vogue à la Belle Époque, puis quelque peu tombé en désuétude, ce condiment sucré et piquant est préparé à partir de raisins noirs égrenés, cuits, et passés au tamis. Puis on incorpore au moût obtenu de la farine de moutarde. Remise au goût du jour, cette moutarde accompagne le boudin noir, le petit salé et les bouillis de bœuf et de poule.

LES CHÂTAIGNES. Pendant des siècles, elles furent la base économique et alimentaire des paysans. Ces derniers dédommageaient en châtaignes ou en pommes de terre le maréchal-ferrant ou le forgeron. Durant l'hiver, en ville, la marchande de châtaignes, au cri de *chauda la chataigna !*, les proposait blanchies, chaudes et toutes prêtes à être mangées avec du lait. On les servait aussi grillées ou bouillies, mais le mode de préparation le plus courant consistait à les blanchir. On disait en patois : *reicalar las chastanhas*. Une fois lavées, elles étaient cuites à feu doux dans une marmite en fonte, avec quelques raves et des pommes de terre. Aujourd'hui, la région de Limoges continue de produire une liqueur à base de châtaignes macérées.

LA LIQUEUR DE NOIX. Son eau limpide, ses fûts de chêne, sa position sur la route des épices ont fait de Limoges, également cité des brasseurs, un haut lieu de la distillerie entre 1780 et 1930. Les noix étaient l'objet de tous les soins ; elles offraient un bon rapport et la richesse de certaines fermes s'estimait au nombre de noyers qu'elles possédaient. Comme autrefois, lorsqu'on l'utilisait comme potion médicinale, la liqueur de noix est préparée à partir d'infusions de jus de noix vertes, de sirop cuit au feu et d'eaux-de-vie nobles. Les noix vertes sont cueillies entre la Saint-Jean et la Sainte-Madeleine et sont mises à vieillir pendant de longues années dans des foudres en chêne du pays.

Au Moyen Âge, les bovins du Limousin, de petite taille et à la robe de couleur rousse, sont élevés comme animaux de trait et fournissent, mais en quantité insuffisante, la fumure pour la terre. Puis, inaptes aux travaux agricoles, ils deviennent des animaux de boucherie. À partir de la Révolution, l'élevage du bétail, qui demeure la première activité agricole de la région, subit de profondes mutations. En 1886, la création du *herd-book* limousin, ou livre généalogique, définit la race bovine locale comme une race de travail et de boucherie et permet d'établir un premier standard.

Une race plébiscitée

Les qualités de la race bovine limousine sont unanimement reconnues : robustesse, facultés d'adaptation, fécondité, facilité de vêlage et... finesse de la chair.

Les spécialisations locales

Selon leur âge, leur alimentation et leur destination, les bovins limousins répondent à différentes appellations : le broutard (bovin de moins d'un an, vendu à l'automne aux ateliers d'engraissement), le veau sous la mère (spécialité des petites exploitations corréziennes), le bœuf limousin (qui produit l'essentiel de la viande rouge)...

L'élevage

Jusqu'au début du siècle, l'étable ne connaît guère de changements. Les animaux sont disposés face à face, de part et d'autre d'un couloir d'alimentation. Les rations sont composées de foin, de céréales et de topinambours. Les veaux se trouvent à l'attache derrière leur mère. Avec l'accroissement de la taille des exploitations, les étables entravées se sont agrandies et équipées d'évacuateurs à fumier, ainsi que d'un couloir central permettant le passage d'un tracteur. En fin d'engraissement, les animaux sont laissés dehors toute l'année, l'affouragement se faisant en râtelier ou à même le sol.

LORRAINE
23 547 km² pour 2,3 millions d'habitants. Quatre départements : Meurthe-et-Moselle (Nancy, capitale régionale), Meuse (Bar-le-Duc), Moselle (Metz) et Vosges (Épinal)

FRUITS
Mirabelle (Lab. Rég.), quetsche
VINS ET LIQUEURS
Eau-de-vie de mirabelle (AOC), bières, côtes-de-Meuse, côtes-de-toul, vin de Moselle
PÂTISSERIES ET CONFISERIES
Madeleine de Commercy, macaron et bergamote de Nancy, dragée de Verdun, confiture de groseilles de Bar-le-Duc
PRODUITS LAITIERS
Munster-géromé (AOC)
AUTRES
Miel de sapin des Vosges, charcuterie fumée, pâté de truite de Remiremont

De la côte de Meuse aux terroirs voués à l'agriculture, à celle de Moselle, belle voie de passage au cœur des plateaux lorrains, il n'y a qu'un pas à franchir pour atteindre les vastes forêts vosgiennes qui bordent la région à l'est. Entachée longtemps d'une image industrielle liée à la mine, au textile et à la sidérurgie, la Lorraine connaît depuis une vingtaine d'années un souffle nouveau. Et l'on découvre sous un autre jour ce pays toujours vert, si riche en friandises…

CÔTE DE MEUSE

LA CONFITURE DE GROSEILLES DE BAR. Une confiture de groseilles sans pépins, ça n'existe pas… C'est pourtant l'étonnante spécialité de Bar-le-Duc, où les épépineuses, armées d'une patience exemplaire, enlèvent un à un, depuis des siècles, les pépins des grains de groseille sans en déchirer la peau, au moyen d'une plume d'oie taillée. Un geste très technique frisant la virtuosité : une main experte parviendrait en effet à épépiner 4 kg de groseilles par jour. Ces délicates confitures, tantôt blanches et très parfumées, tantôt rouges et plus sucrées, sont aujourd'hui une denrée rare ; Bar-le-Duc ne compte plus qu'un unique maître confiturier.

Des fromages en Lorraine
La région consacre 8 l de lait sur 10 à la fabrication de fromages, notamment à celle de munster-géromé ▲ *58* et de brie de Meaux ▲ *116*, dont l'AOC couvre une partie de la Lorraine.

La dragée de Verdun. La dragée a été créée par un apothicaire meusien en 1220. Il est alors fait mention dans les archives de la ville d'un médicament de confort purifiant l'haleine et facilitant la digestion. Les dragées portent à l'époque un nom délicieux : les «épices de chambres». Bénéficiant d'un immense succès populaire, elles sont distribuées, sur ordre de Louis XIV, aux enfants des écoles chaque jour de l'an. En 1660, Colbert note que Verdun en fait un grand commerce et, en 1680, une ordonnance royale assure que la meilleure dragée de France est fabriquée dans la cité meusienne. Aujourd'hui encore, les dragées des baptêmes et des communions, qu'elles soient aux amandes siciliennes, argentées, au chocolat ou au nougat, font la réputation gourmande de Verdun.

La madeleine de Commercy. Quand Madeleine dut remplacer au pied levé le pâtissier de Stanislas, elle confectionna le seul gâteau dont elle connaissait la recette… pour le plus grand bonheur des invités du duc de Lorraine. Le dessert n'avait pas de nom, Stanislas lui donna celui de la servante. L'épouse de Louis XV appréciait fort ces gâteaux en forme de coquille, délicatement parfumés à la fleur d'oranger. Si elle contribua à en asseoir la notoriété, Marcel Proust ne fut, par la suite, pas étranger à leur succès.

Côte de Moselle et plateau lorrain

Le vignoble lorrain. Le vignoble lorrain, dont la renommée est attestée au XIIIe siècle, fut décimé par le phylloxéra vers 1890. De nos jours, il ne donne plus lieu qu'à une production modeste, dont près de 90 % est consommé localement. Depuis le 9 août 1951, le vin de Moselle et le coteaux-du-toulois font l'objet d'une appellation VDQS.

La bergamote. L'origine de la bergamote, fruit du bergamotier, cultivé essentiellement en Calabre, en Corse et en Chine, est assez mystérieuse ; non moins contestée est celle du bonbon, qui en prit le nom et l'arôme. Cette spécialité de Nancy serait-elle due à un dénommé Jean-Frédéric Godefroy Lillich vers 1850 ; ou dériverait-il des tablettes à la bergamote vendues aux familles israélites de la rue des Carmes et de l'Équitation par une maison

La quiche
Sans conteste d'origine lorraine, cette tarte garnie d'un mélange d'œufs battus, de crème fraîche et de lardons porte le nom de quiche depuis le XVIIe siècle. Le terme a alors regroupé toutes sortes de tartes salées dénommées auparavant tarte, fouace, cholande dans les Vosges, galette lorraine dans la Meuse, et même parfois tarte à la flamme, ce qui rapprocherait la spécialité lorraine de la tarte flambée alsacienne, la flammeküche.

La charcuterie lorraine
Potée, tourte, quiche : pas de cuisine lorraine sans viande de porc ! Le cochon, viande des campagnes, a été et est encore un plat de base dans la tradition gastronomique lorraine. Le lard intervient dans la composition des soupes et potages, et bien sûr dans la potée lorraine, où il convient d'intégrer : lard maigre, filet ou palette de porc, queue de cochon, saucisse à cuire, sans oublier navets, chou vert, carottes, poireaux, pommes de terre, céleri-branche et parfois lentilles.

LA «ROUTE DE LA BIÈRE LORRAINE» Cet itinéraire touristique fait revivre la mémoire des grands brasseurs, depuis le musée européen de la Bière à Stenay dans la Meuse, jusqu'à l'Institut français des boissons de la brasserie-malterie à Nancy en Meurthe-et-Moselle.

CALENDRIER GOURMAND
Début février : Foire grasse à Lunéville
Mi-février : fête de l'Andouille au Val d'Ajol
Fin avril : Salon des vins de France à Toul
Fin avril : Foire à la grenouille à Vittel, Foire à l'escargot à Gerbeviller
Début juin : fête du Pain à Toul, Festival des Arts de la Table à Lunéville
Août : fête du Jambon à Bazoncourt
Fin août et début septembre : fête de la Mirabelle à Metz
Mi-septembre : fête du Pâté lorrain à Baccarat

installée place du Marché vers 1840 ? Quoi qu'il en soit, la friandise contribue à la renommée de Nancy. Elle est, en tout cas, la première confiserie française à avoir reçu un label régional.

LES MACARONS DE NANCY. Bien que d'origine lointaine et vraisemblablement italienne, les macarons, à base d'amandes pilées, croquants en surface et moelleux à cœur, sont, dès le XVIe siècle, produits à Nancy. La légende raconte pourtant que les premiers macarons de la ville auraient été confectionnés plus tard par deux bénédictines, en remerciement de l'hospitalité qui leur avait été offerte par une famille de Nancy, lors de la fermeture du couvent en 1793. Marguerite-Suzanne Gaillot et Élisabeth Morlot sont désormais connues sous le nom des «Sœurs Macarons».

LA BIÈRE. La PILS, ou lager, est évidemment la grande bière d'une région qui a également été le berceau de la BLANCHE, bière de tradition qui faisait déjà, au XVIe siècle, la réputation de la brasserie de l'abbaye Saint-Laurent de Dieulouard en Meurthe-et-Moselle. Bière de fermentation haute à base de malt d'orge, de blé ou de malt de blé et de houblon, la blanche intégrait dans sa composition épices exotiques ou plantes aromatiques régionales, comme la cannelle, les écorces d'orange amère ou la sauge. La mise au point en 1851 à la brasserie Tourtel d'une levure de fermentation basse sera malheureusement à l'origine de sa disparition en Lorraine, avant que la Belgique ne la remette au goût du jour. Récemment, à Nancy, l'Institut français des boissons de la brasserie-malterie, héritier de l'École de brasserie fondée en 1893, où Pasteur fit ses recherches sur la levure, a mis au point une bière à la châtaigne… pour la Corse !

LES VOSGES

LES EAUX MINÉRALES. Les sources thermales, pour la plupart déjà exploitées par les Romains, sont nombreuses dans les Vosges. Stanislas Leszczynski, Montaigne, Beaumarchais, Joséphine de Beauharnais, Lamartine ou Maupassant ont loué les EAUX DE PLOMBIÈRES-LES-BAINS pour leurs vertus curatives des affections intestinales, rhumatismales, entre autres. Celles des sources chaudes de BAINS-LES-BAINS soignent les maladies cardio-vasculaires, les rhumatismes, les séquelles ostéo-articulaires. Quant aux propriétés des eaux de CONTREXÉVILLE, elles furent découvertes par le docteur Baguard, premier médecin de Stanislas Leszczynski, en 1760, à Nancy. Si le premier établissement thermal a été créé en 1774, trois sources ont été déclarées d'intérêt public en 1860. À VITTEL, les deux sources principales, Grande Source et Hépar (salée), ont acquis une notoriété internationale.

Petite prune jaune à la chair souple, sucrée et très parfumée, la mirabelle apparaît en Lorraine au XVe siècle. Mais c'est à la fin du XIXe siècle que le mirabellier se répand, en lieu et place du vignoble, ravagé par le phylloxéra. La mirabelle de Lorraine représente aujourd'hui 80 % de la production européenne ; l'eau-de-vie blanche et subtile qui en est issue bénéficie d'une appellation d'origine.

UN VASTE DOMAINE
Le mirabellier, originaire d'Orient, s'est acclimaté sur 2 500 ha, sur les sols argileux et calcaires de l'Est, notamment autour de Nancy, dont il domine le marché.

AUX ORIGINES
Dès le XVe siècle, les premiers mirabelliers font leur apparition sous le règne du roi René (1409-1480), duc d'Anjou et de Lorraine, et roi de Naples. Cet amateur d'arts, de lettres et de gastronomie favorisera son implantation.

UNE PRODUCTION DIVERSIFIÉE
Avec une production de 3 000 à 20 000 t, les mirabelles de Lorraine, récoltées durant la seconde quinzaine d'août, représentent 90 % de la production nationale. Ce fruit rare est consommé frais, ou sous forme de conserves au sirop, de confitures ou de tartes. Il permet aussi de distiller une eau-de-vie délicate dont Sherlock Holmes aurait raffolé.

LA «MIRABELLE DE LORRAINE»
C'est durant la première moitié du XXe siècle que l'engouement pour l'eau-de-vie de mirabelle prend une ampleur inattendue. Officiellement, elle voit le jour le 30 décembre 1953, quand est définie l'appellation d'origine réglementée. Mais en 1972, seuls 6 hl d'alcool pur en sont reconnus dignes. L'INAO envisage même sa suppression... Aujourd'hui, 300 à 500 hl distillés par une vingtaine d'entreprises familiales bénéficient de l'appellation «mirabelle de Lorraine».

MÉMOIRE VIVANTE
Les producteurs entretiennent avec soin les variétés annexes de la mirabelle de Lorraine : la double, la drap-d'or, la précoce de Bergthold, la Corny, les mirabelles rouges ou vertes. Pour en maintenir la mémoire, un verger-conservatoire a été créé à Hattonville, dans la Meuse.

▲ Midi-Pyrénées

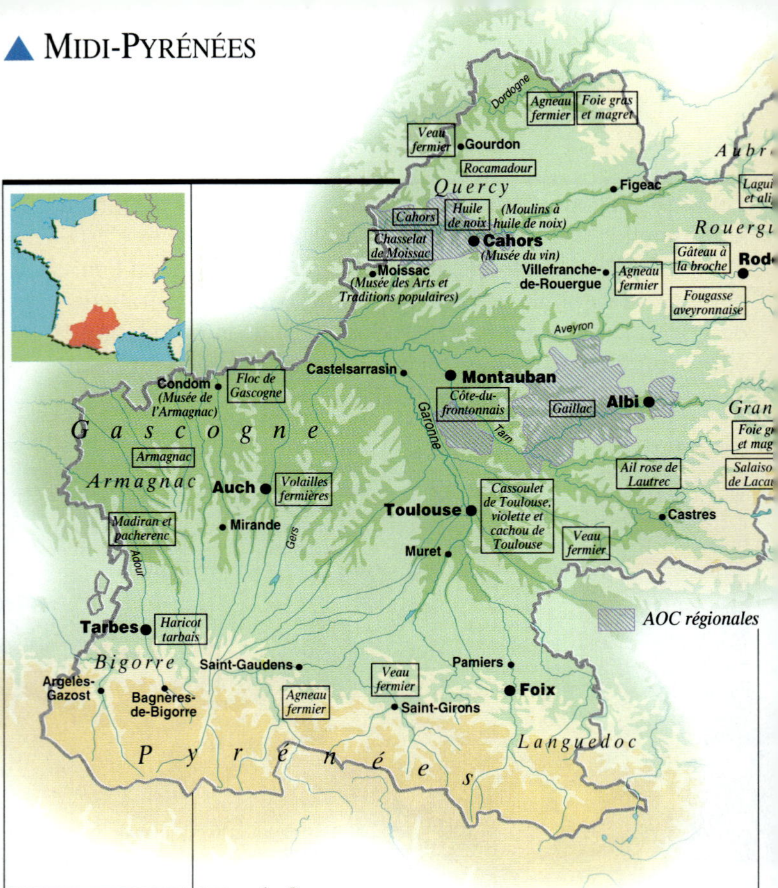

Midi-Pyrénées
45 348 km²
pour 2,43 millions d'habitants.
Huit départements : Ariège (Foix), Aveyron (Rodez), Haute-Garonne (Toulouse), Gers (Auch), Lot (Cahors), Hautes-Pyrénées (Tarbes), Tarn (Albi), et Tarn-et-Garonne (Montauban)

De la Gascogne, ce fameux pays de cocagne, aux hautes montagnes des Pyrénées, en passant par l'Albigeois, le pays de Bigorre, le Quercy ou le Rouergue, la région Midi-Pyrénées est un midi de transition. De la douceur de vivre à la rudesse des cimes enneigées flottent encore les ombres des grandes luttes religieuses et sociales. Hérétiques cathares et d'Artagnan gascon sont autant de hautes figures qui ne cesseront de planer sur sa mémoire. Gouleyante, forte en saveur, la tradition culinaire midi-pyrénéenne compte des spécialités locales encore bien vivantes. À Toulouse, haut lieu régional de l'art du bien-manger, perdure la plus ancienne confrérie gastronomique de l'Hexagone, celle de la Jubilation.

Toulousain

Le cachou de Toulouse. Issu de l'arec (*Acacia catecha*), une plante importée des Indes au milieu du XVIe siècle, le cachou, réputé alors pour ses vertus médicinales – on dit qu'il est bon pour les dents et l'estomac – connaît dès le XVIIe siècle un certain succès en Europe. En 1880, Lajaunie, un pharmacien toulousain ingénieux, reprend à son compte la pastille, dont il modifie la recette. Il la conditionne dans une petite boîte jaune métallique et lance une grande campagne de «réclame». Le cachou de Toulouse, aujourd'hui encore si prisé, est né.

C'est le suc résineux de la plante, mélangé à de l'ambre et à du musc, qui sert à l'origine à la fabrication du cachou.

La violette de Toulouse
C'est au XIXᵉ siècle que la confection d'une confiserie, la violette, prospère à Toulouse. Utilisée pour la décoration de desserts, la violette se compose de véritable fleur de violette, de gomme arabique, de sucre et de colorant.

Le cassoulet de Toulouse. Plat emblématique du Sud-Ouest, le cassoulet fait l'objet de nombreuses recettes, à tel point qu'il est bien difficile de dire si l'authentique a vu le jour à Toulouse, à Carcassonne, ou à Castelnaudary ▲ *123*. Mais une règle reste de rigueur : il doit contenir 30 % de viande pour 70 % de haricots.

Le vignoble de Fronton. Propriété des chevaliers de l'ordre de Saint-Jean-de-Jérusalem, ce vignoble de Toulouse et de Montauban connaît son apogée aux XVIIIᵉ et XIXᵉ siècles. Le fronton est fabriqué à partir d'un très ancien cépage, la négrette ; il en contient de 50 à 70 %. Ce vin rosé bénéficie d'une AOC depuis 1975 ; rouge ou rosé, souple et fruité, il se boit jeune.

Le cassoulet de Toulouse contient du porc, du mouton, du confit, un saucisson de couennes, un hachis de lard rance et d'ail et, bien sûr, de la saucisse.

Quercy

L'agneau fermier élevé sous la mère. À la fin du XVIIIᵉ siècle, l'agneau gras du Quercy connaît une diffusion locale d'importance. Au début du XXᵉ siècle, sa réputation s'étend à Toulouse, à Bordeaux et même à Paris. Né d'une race rustique locale, la caussenarde du Lot, dont le lait servait aussi à la fabrication du roquefort ▲ *144*, l'AGNEAU FERMIER DU QUERCY est le premier de ces agneaux fermiers élevés en bergerie et nourris essentiellement au lait maternel à obtenir, en 1991, un label rouge. Les AGNEAUX FERMIERS D'AVEYRON, DES PAYS D'OC et DES PYRÉNÉES-GARONNE se verront à leur tour attribuer ce label de qualité.

Le vignoble de Cahors (4 000 ha). Vers 650, le futur saint Didier, évêque de Cahors, entretient des vignes donnant un vin de bon aloi, déjà réputé. Dès le milieu du XIIᵉ siècle, le cahors franchit les frontières du pays sous l'égide d'Aliénor d'Aquitaine qui lui ouvre les portes de l'Angleterre. Vin prestigieux, il honore au XVIIᵉ siècle les tables de la Cour et devient bientôt le vin préféré de Pierre le Grand, tsar de Russie. L'Église orthodoxe l'adopte, elle aussi… comme vin de messe ! AOC depuis 1971, le cahors provient aux trois quarts d'un cépage très ancien, l'auxerrois, qui le rend très noir, très dense et d'une rustique corpulence. Selon les années et les crus, il se garde entre dix et quinze ans. Le cahors de coteaux est recommandé, servi jeune, sur du foie gras, des fritons de canard ou d'oie ou de la charcuterie lotoise.

Spiritueux et vins (AOC)
Armagnac, floc de Gascogne
VINS : cahors, gaillac, madiran, marcillac, côtes du frontonnais
Fromages
Pérail, fromages des Pyrénées.
FROMAGES AOC : roquefort, bleu des Causses, laguiole, rocamadour
Foies gras et magrets
Canard et oie (LR)
Fruits et légumes
Ail rose de Lautrec (LR), chasselas de Moissac (AOC), haricot tarbais
Viandes et volailles (LR)
Agneau et veau fermiers élevés sous la mère, agneau fermier du Quercy, poulet et pintade du Gers
Charcuteries
Tripoux du Rouergue, salaisons des monts de Lacaune (LR)
Confiseries
Cachou et violette de Toulouse

Surnommé «eau-de-vie de Gascogne», l'armagnac est fabriqué depuis le XVe siècle à partir d'un vin issu d'un vignoble d'origine gallo-romaine et qui s'étend aujourd'hui sur 15 000 ha. Réduit à un sixième de son volume, le vin devient un distillat qui doit vieillir dans des tonneaux de chêne. La mise en bouteilles arrête l'évolution de l'armagnac ; or, plus il est vieux, meilleur il est. On classe donc le distillat en diverses catégories selon le temps qu'il a passé «sous bois».

La compagnie des Mousquetaires
Cette confrérie assure la défense, l'illustration et la promotion de l'armagnac. Elle tient son chapitre annuel et intronise les nouveaux membres sous les galeries du cloître de Condom.

Trois régions d'appellation
À cheval sur le Gers, les Landes et le Lot-et-Garonne, l'aire de production de l'armagnac se divise en trois zones d'appellation.
Le bas Armagnac donne des eaux-de-vie fines, légères et racées.
Au XVIIIe siècle déjà, on signalait qu'elles étaient les plus appréciées.
Les eaux-de-vie de l'armagnac ténarèze sont réputées pour leur parfum prononcé de violette.
De qualité inférieure sont les eaux-de-vie que produit le haut Armagnac.
Mais toutes sont longues à vieillir afin d'acquérir rondeur et épaisseur.

Les cépages
Longtemps l'armagnac et le cognac ▲ *176* eurent en commun leur cépage, la folle blanche, ou picpoul. Son extension s'accrut notablement au XVIIe siècle, en raison de sa grande productivité, mais il fut dévasté par le phylloxéra. Le picpoul demeure cependant l'un des cépages utilisés, parallèlement au colombard, à l'ugni blanc et au baco.

Distillation et vieillissement
Jusqu'au XIXe siècle, elle se faisait à double chauffe. L'alambic armagnacais, à distillation continue (un seul passage) et d'emploi plus simple, permit de réaliser des économies de combustible. À sa sortie, l'eau-de-vie est incolore et titre entre 52 et 72 % de volume alcoolique. Elle est mise à vieillir en fûts de chêne, dont le bois, fourni par la Gascogne ou le Limousin, offre ses propriétés (tannin, sucres complexes…). L'étiquette d'un armagnac d'au moins deux ans reçoit la mention «trois étoiles». Les mentions VO, VSOP ou Réserve signalent un armagnac d'au moins cinq ans. Celles d'Extra, Vieille Réserve, XO ou Napoléon, désignent celui d'au moins six ans d'âge.

LES MARCHÉS AU FOIE GRAS
Quand on veut cuisiner soi-même le foie gras, il est recommandé d'aller l'acheter aux marchés de Gimont et de Samatan, dans le Gers. Mais il existe bien d'autres marchés traditionnels dans la région, où l'on peut en trouver.

NOYERS DU QUERCY
L'huile de noix du Quercy, qui aurait été commercialisée hors des frontières de la province, à la fin du XVe siècle, est aussi citée à l'époque révolutionnaire comme produit de première nécessité dans la région. Sa production décline au XXe siècle, car le bois des noyers sert aux fusils de la Première Guerre mondiale.

LE CHASSELAS DE MOISSAC (AOC). Si le vignoble de Moissac produit dès le Moyen Âge un vin de renom, ce n'est que plusieurs siècles plus tard que le chasselas donne lieu à un véritable commerce, stimulé dans les années 1850-1860 par le chemin de fer et par la replantation du vignoble. Ce raisin de table de qualité exceptionnelle, récolté pendant l'arrière-saison, s'impose très vite aux Parisiens. Fruit rare et de haut de gamme, dont la tradition culturale se perpétue, il répond à des critères très strictement réglementés (petites dimensions du grain et de la grappe).
L'HUILE DE NOIX. Aujourd'hui, commercialisée dans les épiceries fines et présente au menu de grands restaurants, l'huile de noix retrouve sa renommée d'antan, éclipsée au début du XXe siècle.

LE ROCAMADOUR (AOC). Cités dès le XVIIIe siècle, les «petits fromages de Rocamadour» sont longtemps fabriqués au lait de brebis, le lait de chèvre prenant la relève au siècle dernier lorsque le cheptel caprin s'agrandit. Le rocamadour fait partie de cette grande famille des cabécous, à pâte molle, en forme de galette et à croûte naturelle, que l'on produit dans le Rouergue, le Quercy et le Périgord. Ce fromage contient 45 % de matières grasses ; il est consommé sec ou crémeux. Originaire des environs de Rocamadour, dans le Lot, il a une aire de production qui s'étend actuellement sur tout le département du Lot et les parties limitrophes de l'Aveyron, du Tarn-et-Garonne, de la Dordogne et de la Corrèze.

GASCOGNE

Apéritif rosé ou blanc, le floc – dont le nom signifie fleur en gascon – se consomme jeune. Rosé, il accompagne bien melon et foie gras.

LE FLOC DE GASCOGNE (AOC). Bien que classé dans les vins de liqueur, le floc de Gascogne est une mistelle qui relève d'une tradition fort ancienne dans les campagnes viticoles où l'on a coutume d'élaborer ce type de boisson après les vendanges, en ajoutant de l'eau-de-vie au moût de raisin frais. Élaboré à partir de deux tiers de moût de raisin frais et un tiers d'armagnac jeune et vieilli un an en fût de chêne, le floc de Gascogne titre de 16 à 18 % d'alcool en volume.
LES FOIES GRAS ET MAGRETS DE CANARD ET D'OIE. Héritage de l'Antiquité, durant laquelle on engraissait les oies avec des figues, le foie gras ▲ *56* semble s'être maintenu en France, dans le milieu juif, durant tout le Moyen Âge. C'est au XVIIIe siècle, lorsque Louis XVI élève la «pâte à la Contades», un pâté de foie gras en croûte, au rang de «plat du roi», que les techniques de production commencent à se perfectionner dans le Sud-Ouest. En 1866, la région compte cinq des six départements français qui envoient des foies gras chaque année aux halles de Paris. De tradition plus récente, le magret (ou filet) se prête à de multiples recettes. Mais c'est grillé au feu de bois qu'il est reconnu le plus savoureux.
LES VOLAILLES FERMIÈRES DU GERS (LR). À l'instar d'autres régions françaises à la fin du XVIIIe siècle, le sud-ouest produisait en abondance dindes, poules, poulets et poulardes. De nos jours, les volailles des coteaux du Gers, en particulier le réputé POULET ou GRIS DU GERS, sont en pleine ascension, grâce à leur chair ferme néanmoins moelleuse et goûteuse.

«CAR NOTEZ QUE C'EST NOURRITURE CELESTE
MANGER À DESJEUNER RAISINS AVEC FOUACE FRAICHE»
FRANÇOIS RABELAIS (*GARGANTUA*)

ROUERGUE, AUBRAC ET CAUSSES

LE GÂTEAU À LA BROCHE. Trois régions revendiquent l'origine du gâteau à la broche : Midi-Pyrénées, Aquitaine et Languedoc-Roussillon. Ce gâteau, qui ressemble à un quatre-quarts, évoque le temps de la cuisine à l'âtre, puisqu'il est cuit à la broche devant un feu de bois. Petit à petit, on ajoute la pâte, qui s'enroule en couches superposées tout autour d'un moule de bois conique, fixé à la broche. Celle-ci étant tournée régulièrement, on laisse le temps à chaque couche de dorer avant que ne soit versée la suivante. Encore préparé à l'occasion des grandes cérémonies, le gâteau à la broche est souvent apprécié avec de la crème à la vanille.

LE LAGUIOLE. AOC depuis 1961, ce fromage, dont la présence sur le plateau d'Aubrac est attestée depuis le Moyen Âge, est fabriqué à partir du lait cru de la race bovine aubrac. Très proche de celle du cantal et du salers ▲ *76*, sa technique de fabrication fut empruntée, au XVIe siècle, à la région du Cantal. Anciennement produit dans les burons, il est de nos jours fabriqué en coopérative.

L'ALIGOT est une préparation à base de fromage typique de l'Aubrac. Composé de «tome fraîche», coupée en lamelles et fondue, de pommes de terre cuites à l'eau, de beurre, d'ail et de crème, il est servi chaud.

LE PÉRAIL. Le pérail, dont le nom provient de l'occitan *peralha* ou *peralh* et signifie qu'il s'agit de lait de brebis, est le seul fromage traditionnel à pâte molle de ce type. Fabriqué dans le sud de l'Aveyron, à partir de lait de brebis de la race lacaune, il existe aussi dans le Tarn, où on le produit au lait de vache.

LA FOUGASSE AVEYRONNAISE. Dans la région, on trouve trace de la fouace ou fougasse (l'ancien *panis focacius* ou «pain de foyer» des Romains), depuis le Moyen Âge. Naguère, on confectionnait cette brioche pour les fêtes religieuses ou familiales, et comme dessert. Elle est toujours présente sur les tables de fête, mais on la déguste aussi au petit déjeuner, au goûter ou avec l'apéritif.

LES TRIPOUX DU ROUERGUE. Spécialité de Naucelle, dans l'Aveyron, les tripoux du Rouergue témoignent du goût appuyé des montagnards pour le ventre de veau. Panse et tripes sont pliées en petits rectangles avec du jambon et de l'ail et cuits à feu doux dans vin blanc, oignons et échalotes.

LE BLEU DES CAUSSES ▲ *125*. Fromage AOC depuis 1953, ce bleu est fait selon les mêmes principes et dans la même zone que le roquefort, mais avec du lait de vache. Son affinage est assuré dans les «fleurines» (galeries naturelles calcaires), dites bâtardes par opposition aux caves du Combalou, réservées au roquefort ▲ *144*.

LES BURONS ▲ *77*
Ces bâtisses étaient habitées, pendant l'estive, par trois à cinq buronniers, à la fois vachers et fromagers. Seuls deux burons subsistent encore : l'un à Canuc et l'autre à Caméjane, près d'Aubrac. On y fabrique toujours la fourme.

FÊTE DE LA TRANSHUMANCE
Bien que les burons, en altitude, ne produisent plus de laguiole, le départ des «vacheries» pour l'estive est toujours fêté à Aubrac, à la fin mai.
«Au matin du 25 mai, bien avant que le coq n'eût chanté l'appel au soleil, les hommes s'affairaient. Ils faisaient la toilette du troupeau. Une à une, les bêtes furent pansées, brossées, polies. Chacune reçut, des cornes aux flancs et à la queue, son palefroi de fleurs, de branches, de papier, de ruban.»
Jean Gazave
Romain Alpuech

TÊTES D'AIL
À Saint-Clar (Gers), un marché à l'ail se tient tous les jeudis matin, au plus fort de la période de commercialisation. Au cours de la fête de l'Ail, qui a lieu le deuxième jeudi du mois d'août, il est possible de goûter le tourin, potage traditionnel à base d'ail. Quinze jours plus tard se déroule le concours de l'Ail, où les producteurs rivalisent d'imagination pour élaborer des sculptures

CALENDRIER GOURMAND
Début mars : Trace du fromage à Laguiole
Mai : Vin et Gastronomie à Cahors, fête des Fromages à Rocamadour
Mai-juin : fête de l'Oignon à Trébons
Juin : grande fête de la Charcuterie à Lacaune
Août : fête du Vin à Madiran, fête des Vins à Gaillac, fête de l'Ail à Saint-Clar et à Cadours, Saveurs et senteurs du frontonnais à Fronton
Septembre : fête du Chasselas à Moissac
Octobre : foire aux fromages du Couserans à Castillon
Novembre : Flamme de l'armagnac dans le Gers

ALBIGEOIS ET PAYS DU TARN

L'AIL ROSE DE LAUTREC (LR). «*Rasim e pan alhat al païsan fan plan grat*» (Raisin et pain aillé sont agréables au paysan) dit le dicton. L'ail a toujours tenu une place de choix dans les systèmes alimentaires traditionnels, à Lautrec comme dans d'autres provinces de la région. Il est consommé sous forme de soupe d'aïl *aïgo bolido*, ou de croûton de pain frotté d'ail et oint d'huile. Les Gascons en étaient tellement friands qu'un commerce important finit par s'installer. L'ail rose de Lautrec se caractérise par une conservation exceptionnelle des bulbes à l'état sec et une saveur très marquée, fort appréciée des gastronomes.

LE VIGNOBLE DE GAILLAC. Le vignoble de Gaillac (3 000 ha) acquiert un grand prestige dès le Moyen Âge. Ainsi, au XIIIe siècle, le comte de Toulouse, Raymond VII, prend une série de mesures, comme celle du marquage des tonneaux, pour «sauvegarder réputation et authenticité des vins de Gaillac». Cette réputation lui vaut d'être remarqué par les souverains d'Angleterre – les Plantagenêts et Henri VII. AOC depuis 1938 pour le blanc, depuis 1970 pour le rouge et le rosé, le gaillac est un vin généreux, étoffé, de très belle robe, très agréable en primeur.
LE JAMBON SEC DE LACAUNE. Ce jambon un peu salé est fabriqué dans les monts de Lacaune et dans le Ségala aveyronnais, probablement depuis plusieurs siècles ; il n'en existe cependant aucune preuve écrite. Il occupe actuellement vingt petites entreprises et artisans charcutiers. Une partie de sa production, à laquelle une fabrication particulière confère une saveur plus douce, bénéficie d'un label rouge.

PAYS DE BIGORRE

LES HARICOTS TARBAIS. Les atouts pédologiques et climatiques du terrain de Bigorre semblent avoir mis en valeur les qualités culinaires et gustatives de ce haricot dont l'ancêtre fut importé d'Amérique au XVIe siècle. Nourriture de base des gens simples, il entrait dans la composition des plats qui ponctuaient les activités saisonnières : il agrémentait un ragoût de mouton lors du battage du grain, accompagnait des pieds de porc salés au moment des vendanges… On l'intégrait aussi dans les divers cassoulets locaux ▲ *123, 137.* Très présente jusqu'aux années 1950, sa culture a fortement diminué avec l'utilisation des désherbants sur le maïs, céréale qui lui servait de tuteur. Depuis dix ans, une action de relance est en cours.
LE VIGNOBLE DE MADIRAN. Ce vignoble, couvrant sur 1 300 ha les terrasses du piémont pyrénéen, existait déjà dans l'Antiquité. Développé par les moines vignerons du prieuré de Madiran, il donne un vin apprécié des prêtres, qui le choisissent comme vin de messe. Le madiran acquiert sa renommée grâce aux pèlerins de Compostelle. AOC depuis 1948, il est quasiment abandonné dans les années 1950 puis relancé vingt ans plus tard. Cette appellation repose sur la

présence d'un cépage, le tannat, dont le vin doit contenir 40 % au minimum. Afin qu'il s'arrondisse, le madiran ne peut être vendu qu'après le 1er novembre qui suit l'année de la récolte. Vin de forte «mâche» dans sa jeunesse, plus vieux il devient complet, puissant, robuste, très corsé, et développe un bouquet prononcé. Vignoble plus restreint mais dont la zone d'appellation coïncide en partie avec celle du madiran, le PACHERENC DU VIC-BILH produit des blancs secs ou plus doux.

MONTAGNES PYRÉNÉENNES

LES FROMAGES DES PYRÉNÉES. Ce n'est qu'à partir du XIXe siècle – à l'époque où ils passent du stade fermier au stade artisanal – que les fromages des Pyrénées commencent à être mentionnés comme une vraie famille et qu'il est fait référence à un commerce en Ariège et dans les Hautes-Pyrénées. Avant le XXe siècle, ils auraient été fabriqués au lait de brebis, le lait de vache n'apparaissant qu'entre les deux guerres. Pour tous ces fromages, le lait non acide est chauffé en présence de présure et le caillé est pressé. Dans les Hautes-Pyrénées et en Ariège, les tomes dont il existe de nombreuses variétés, sont à base de lait pur (vache ou brebis) ou mixte, c'est-à-dire de lait de mélange : cette diversité est caractéristique du massif des Pyrénées dans le domaine des fromages à pâte pressée non cuite. Selon les vallées, il s'agit soit de fromages portant un nom local, soit de fromages portant un nom de marque.

LES BERGERIES
Cachés dans la montagne, subsistent de véritables petits villages de cabanes rondes, entièrement construites de pierres plates empilées. En Ariège, où elles sont très nombreuses, on les appelle les «orrys», dans le Lot, les «gariotes». Installées sur les replats, où se rassemblaient autrefois les troupeaux, elles témoignent de l'ancienne civilisation pastorale. Constitués d'une pièce

principale, d'un atelier pour le fromage, d'une réserve et même d'un abri pour les chiens, ces modestes habitats de pierre peuvent être de toutes tailles.

▲ Le roquefort

La brebis de Lacaune
Bête au port altier, à la tête fine et aux oreilles horizontales, elle est réputée pour sa robustesse, sa rusticité, ses qualités de laitière. Sa production atteint 1 à 2 l de lait par jour durant huit à neuf mois de traite.

Qualifié de roi des fromages par Diderot et d'Alembert, le roquefort est la plus ancienne appellation fromagère d'origine. En 1666, sa production était déjà attestée par un édit du parlement de Toulouse. Tout concourt à la réussite de ce fromage prestigieux : les espaces ouverts des causses, propices au pastoralisme ; une sélection séculaire du cheptel, à travers la brebis de Lacaune ; les nombreux accidents géologiques qui émaillent le paysage et servent à la fois de caves naturelles d'affinage et de garde-manger.

Les conditions naturelles
Au quaternaire, une partie du Larzac se creuse d'un vaste réseau de grottes sous éboulis, alimentées en air par des failles. Ces dernières, les «fleurines», assurent une température constante de 6 à 9 °C toute l'année et une hygrométrie importante. Les bergers surent tirer profit de ces conditions exceptionnelles en aménageant les grottes de façon à y conserver leurs produits laitiers.

Vers une commercialisation à grande échelle
Le roquefort a peu à peu assis sa production et son marché. Le XIXe siècle a vu se créer, dans ses dernières années, la Société des caves, organisme regroupant les propriétaires, tandis que le XXe siècle est l'ère de l'industrialisation et de la concentration de la production.

Un «moisi» incomparable
L'humidité et la température favorisent le développement d'un champignon microscopique, le *Penicillium roqueforti*. C'est lui qui donne son goût et son onctuosité au fromage.

Les caves
Vastes cavités naturelles ou artificielles s'étendant sous l'éboulis rocheux, les caves (jadis appelées cabanes) ont été aménagées au cours des siècles. Trente-trois caves occupent le sous-sol de Roquefort. Deux industriels affineurs accueillent de nombreux visiteurs.

La légende du roquefort

Un pâtre oublia un jour son sac dans une grotte. Quand il revint, quelque temps plus tard, c'est une femme ravissante qui le lui tendit. Son pain avait moisi, son fromage était devenu bleu, mais il avait un goût fort et une pâte onctueuse ! Certain d'avoir vu une fée, le pâtre continua d'apporter ses fromages dans la grotte afin qu'ils profitent de sa magie.

Le fin mot de l'histoire

Nous savons qu'au début du XIXe siècle, le roquefort n'était pas fait de lait de brebis seul, tel que le laisse supposer la légende du pâtre, mais d'un mélange avec du lait de chèvre, ce dernier apportant sa blancheur. Les veinures apparaissaient de manière aléatoire, lorsque le fromage, pressé à l'époque, conservait des cavités.

Le cycle de production

Le lait est contrôlé, chauffé, puis ensemencé avec le *Penicillium roqueforti*. Il est ensuite caillé, égoutté et mis sept jours en saloir avant de gagner les caves. Dès son arrivée, les ouvriers pèsent les fromages, les piquent afin d'aérer la pâte pour permettre au *Penicillium* de se développer. Après trois semaines, le bleu donne une nouvelle texture au fromage. Il est ensuite emballé dans une feuille d'étain et placé sur la tranche sur les travées de chêne. La véritable maturation commence. Au bout de trois mois, les maîtres affineurs vérifient son degré de maturation avant son emballage définitif.

▲ Nord-Pas-de-Calais

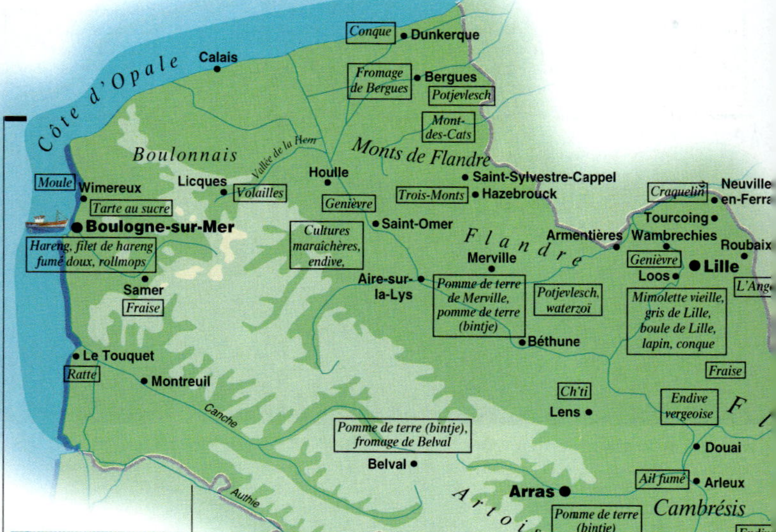

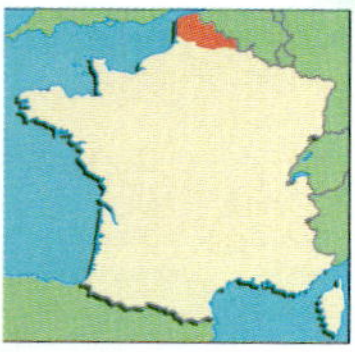

Nord-Pas-de-Calais
Région industrielle (12 258 km², 3,96 M d'hab.) et agricole dotée d'une grande façade maritime. Deux départements : le Nord (Lille, capitale régionale), le Pas-de-Calais (Arras).

Fromages lillois
Le gris de Lille, ou maroilles gris, ou vieux (de) Lille, est fabriqué comme le maroilles ; il en diffère par l'affinage. Autre fromage vedette, reconnaissable à sa pâte ocre tirant vers le rougeâtre, la mimolette vieille, boule de Lille, ou mimolette du Nord, n'est plus produite dans le Nord, mais son affinage reste une spécialité de Lille.

Les deux départements du Nord et du Pas-de-Calais sont souvent confondus dans le terme un peu vague de «Nord» appliqué aux «pays du Nord» ou aux «gens du Nord» que chante Jacques Brel. Les traditions et les saveurs de cette région mitoyenne de la Belgique varient, selon que l'on se trouve au nord ou au sud en Picardie, la Côte d'Opale, à l'ouest, ou sur les collines de la Thiérache, vers l'est. Une succession de paysages, sur l'une des terres les plus fertiles d'Europe, où le cordon dunaire et les falaises de la mer du Nord s'adossent aux collines de l'Artois, entrecoupées des belles vallées et des fermes de l'Authie et de la Canche. Plus au nord, les monts de Flandres voient tourner leurs moulins près des polders à anguilles. Le bassin houiller se resserre autour de Béthune et de Valenciennes, pays où l'on parle «ch'ti». À l'est, les bocages de l'Avesnois embaument le maroilles et le plateau du Cambrésis sent la menthe et la cochonnaille. Les noms flamands chantent aux oreilles, tels le hochepot, la carbonade, le waterzooi ou le potjevlesch. Car même si elles sont méconnues, les traditions culinaires de cette région sont très riches : les gens du Nord ont toujours aimé faire la fête.

L'Avesnois et la Thiérache

Le maroilles, dont l'origine remonte au Xe siècle et qui s'appela tantôt le craquegnon, tantôt le manicamps, tantôt le monceau, serait l'invention d'un moine de l'abbaye de Maroilles. Ce fromage de section carrée à pâte crémeuse et à croûte rouge est présenté selon quatre formats : pavé, ou gros format, sorbais, mignon ou quart, qui demandent de six semaines à trois mois d'affinage.

FROMAGES Maroilles AOC, fromage vieux Lille (L rég.), boule de Lille (L rég.), fromage de Bergues (L rég.). **VIANDES.** Bœuf de race blanc bleu Belle Bleue (LR), lapins. **VOLAILLES FERMIÈRES** de Licques (LR) **CHARCUTERIES** Andouille et andouillette de Cambrai (L rég.), langue de Valenciennes, Lucullus (L rég.), potjevlesch (L rég.).

FRUITS ET LÉGUMES Chicorée, endive, ratte du Touquet, ail fumé d'Arleux, pomme de terre de Merville (LR), pomme de terre «pépite du Nord».

Aux inconditionnels du maroilles la Route des fromages de l'Avesnois permet de découvrir son terroir. Vous en rapporterez la tarte au maroilles, qui garantira le succès de vos dîners. La BOULETTE D'AVESNES, jadis appelée le «dauphin du pauvre», était signalée dans le livre de comptes de l'abbaye de Maroilles au XVIIIe siècle. Sous sa forme actuelle, qui date des années vingt, la boulette – il existe également une boulette de Cambrai – met en valeur le maroilles. Ce cône rougeâtre, ou blanc s'il est frais, se compose, pour l'essentiel, de pâte à maroilles, de fromage blanc, d'estragon, de paprika et de chapelure. Reconnaissable à sa forme de croissant, de baguette, ou de poisson, le DAUPHIN porte aussi, selon son format, les noms de losange de Thiérache ou de baguette de Thiérache. Son nom le plus courant rappellerait la visite que firent Louis XIV et son fils dans les Flandres après les traités de Nimègue (1678-1679), qui mettaient un terme à la guerre de Hollande. Fabriqué à partir de maroilles blanc, il est aromatisé à l'estragon, au poivre, voire aux clous de girofle.

Bêtises de Cambrai

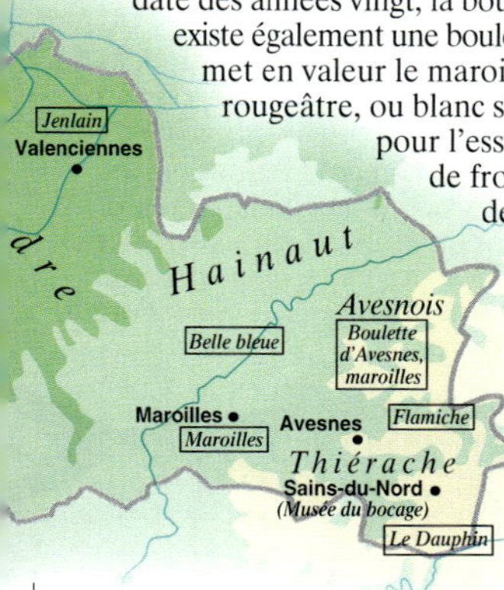

PRODUITS DE LA MER Rollmops (L rég.) et filets de harengs fumés doux du Nord-Pas-de-Calais (L rég.). **BOISSONS** Bières spéciales du Nord (L rég.), genièvre. **PÂTISSERIES** Gaufres fourrées à la vergeoise (L rég.), bêtises de Cambrai (ci-dessus), couques

L'AIL FUMÉ D'ARLEUX Grâce aux techniques de tressage et de fumage, cet ail tardif se conserve toute une année. Ci-contre, moulins de Villeneuve d'Ascq.

CAMBRÉSIS-HAINAUT

CAMBRAI. L'andouille et l'andouillette sont des produits typiques de la région du Cambrésis. En 1767, le *Gazetin du Comestible* vantait la qualité de l'andouille de Cambrai en rappelant qu'elle était pur porc et cuite, ce qui est toujours vrai. Quant à l'andouillette de Cambrai, elle est faite à partir de fraise de veau et assaisonnée de persil, d'oignons ou aux échalotes… On retrouve sa trace au XVIIIe siècle, dans le *Dictionnaire des aliments*. L'andouille est un vrai délice quand on la déguste en entrée, avant d'attaquer l'andouillette de Cambrai, assortie d'une sauce à la moutarde et à l'échalote. Ces deux produits sont marqués du label régional. Ce bon plat s'accompagne de bière ainsi que d'un verre de genièvre destiné à faciliter la digestion.

LE BOULONNAIS, PAYS DU HARENG
Facile à pêcher, facile à conserver, très nutritif et pas trop cher, le hareng a donné son surnom à l'Atlantique Nord : la Mare aux harengs. Ce «poisson du pauvre» se prépare sous toutes les formes : hareng saur, gendarme et bouffi, kipper, craquelot, filets de hareng salé, rollmops mariné au vinaigre, petit hareng pilchard à la sauce tomate.

BOULOGNE-SUR-MER
Premier port de pêche français, Boulogne est réputé pour sa pêche artisanale et ses poissons côtiers tels le merlan, le cabillaud, la sole, le carrelet…

LES BÊTISES DE CAMBRAI. Les confiseries Afchain et Despinoy, de Cambrai, se visitent. Il fallut un procès pour que le confiseur Afchain en fût reconnu l'inventeur officiel. C'est lui, en effet, qui avait imaginé de confectionner un bonbon au sucre battu et donc plus aéré, parfumé à la menthe Mitcham et orné d'un trait de sucre caramélisé. De nos jours, il existe des variantes de ces bêtises de Cambrai, parfumées aux fruits et au chocolat.

L'ARTOIS

VOLAILLES DE LICQUES. Dindes et dindons furent introduits du Nouveau Monde en France à la fin du XVIe siècle (après l'avoir été en Espagne et en Angleterre). Débarqués des galions espagnols, ils frappèrent l'imagination des Français qui les regardaient comme des oiseaux géants au plumage ébouriffé. Les moines de l'abbaye des Prémontrés, à Licques, montèrent un premier élevage vers 1560. De nos jours, on peut les voir pâturer en toute liberté, le long de la vallée de la Hem. Poulets (label rouge), pintades, chapons et poulardes accompagnent cet élevage très particulier.

LÉGUMES.
Les pommes de terre se transforment en frites et accompagnent à merveille la viande labellisée «Belle bleue» du Nord. BINTJE et RATTE DU TOUQUET se caractérisent par leur goût accentué. Nord-Pas-de-Calais et Picardie assurent 80 % du marché français de l'ENDIVE, et le Nord-Pas-de-Calais en est le premier producteur au monde. Également appelée chicon, chicorée Witloof, ou chicorée de Bruxelles, l'endive, rafraîchissante et croquante en salade, est prisée ainsi dans l'ensemble de l'Hexagone. Sa tendreté à la cuisson en a fait un plat d'hiver très apprécié dans le Nord : elle est dégustée braisée, gratinée ou au naturel, en même temps qu'une volaille ou une viande rôtie.

L'AIL D'ARLEUX. Même s'il était assez connu et apprécié, l'ail n'était cultivé, au début de ce siècle encore, que dans les jardins privés. D'ailleurs, il ne figurait pas dans l'inventaire des «Plantes propres à la nourriture des hommes» (1804), de Christophe Dieudonné, préfet du Nord. Arleux était autrefois un gros village bâti au centre d'un paysage marécageux. On y fumait l'ail mélangé à la tourbe du marais.
Dans les années soixante, se mit en place dans sa région une véritable industrialisation de l'ail, dont l'essor fut tel que, de nos jours, Arleux et ail s'associent dans l'esprit des amateurs. Copieusement utilisé dans la cuisine locale, l'ail est délicieux dans une simple soupe à l'ail garnie de pain beurré et de fromage râpé.

LA FLANDRE

FROMAGES. Plus discrets que leurs voisins d'Avesnes et de Lille, le fromage de BERGUES, le BELVAL et le MONT-DES-CATS sont des fromages à pâte pressée non cuite. Les deux derniers sont des produits trappistes créés sur le modèle initial du fromage du Port-du-Salut. Le fromage de Bergues est un exemple étonnant produit par quelques fermes de la région de Flandre. Il est odorant sans être gras, et peut être affiné

«Son nom est devenu synonyme de grand et généreux amphitryon. [...] On donne quelquefois le nom de Lucullus à des garnitures, des potages ou des mets fantaisistes, pour exprimer l'idée de la richesse suprême du mets.»

Joseph Favre

par un lavage de la croûte à la bière.

Potjevlesch. Ce «pot à viande» – dont le nom peut aussi s'écrire potjevleisch, potje-vleesch, pot'che vlesch ou pot je vlesse, et se prononcer avec autant d'accents différents – remonte au siècle dernier. Il s'agit d'une véritable «potée» à base de viandes et de volailles, qui provient de Dunkerque et de Bergues. Poule, lapin, veau et couenne de porc se parfument d'épices, d'oignons, de clous de girofle, de baies de genièvre, de thym... et mitonnent au four durant plusieurs heures. Son goût vinaigré est dû à une couverture de vin blanc, de vinaigre et de gelée. On retrouve dans toute la France ce genre de plat consistant, agrémenté des produits locaux. Mais le tour de main et les épices dosées par la maîtresse de maison sont impératifs. Le potjevlesch en terrine peut se finir froid, sans démériter de son label régional.

Genièvre Flandres-Artois. Au XVIe siècle, la production française des eaux-de-vie passa d'un strict usage médical à l'échelle commerciale. Les premières distilleries de genièvre firent leur apparition dans la région de Dunkerque à la fin du XVIIIe siècle. Les baies de genièvre, faciles à récolter en moyenne montagne méditerranéenne, sont introduites dans l'alcool, à la fin de la distillation.
Le genièvre de qualité vieillit dans des fûts en chêne. Loos, Wambrechies et Houlle, près de Saint-Omer, présentent encore une production artisanale de genièvre importante.
Un conseil : un verre de bon genièvre flambé en cuisine développe tout l'arôme d'une sauce, prévue pour accompagner des rognons, par exemple.
Le genièvre glacé ou servi dans un verre rafraîchi dégage tout son arôme.
Du café, du sucre et un verre de genièvre : il s'agit là d'un remontant célèbre apprécié dans le Nord sous le nom de «bistouille».

Lucullus de Valenciennes
En 1930, le chef d'un restaurant eut l'idée d'agrémenter la traditionnelle langue de bœuf fumée de Valenciennes d'une mousse de foie gras. Cette nouvelle recette, réputée pour son goût succulent, prit alors le nom de Lucullus, du nom du «richissime général romain dont les festins somptueux sont restés célèbres» (Joseph Favre).
Un label régional a d'ailleurs récompensé ce plat digne des Romains décadents d'*Astérix*...

Calendrier gourmand
Début juin : fête des Fraises à Samer
Fin juillet : fête de la Moule à Wimereux
Mi-août : fête de la Flamiche à Maroilles
Début septembre : Foire à l'ail à Arleux
Début septembre : festival de l'Andouille d'Aire-sur-la-Lys
Début septembre : fête des Nieulles à Armentières
Fin décembre : fête de la Dinde à Licques

Le genièvre
S'il existe plusieurs variantes de cette eau-de-vie, une chose est sûre : toutes les recettes utilisent des baies de genièvre.

Les bières «spéciales» du Nord

Alors que les bières de l'Est (Alsace, Lorraine), sous l'influence de l'Allemagne, sont, par tradition, des bières blondes issues d'une fermentation basse, celles de l'Artois, des Flandres et du Hainaut, régions soumises en ce domaine à l'ascendant des Belges et des Anglais, sont des bières «spéciales» de fermentation haute. Sont dites «spéciales» les bières assez fortes et variables de robe et de goût, par opposition aux «petites bières», ou «bières de ménage», moins fortes, que produisaient les petits ateliers du début du siècle. Remises à l'honneur depuis une vingtaine d'années, les bières spéciales sont fabriquées dans le Nord-Pas-de-Calais par vingt brasseurs passionnés.

L'art du brasseur

Au XVIe siècle, un *Traité de brasserie* resté célèbre relatait les différentes étapes de la fabrication de la bière. Elle dure des mois, du moulin au grenier et aux chaudières. Chacun brassait sa propre bière, en ajoutant quelques petits secrets pour la parfumer : réglisse, girofle ou même pied de veau… Actuellement la fabrication de la bière se résume à trois étapes.

1. Le maltage

Le maltage est la série d'opérations qui consistent dans le trempage, la germination et le touraillage, ou séchage de l'orge, puis dans le dégermage du malt.

2. Le brassage

Ensuite vient le brassage, c'est-à-dire le concassage, le brassage, la filtration du malt, la cuisson du moût du houblon, son traitement et son refroidissement.

3. La fermentation

Basse (à température ambiante) ou haute (à chaud), la fermentation est simple, double, voire triple quand elle refermente sur lie, en bouteille. À l'exception de cette dernière, avant sa mise en bouteille, la bière est stabilisée par filtration et pasteurisation.

Ci-dessus et ci-contre, Les Brasseurs de Gayant.

«DÉFIEZ-VOUS TOUJOURS DE CES BIÈRES QUI SONT FORTES EN COULEUR D'UN ROUGE BRUN, IL FAUT LEUR PRÉFÉRER CELLES QUI SONT CITRONNÉES TIRANT SUR L'ORANGÈRE.»

GÉRARD-FRANÇOIS CRENDAL, 1734

QUELQUES NOMS EMBLÉMATIQUES

La plus célèbre des bières du Nord est sans doute la Jenlain, dont la première référence de brassage remonte au XIVᵉ siècle, à Valenciennes. Sa renommée provient d'une part de sa belle couleur ambrée et, d'autre part, de la forme de sa bouteille, qui reproduit le modèle champenois et rappelle la gueuze belge. Connue également, la Ch'ti reprend le surnom qu'on donnait, pendant la Grande Guerre, aux soldats originaires du Nord.

Cette bière de garde peut être blonde, ambrée ou brune.

L'**Angélus** est illustrée sur l'étiquette par le célèbre tableau de Jean-François Millet du même nom. Elle est brassée depuis 1989, à quelques kilomètres de Lille. Cette bière fromentacée est de forte densité et de fermentation haute, de couleur pâle et de saveur épicée.

La **Cuvée des Jonquilles** fit son apparition en 1989 comme bière de Mars. Brassée dorénavant toute l'année, cette bière sur lie (refermentée en bouteille) est blonde et affiche fièrement ses 7 % d'alcool en volume, à l'égal de plusieurs de ses consœurs.

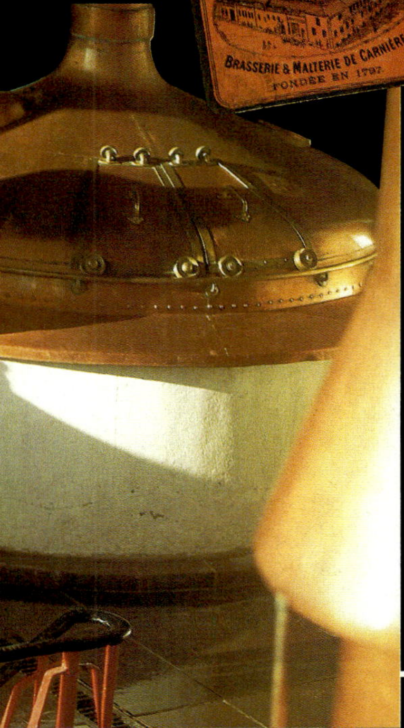

TROIS MONTS : CASSEL, DES CATS, DES RÉCOLLETS Créée en 1985 à Saint-Sylvestre-Cappel (à 5 km au nord de Hazebrouck), la bière Trois Monts, bière dorée de forte densité, est présentée dans une bouteille de 75 cl.

L'ACCUEIL DU NORD. Il n'y a rien de plus convivial que de manger une andouillette grillée dans le décor chaleureux des brasseries locales, colorées du cuivre des fermenteurs. Ci-dessus, la brasserie André, à Lille.

Par ses reliefs, la Normandie est partagée en deux domaines bien différents : à l'est, celui des plateaux du bassin parisien, de la vallée de la Seine et des rivières côtières ; à l'ouest, celui des collines, des bassins et des vallées du massif breton-normand.

Domestiqué par l'agriculture, le paysage normand se compose de plaines cultivées, de bocages fermés par des haies, de vastes marais de baies, de grands massifs forestiers et de lambeaux de landes. Vaches à l'ombre des pommiers, toit de chaume à l'abri des hêtres, sable de la côte occidentale, falaises et galets d'Étretat, dentellières d'Alençon… autant de cartes postales de ce pays de paysans et de marins qu'ont immortalisées les grands peintres Eugène Boudin, Camille Corot et Claude Monet. Le climat normand est humide et tempéré du fait de l'influence des dépressions cycloniques venues de l'Atlantique. Cette vieille et grande région n'a plus la richesse du duché de Normandie au Moyen Âge, mais elle demeure une province à l'économie puissante. Sur le plan gastronomique, la crème et surtout les pommiers jouent le rôle de dénominateur commun. «Normands, tous que nous sommes, nous avons quelque part du cidre dans les veines… !», tonnait Gustave Flaubert.

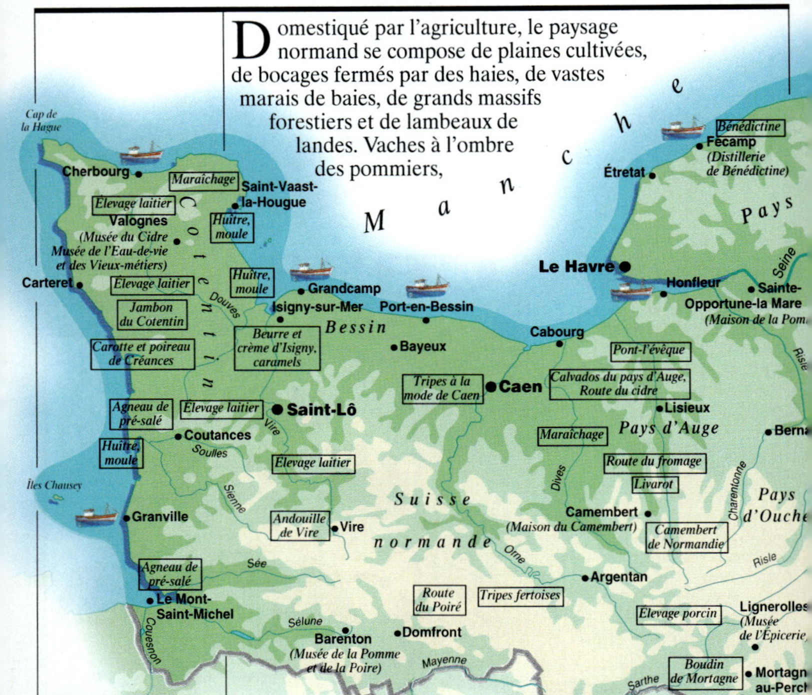

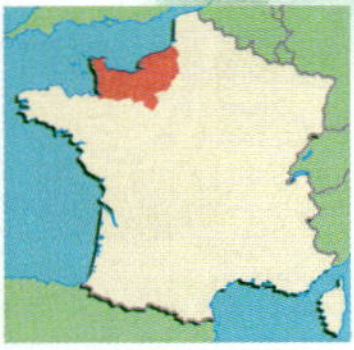

NORMANDIE
La Haute-Normandie (12 258 km², 1,73 M d'hab.) compte deux départements : l'Eure (Évreux) et la Seine-Maritime (Rouen). La Basse-Normandie (17 589 km², 450 km de côtes, 1,39 M d'hab.) a trois départements : le Calvados (Caen), la Manche (Saint-Lô) et l'Orne (Alençon).

Ci-contre, retour de pêche au port de Dieppe ; page de droite, vente de la pêche sous un abribus du pont tournant, à Cherbourg.

«À GROUIN, J'AI DÉCOUVERT LE CONTRAIRE DE LA MER, L'ENVERS DE L'OCÉAN : LA MARÉE BASSE AVEC SON MODE D'EMPLOI, LA PÊCHE À PIED. PÊCHE D'INDIGÈNES, IGNORÉE DES VACANCIERS, […] QUI DEMANDE UNE PROFONDE COMPLICITÉ AVEC LA "LAISSE"…»

MICHEL TOURNIER

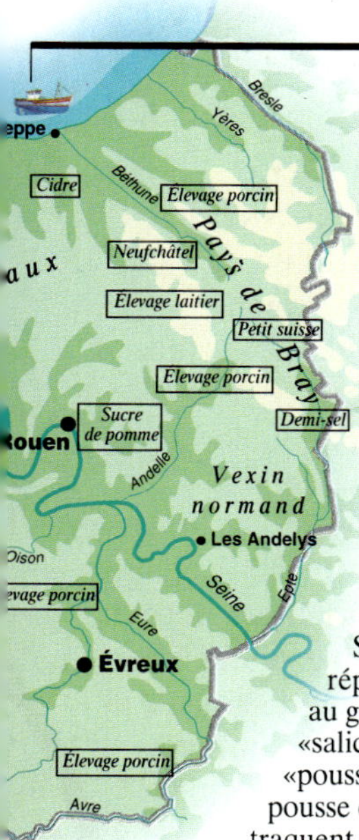

LA CÔTE

La mer est très présente puisque la côte normande s'étire sur plus de 500 km. Elle donne de belles spécialités de poisson à la cuisine normande et un solide succès aux restaurants côtiers.

LES CREVETTES. Crustacés et coquillages sont abondants tout au long des côtes. Fécamp, Dives-sur-Mer, Courseulles-sur-Mer, Arromanches-les-Bains, Houlgate, Saint-Vaast-la-Hougue, Cherbourg, sans oublier la célèbre baie du Mont-Saint-Michel, sont particulièrement réputés pour leurs crevettes grises, au goût plus fin que le«bouquet», ou «salicoque». Avec leur «crevettier», ou «pousseux», filet à long manche que l'on pousse devant soi, les pêcheurs amateurs traquent la crevette à basse mer ; dès la belle saison, ils sont si nombreux qu'ils font partie intégrante du paysage côtier normand, de Sotteville-sur-Mer (Seine-Maritime) à Coutainville (Manche). Délicieuse fraîche et juste ébouillantée, la crevette entre dans la composition de la fameuse sauce «à la dieppoise».

LES HUÎTRES. Trois décennies ont suffi aux grands bassins ostréicoles de la côte normande, Saint-Vaast-la-Hougue, Isigny-sur-Mer, Portail-Granville, pour annoncer une production de 30 000 t d'huîtres par an, plates (notamment les fameux «pieds-de-cheval») et portugaises confondues. Ces coquillages à la fois doux et croquants, à la chair très charnue, sont affinés en pleine mer, souvent loin de la côte en raison des fortes marées qui découvrent trop souvent les rivages.

LE MAQUEREAU. Le maquereau se déguste frais. Il est abondamment pêché par les professionnels, mais aussi par les amateurs, qui, l'été, opèrent à la «mitraillette», ligne dotée de plusieurs hameçons garnis de plumes colorées. Cuit au vin blanc et accompagné de rondelles d'oignon, ce poisson contribue à la réputation gourmande de Dieppe, où on l'apprécie particulièrement quand il est de petite taille ; il est alors appelé «lisette».

LES AGNEAUX DE PRÉ-SALÉ (LR). C'est un peu à la mer que la Normandie doit la brillante réputation de sa viande ovine. Les moutons de l'Avranchin et du Coutançais se nourrissent, en effet, d'une herbe salée par la Manche, qui inonde périodiquement les terres côtières. Le samedi, on trouve, sur le marché d'Avranches, une viande d'agneau enrichie par les marées qui fait courir tout ce que la région compte de gourmets.

VIANDE, CHARCUTERIE
Agneau de pré-salé (LR), andouille de Vire, tripes à la mode de Caen, viande bovine normande, boudin de Mortagne, volailles fermières de Normandie (LR), foie gras (LR)
PRODUITS LAITIERS
Crème et beurre d'Isigny, camembert de Normandie, livarot, pont l'évêque, petit suisse, mimolette (LR), neufchâtel (AOC)
PRODUITS DE LA MER
Crevettes, huîtres, maquereau
FRUITS ET LÉGUMES
Carottes (LR)

et poireaux (LR) de Créances, pommes à couteau
BOISSONS (AOC)
Poiré, cidre du pays d'Auge, pommeau de Normandie, calvados
AUTRES. Sablés, sucre de pomme de Rouen, teurgoule, fallue, bourdeleau, mirliton de Pont-Audemer

Du pays de Bray au Cotentin, du pays de Caux au pays d'Auge, les herbages de Normandie nourrissent des bovins dont la viande a acquis, à partir des XVIIIe et XIXe siècles, une réputation flatteuse. C'est la relative proximité de Paris qui, sous l'Ancien Régime, favorisa le développement de l'élevage normand et en détermina la qualité (les veaux du Caux étaient très prisés à la table du château de Versailles). Avec une production moyenne de 5 t de lait par an, la vache normande fait figure de championne toutes catégories. Du beurre au fromage, il n'y a qu'un petit pas, depuis longtemps franchi par les Normands. En pays d'Auge, berceau fromager de la province, une «route du Fromage» permet d'aller d'un producteur à l'autre, d'une laiterie à une coopérative, et de se familiariser avec la célèbre trilogie gourmande : camembert-livarot-pont-l'évêque.

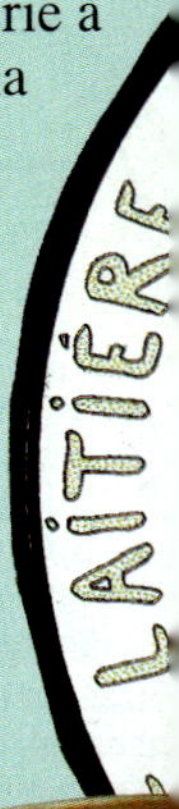

Le camembert de Normandie (AOC) Il fut créé sous le second Empire, à un moment qui coïncidait avec le développement du chemin de fer. Incités à produire davantage de fromage, les fermiers se mirent à collecter du lait hors de chez eux. Mais, sous l'effet de la chaleur et du temps passé sur les routes, le lait collecté tourna. Ce lait acide traité comme le livarot produisit une pâte acide, serrée et à croûte fleurie : le camembert était né involontairement. La légende qui veut que Marie Harel, née à Roiville et vivant à Camembert (qui donna son nom au fromage), ait rencontré un curé briard qui lui aurait donné la recette du brie, est erronée. Pour preuve, la citation de Thomas Corneille sur les «fromages du pays de Camembert», écrite au début du XVIIIe siècle.

Le pont-l'évêque (AOC) À pâte onctueuse, de forme carrée et d'un beau jaune doré, il est mûri et affiné pendant deux ou trois semaines. Le pays d'Auge constitue la figure de proue fromagère de la Normandie. À la frontière nord de la région, le pays de Bray ne demeure pas en reste, avec une production originale en la matière.

Le livarot. Il est surnommé colonel en raison des cinq galons qui l'entourent. De nos jours en papier et strictement décoratifs, ils avaient jadis pour fonction de contenir la pâte très affinée. Ces galons étaient faits d'une bande de feuille de mascette. Dérivé, au XVIe siècle, du pont l'évêque, ce fromage est circulaire, plat à pâte molle et à croûte lavée, parfois teintée de roucou. Fromage AOC, il est bon après trois mois d'affinage.

«Les gros bœufs blonds, les vaches aux flancs tachetés de vagues dessins bizarres, les taureaux roux au front large, au jabot de chair poilue, à l'air provocateur et fier [...] se succédaient indéfiniment.»

Guy de Maupassant

Le petit-suisse. Le fromage frais du pays de Bray a vu le jour en 1850 chez dame Hérould, à Villers-sur-Auchy. Son vacher, qui avait eut l'idée d'enrichir le fromage de crème, était d'origine suisse, et la dame appela le fromage frais «petit suisse». Le sieur Poméel imagina son enrobage dans un papier Joseph. Puis Charles Gervais s'associa avec dame Hérould avant de créer sous son nom à Gournay-en-Bray la laiterie Gervais, qui allait devenir la première usine du groupe Danone.

Le neufchâtel
Depuis des siècles, les Brayons fabriquent le neufchâtel à partir de lait entier de vache dont ils tirent un caillé acide qu'ils malaxent et salent dans la pâte. Les formes de ce fromage AOC à croûte fleurie varient : en cœur, bonde, ou briquette.

Crème et beurre d'Isigny
Carême, illustre cuisinier du XIXe siècle, ne jurait que par le beurre d'Isigny. Autrefois, on le vendait uniquement en pots et on ne le consommait qu'en hiver. Aujourd'hui, beurre et crème d'Isigny, pasteurisés, ont droit à une appellation contrôlée et dispensent leurs bienfaits tout au long de l'année !

“J’aime ce pays et j’aime y vivre parce que j’y ai mes racines, ces profondes et délicates racines qui attachent un homme à la terre où sont nés et morts ses aïeux, qui l’attachent à ce qu’on pense et à ce qu’on mange, aux usages comme aux nourritures, aux locutions locales, aux intonations des paysans, aux odeurs du sol, des villages et de l’air lui-même.”

Guy de Maupassant, *Le Horla*

LA SUISSE NORMANDE

L’ANDOUILLE DE VIRE. Au sud de Caen et de Bayeux, pâturages et forêts se partagent le terrain, avec quelques ruisseaux à truites pour témoins. Dans cette région secrète, la charcuterie tient une place prépondérante. Cette Normandie-là – la Suisse normande – possède, aujourd’hui, un circuit touristique baptisé «Route des traditions», qui signale ici et là les agriculteurs et les artisans qui demeurent fidèles au savoir-faire du passé. La fabrication de l’andouille de Vire en est peut-être le meilleur exemple. Sous son noir manteau, elle cache une chair rosée et goûteuse dont la réputation dépasse, de loin, les frontières de la région. Sa fabrication artisanale, entièrement manuelle, n’a guère changé depuis le début du XVIIIe siècle, époque à laquelle elle apparaît dans les traités de gastronomie. L’andouille de Vire est fabriquée à partir de l’estomac, de l’intestin grêle et du gros intestin du porc. Ceux-ci sont nettoyés, découpés en lanières, salés, puis mis à mariner pendant plusieurs jours. Suivent de nombreuses opérations d’assemblage, d’enrobage, de fumage (au feu de bois de hêtre), puis de trempage, de ficelage et de cuisson. L’ensemble de la préparation, si elle est réalisée dans les règles de l’art, dure plusieurs semaines. Une telle rigueur fait honneur aux charcutiers locaux et force l’admiration. C’est que, dans la région de Vire, on ne plaisante pas avec les plaisirs de la table : la foire gastronomique d’Étouvy, qui se déroule à l’automne, à quelques kilomètres de la ville, est une des plus importantes de toute la Normandie. Et, sans doute, la plus ancienne : elle date de Charlemagne.

LES TRIPES. Telle l’andouille de Vire, les tripes à la mode de Caen (à gauche) naissent de savantes recettes et bénéficient d’un prestige enviable. Guillaume le Conquérant s’en délectait déjà, même s’il les accommodait… avec un jus de pomme ! Au XIVe siècle, le grand cuisinier Benoît ajouta à la matière première – cinq abats de bœuf : panse, bonnet, feuillet, caillette et pied – une condimentation et un assaisonnement calculés avec soin. Comme toutes les préparations célèbres, les tripes à la mode de Caen sont à l’origine de moult discussions. Prosper Montagné parle de «six à douze heures» de cuisson ; Curnonsky, plus précis, de «huit heures à petits glouglous», tandis que de nombreux chroniqueurs anciens penchent pour vingt-quatre heures. Une confrérie gastronomique normande, la «Tripière d’or», veille, depuis plus de quarante ans, à la bonne fabrication des tripes et s’attache aussi à les promouvoir.

CALENDRIER GOURMAND

Mars : Foire au boudin à Mortagne
Mai : Festival des AOC à Cambremer
Juin : marché au foie gras à Bernay
Juillet-août : fête de la Mer au Tréport et à Cabourg
Juillet : fête du Camembert à Camembert
Premier week-end d’août : Foire aux fromages à Livarot
Octobre : fête du Cidre à Beuvron-en-Auge, fête de la Crevette à Honfleur
Novembre : Foire aux harengs à Lieurey

> «Et nous en vinsmes greffer aulx chaussées du moulin les greffes que nous avions prinses en ung pommier d'Amer-doulx au jardin du Drouet, et de là à la pépinière de l'hostel Barrier des greffes de Renette.»
>
> Gilles de Gouberville, *Journal*, avril 1554

Les routes de la pomme

Le cidre. Déjà du temps de la Gaule romaine, les pommiers couvraient le territoire, mais les indigènes aimaient par-dessus tout la cervoise, breuvage que supplanta le cidre, au XIIIe siècle, avec l'invention du pressoir. En 1553, Gilles de Gouberville distille le premier cidre en Cotentin. Son contemporain Julien Le Paulmier, pionnier de la pomologie cidricole, dénombre dans la presqu'île quatre-vingt-deux variétés de pommes à cidre. Au XIXe siècle, à l'apogée de sa production, la Normandie compte en tout deux mille variétés de pommes. Autour de Longueville-sur-Scie, en pays de Caux, de Cambremer, en pays d'Auge (AOC), existent des routes touristiques bien fléchées qui, de pommiers en chaumières, conduisent chez les petits producteurs de cidre. Sainte-Opportune-la-Mare (Calvados) possède sa Maison de la pomme, Valognes (Manche) son musée du Cidre, Auffay et Caudebec-en-Caux (Seine-Maritime) célèbrent, lors de leurs fêtes automnales, le «vin de pomme». De Falaise à Yvetot, de Pont-Audemer à Valognes, de Vire à Saint-Lô, les Normands mêlent plusieurs variétés de pommes acides pour obtenir un bon cidre. Il peut être «sec», «pur jus», «bouché». La fermentation naturelle du moût donne des cidres déclarés «mousseux».

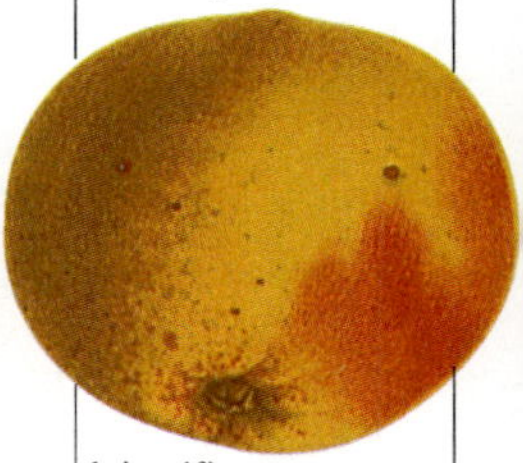

Le poiré. Il est né de cette dernière technique, appliquée aux poires, notamment dans la région de Domfront, célèbre pour ses nombreux poiriers. Mais la Normandie possède également des spécialités légumières, notamment les poireaux et carottes de Créances.

Le calvados. Il est tiré du cidre depuis plusieurs siècles. C'est du calvados que le «roi d'Yvetot» servait aux rois de France de passage dans sa ville. Son «calva» réussit même à mettre de bonne humeur le terrible Charles V : «Messieurs, il n'y a plus ici roi de France !», lança ce dernier à l'intention de sa suite, après en avoir bu plus que de raison. Neuf terroirs normands distillent le calvados. Voilà pourquoi il y a deux AOC : l'AOC Calvados et l'AOC Calvados pays d'Auge.

Le pommeau de Normandie
Il bénéficie d'une AOC et a le mérite de réunir, dans une même bouteille, jus de pomme, cidre et calvados. Servi bien frais à l'heure de l'apéritif, il met en bouche ces trois parfums de Normandie.

Le sucre et la pomme
Vedette incontestée de la Normandie, la pomme demeure très présente à l'heure du dessert. Certes, la région de Vire lui préfère le gâteau de riz (la teurgoule). Mais Rouen reste fidèle au fruit normand : la cité est réputée pour ses bourdelots, pommes cuites dans de la pâte à pain. Dès le début du XVIIe siècle, elle raffinait le sucre venu de l'étranger, d'où sa passion, toujours vive, pour les douceurs : boudins et boulots illuminent les vitrines de ses confiseurs, chez lesquels le sucre de pomme tient le rôle-titre.

Pays de la Loire
32 081 km^2 pour 3,06 millions d'habitants. Cinq départements : Loire-Atlantique (Nantes), Maine-et-Loire (Angers), Mayenne (Laval), Sarthe (Le Mans) et Vendée (La Roche-sur-Yon)

De l'océan Atlantique à la Normandie, les Pays de la Loire présentent de multiples visages : terres maraîchères sillonnées de canaux ; Bocage vendéen culminant à près de 300 m d'altitude ; pays nantais encadré, à l'est, par la Grande Brière, à l'ouest, par le Choletais et les Mauges… À l'est s'étendent le val d'Anjou et le Saumurois, devenu le «jardin de la France» au prix d'un labeur paysan séculaire, destiné entre autres à dompter la Loire. Enfin, la plate-forme rocheuse du Bas-Maine, en Mayenne, constitue une avancée de la Bretagne, alors que le Haut-Maine et le Perche, dans la Sarthe, se réclament déjà du Bassin parisien.

Le littoral vendéen

Deux grands marais, le Marais breton et le Marais poitevin, territoires gagnés sur la mer, quadrillés par de complexes réseaux de digues et de canaux, enserrent le littoral vendéen. Depuis la baie de Bourgneuf avec ses marais salants, jusqu'à la baie de l'Aiguillon, grèves sableuses et dunes boisées se succèdent. Ici et là subsistent quelques «bourrines», habitat maraîchin traditionnel fait de paille, de terre et de roseaux. La gastronomie du littoral est liée à la mer avec la COTRIADE, bouillabaisse atlantique, la CHAUDRÉE, pot-au-feu de poissons, la MOUCLADE et l'ÉCLADE ▲ *170*, à base de moules.

Les volailles du Bocage vendéen. La souche du CANARD DE CHALLANS, de couleur noire ou blanche, est le barbarie noir. À partir de six semaines, les canards sont

élevés en liberté dans les prés ou les étiers des marais des pays de Beauvoir, de Soullans et de Challans. Leur chair est délicate et abondante. La production des volailles s'est fortement diversifiée dans toute la région : POULET BLANC, POULET JAUNE, PINTADE, DINDE NOIRE, et surtout le délicieux CHAPON, particulièrement apprécié des gourmets.

LES HUÎTRES ET MOULES DE BOUCHOT. La marque collective Vendée-Atlantique, créée en 1992, concerne les huîtres creuses, élevées dans des bassins de faible profondeur appelés «claires» ▲ *173*, où une eau peu salée et riche en plancton en favorise l'affinage. Les deux principales variétés sont les FINES DE CLAIRE et les SPÉCIALES DE CLAIRE. Elles sont produites dans la baie de Bourgneuf (réputée dès le XVIIIe siècle) et la presqu'île de Noirmoutier, zones particulièrement actives de septembre à janvier. Quant aux bouchots de mytiliculture ▲ *171*, ils s'étendent aujourd'hui sur près de 600 km au large d'Esnandes et font l'objet de nombreuses filières dans le Pertuis breton, au large de La Tranche-sur-Mer.

LA MOGETTE DE VENDÉE. Dans le nord de la Vendée, la mogette, légume emblématique de la table vendéenne, est une variété de lingot, tandis que dans la zone des marais, au sud, elle est issue du coco de Paimpol. Ce haricot-grain à peau fine, brillant, au goût délicat, est souvent accommodé avec de la viande de porc, notamment dans la recette des «mogettes à la maraîchine au jambon».

LA POMME DE TERRE DE NOIRMOUTIER. Parmi les diverses variétés de pommes de terre cultivées sur l'île, deux d'entre elles, la SIRTEMA au goût sucré et l'AMINCA, arrivent sur le marché, en bons primeurs, dès le 15 avril. ROSEVAL et CHARLOTTE les suivront en juin. Cette précocité est favorisée par les conditions climatiques et géologiques, qui allient sables drainants et microclimat doux et humide, et par l'emploi du goémon en tant qu'engrais.

LE JAMBON DE VENDÉE. Cette production spécifiquement vendéenne est un jambon cru, désossé, peu séché, que l'on consomme généralement poêlé ou grillé, souvent accompagné des traditionnelles mogettes. La préparation de ce jambon, salé à sec au sel marin, requiert également l'emploi d'eau-de-vie et d'aromates.

LES VINS DES FIEFS VENDÉENS. Sur les 4 800 ha de vignes que comporte la Vendée, 350 ha produisent des VDQS dans quatre vignobles situés dans la partie méridionale du département. Ce sont les rouges et rosés du vignoble de Mareuil, les blancs secs et frais du vignoble de Brem, et ceux des vignobles de Vix et de Pissotte.

LE PAYS NANTAIS

En langage culinaire, un apprêt «à la nantaise» désigne soit une garniture de petits légumes, soit un fond de cuisson mouillé au muscadet, reflet fidèle des spécialités locales. À ces produits de la terre, il faut ajouter les poissons du lac de Grand-

VOLAILLES FERMIÈRES (LR) Loué, Challans, Cholet, Vendée, Ancenis
PÂTISSERIES ET CONFISERIES Berlingot nantais, galette bretonne, biscuit nantais et petit-beurre, sablés de Retz et de Sablé
VINS. Anjou et Saumur (AOC), muscadet (AOC), vins de la région nantaise, gros plant, Fiefs vendéens, vins de la Sarthe
SPIRITUEUX Cointreau, guignolet, menthe-pastille
PRODUITS LAITIERS Port-salut, crémet d'Anjou, curé nantais
PRODUITS DE LA MER Moules de bouchot, coques, huîtres, civelle, sandre, brochet de Loire
FRUITS ET LÉGUMES Mâche nantaise, mogette de Vendée, pomme de terre de Noirmoutier, pommes et poires dont reinette du Mans, poireau et carotte nantais, champignon de couche, échalote longue d'Anjou
VIANDES (LR) Bœuf fermier du Maine, porc fermier de la Sarthe, porc fermier de Vendée, agneau Agnocéan
CHARCUTERIES (LR) Rillettes, jambon cuit de Vendée, saucisse fraîche…
DIVERS. Sel de Guérande (LR)

Au temps des légions romaines, *salarium* désigne la ration de sel du soldat, puis l'indemnité pour l'acheter, le salaire. Les futurs salariés ne seront pas pour autant exemptés de la gabelle – impôt sur le sel créé en 1340 par Philippe VI et aboli en 1790, qui pourtant subsistera jusqu'en 1945 sous des formes diverses ! Sur les côtes de Vendée et du littoral atlantique, les marais salants se sont établis au XIVe siècle et, gage de qualité, leur exploitation traditionnelle par de petites structures familiales et artisanales perdure, inchangée depuis lors.

LA RÉCOLTE
À marée haute, l'eau de mer envahit les bassins de récolte du sel (les œillets). Le sel, concentré en grande partie au fond de l'œillet, est récolté chaque jour à mains nues. Les paludiers (ou sauniers) le brouettent aux alentours du lieu de récolte où il est entassé pour une première phase de séchage. Il sera ensuite transporté aux salorges, les greniers à sel.

FLEUR DE SEL
Cette fine cristallisation délicatement salée se récolte à la surface des œillets. Son emploi est très prisé et sa présence sur les grandes tables, de plus en plus fréquente.

DES GOÛTS ET DES COULEURS
La teinte grise du sel est due à la présence de particules minérales provenant du sol où il se cristallise. Il peut être purifié, mais les amateurs, souvent, le préfèrent brut, enrichi de particules secondaires hautes en goût.

LA CUISINE AU SEL
La cuisine en croûte de sel qui s'est développée sur les lieux de production, en particulier dans la presqu'île de Guérande, est fort appréciée des grands cuisiniers. Michel Guérard en a expliqué les avantages dans sa *Cuisine gourmande* : «En cuisant, le sel forme carapace et devient un second four hermétique.» Il se produit un échange thermique homogène sans réduction des sucs ni dispersion des arômes, car la carapace épouse très exactement la forme de la volaille, de la pièce de viande ou du poisson à cuire. Cette méthode ne convient que pour la cuisson de produits d'une extrême fraîcheur, ce qui explique sans doute qu'elle soit assez rarement employée.

«Dans ma géographie, j'ai vu qu'on appelait ce pays le jardin de la France. [...] Ces parfums, ce calme, ces rives semées de maisons fraîches, et qui ourlent de vert et rose le ruban bleu de la Loire !»

Jules Vallès (*L'Enfant*)

Lieu ou de la Brière, ceux de la Loire et du littoral atlantique. Les épices, acheminées par le port de Nantes, qui fut le premier port de France au temps de la traite du «bois d'ébène», ont apporté une note d'exotisme dans certaines recettes locales.

Le berlingot nantais. À Nantes, où transitait déjà sous l'Ancien Régime le sucre des Antilles, prélude à une activité de raffinage qui prendra son essor au XIXe siècle, existent encore plusieurs confiseries. Le berlingot nantais offre une gamme de couleurs variées et uniformes, à la différence de celui de Carpentras ▲ *181*, strié.

Les biscuits LU. Jean-Romain Lefèvre et sa femme Isabelle Utile s'installent en 1846 dans une pâtisserie nantaise, où ils commercialisent biscuits de Reims et biscuits anglais Huntleys and Palmers. En 1885, leur usine ouvre ses portes quai Baco, le long de la Loire, tandis qu'ils se lancent dans l'élaboration de nouveaux produits. Y verront le jour le petit-beurre en 1886, les pailles d'or et le beurré nantais en 1905. En 1913, l'usine emploie douze cents personnes. Laissez-vous tenter par la description que fait Louis Lefèvre-Utile de sa création : «Qu'on se figure un biscuit de forme carrée longue, aux bords découpés en festons arrondis, qui croque sous la dent sans s'émietter, qui fond dans la bouche en y laissant un goût exquis sans être trop prononcé.»

Les biscuits BN. Le succès de LU semble lancer l'industrie biscuitière nantaise. C'est en 1896 que Pierre Cosse fonde la Biscuiterie nantaise, qui connaît son premier grand succès en 1922 avec le casse-croûte BN, biscuit remarquablement équilibré qui s'accommode de garnitures gourmandes. Dix ans plus tard, le goûter BN voit le jour sous le nom de Choco Casse-Croûte, et devient le goûter privilégié des enfants. Les secrets de fabrication sont toujours soigneusement tus…

Le sablé de Retz et la galette Saint-Michel. Sablé de Retz et galette Saint-Michel sont fabriqués depuis leur création, respectivement en 1920 et 1905, dans la commune de Saint-Michel-Chef-Chef. Les premiers sont des biscuits croustillants, ronds, au goût caractéristique de noix de coco. Les secondes sont de petites galettes bretonnes au beurre, toujours fabriquées par la même famille. Également croustillantes, elles n'en demeurent pas moins délicatement fondantes.

Le curé nantais. Il n'est guère difficile d'être «le plus célèbre des fromages bretons» dans une région où les traditions fromagères sont rares. De forme carrée ou ronde, il s'agit d'une pâte affinée au cœur souple obtenue

«Chantenay et sa dernière maison ayant filé le long des rives, on entrait dans Nantes. Le patron amena la voile et prit les rames pour se guider plus sûrement dans l'encombrement tumultueux du port. De vieilles maisons sculptées, à balcons de pierre, se mêlaient à des mâts de navires, les poursuivaient, les engloutissaient, disparaissaient elles-mêmes, remplacées par des voiles grandes tendues, des tuyaux noirs et fumants, des coques luisantes, rouges ou brunes. À l'avant des vaisseaux, sous les beauprés, des figures pâles, élancées et drapées, montaient et descendaient au mouvement des vagues, et, parfois, ruisselantes d'eau, avaient l'air de pleurer de fatigue et d'ennui.»

Alphonse Daudet, *Jack*

artisanalement à partir de lait de vache cru et entier. Un seul producteur en pays de Retz assure la production d'une cinquantaine de tonnes par an.

LES POISSONS D'EAU DOUCE. Les CIVELLES ou pibales sont des alevins d'anguilles, pêchés lorsque, depuis la mer des Sargasses où ils sont nés, ils remontent fleuves et rivières pour retrouver l'eau douce. Le Sud-Ouest et l'Espagne en sont de grands consommateurs. En régression depuis une dizaine d'années, cette pêche est très réglementée. Le SANDRE et le BROCHET, chasseurs carnassiers, fréquentent la Loire et le lac de Grand-Lieu. Le premier est originaire d'Europe de l'Est et du Nord, le second était déjà signalé au Moyen Âge à Nantes. Leur chair blanche et ferme peut s'accommoder de différentes façons, dont le fameux «brochet au beurre blanc». Le SAUMON remonte la Loire depuis l'océan pour revenir frayer dans sa rivière natale. Seuls une centaine de pêcheurs sont autorisés chaque année par arrêté préfectoral à se livrer à cette pêche de février à juin… Ils rapportent une tonne de poissons, que se partagent les restaurateurs de la région.

LES VINS DU PAYS NANTAIS. Le vignoble nantais (15 300 ha) couvre le sud et l'est du département de Loire-Atlantique et s'étend légèrement en Vendée et dans le Maine-et-Loire. Il produit des vins blancs secs de cépage melon sous trois appellations AOC différentes : MUSCADET, muscadet de Sèvre et Maine et muscadet des coteaux de la Loire, ainsi qu'un VDQS, le GROS-PLANT, issu du cépage folle blanche. Le cépage gamay produit quelques rouges légers et rosés sous l'appellation VDQS coteaux d'Ancenis.

Les poissons pêchés dans la Loire peuvent être dégustés avec du vin blanc local.

DU VAL D'ANJOU AU SAUMUROIS

La vigne n'est pas l'unique richesse de cette région : forêts, rivières, bocages, rythmés par les bâtisses d'ardoise et de tuffeau, forment un environnement très diversifié. Un projet de Parc naturel régional « Loire-Anjou-Touraine » entend gérer ces territoires de confluences, en les rattachant à ceux, voisins, du Richelais et du Véron.

LE GUIGNOLET ET LE COINTREAU. Adolphe Cointreau, confiseur à Angers au début du XIXe siècle, prépare et commercialise des liqueurs, parmi lesquelles le célèbre guignolet. Cette liqueur apéritive à base de cerises, inspirée du ratafia, fut élaborée à Angers par des bénédictines au début du XVIIe siècle, avant de rencontrer le succès au siècle suivant. Ayant hérité de la société, Louis Cointreau met au point en 1875 une liqueur promise à un grand avenir, obtenue par macération d'écorces d'oranges douces et amères dans de l'alcool distillé par la suite. Aujourd'hui, les maisons Giffard et Cointreau produisent respectivement 100 000 l et 40 000 l de guignolet, la dernière

«Teint encore des ardents reflets
Du soleil et du flot de moire,
Le pêcheur, vidant ses filets,
Voit les poissons d'or de la Loire.»

Théodore de Banville

fabriquant 9 millions de litres de Cointreau à 40° et 60°, qui sont exportés à 80 %.

La menthe-pastille. Cette liqueur translucide à base de menthe poivrée fut créée en 1885 par le pharmacien angevin Émile Giffard. Digestive et rafraîchissante, elle est particulièrement appréciée en été.

Les champignons de couche. Au début du XIXe siècle, des carrières souterraines commencent à être utilisées dans la capitale ▲ *114* pour la culture des champignons de Paris. La demande allant croissant, à la fin du siècle, la vallée de la Loire est mise à contribution. Les carrières de tuffeau du Saumurois s'avèrent leur offrir des conditions idéales… 1 000 km de galeries souterraines sont aujourd'hui exploitées.

L'échalote d'Anjou. Avec le melon, l'échalote est la vedette de la vallée de l'Authion. Cette variété, dite de Jersey, présente un bulbe long, une couleur rose cuivré, et des feuilles transparentes.

Les vins d'Anjou et de Saumur. On oppose parfois les vins de l'Anjou proprement dit, ces vins d'ardoise élevés sur les schistes du Massif armoricain, aux vins de tuf du Saumurois, dont le faciès géologique appartient au Bassin parisien. Cette immense zone viticole comprend plusieurs vignobles d'excellente réputation. À l'ouest, ceux du Layon, de l'Aubance et des coteaux de la Loire. À l'est, le vignoble saumurois. Le cépage chenin blanc fournit une dizaine d'AOC de vins moelleux ou liquoreux du Layon, parmi lesquels les prestigieux quart-de-chaume et bonnezeaux, ainsi que les vins blancs secs et demi-secs d'Anjou et de Saumur. Les rosés, issus de cépages divers, donnent des vins secs, demi-secs et doux, tel le cabernet d'Anjou. Les rouges, longtemps dans l'ombre des blancs, sont aujourd'hui en grande faveur, à en juger par le succès du saumur-champigny. On notera aussi les saumur mousseux et saumur pétillant, deux AOC voisines de vins effervescents, auxquelles sont appliquées des techniques de prise de mousse semblables à celles de la méthode champenoise, de même que le crémant de Loire, AOC créée en 1975.

Les vins de la vallée du Loir. Le petit vignoble de la vallée du Loir, à l'est de la région Pays de la Loire, compte deux intéressantes AOC, les coteaux-du-loir, en rouge principalement, et le jasnières, d'une couleur jaune d'or, au bouquet floral, l'un des plus beaux fleurons du cépage chenin.

Le crémet d'Anjou
Ce dessert à base de crème fraîche et de blanc d'œuf – ce qui le distingue du crémet nantais – est présenté en parts individuelles. Il est souvent accompagné d'un coulis de fruits rouges.

Les légumes du jardin nantais
La mâche, plantée entre septembre et décembre, se récolte en hiver, ce qui lui vaut le surnom de «salade de Carême». Les vertus drainantes du sable de Loire, sur lequel elle est cultivée, assurent pour une grande part la qualité de la mâche nantaise, qui représente 90 % de la production nationale. Le poireau, semé à la même époque sur les mêmes sols, n'est cueilli qu'au printemps de l'année suivante. Enfin, la carotte nantaise bénéficie de terrains similaires ; on la récolte avant maturité du début mai jusqu'au mois de juillet.

CALENDRIER GOURMAND
Février : Salon des vins de Loire à Angers, fête du Cidre à l'Hôtellerie de Flée
Avril : Journées nationales du Livre et du Vin à Saumur
Avril-mai : Remontée du Sel et des Produits du terroir à Tours
Début mai : fête de la Bonnotte à Noirmoutier
Début juillet : fête du Vin et du Champignon au Puy-Notre-Dame
Fin juillet : fête des Vins millésimés et de l'Anguille à Saint-Aubin-de-Luigné
Début août : fête du Poisson à Saint-Gilles-Croix-de-Vie, fête des Moissons et des Vieux métiers à Angrie
Mi-août : Nuit de la mogette au Poiré-sur-Vie
Octobre : vendanges à Martigné-Briand, festival des Champignons d'automne à Saumur, randonnée Vins et Champignons dans le Saumurois

Les Sarthois consomment 12,5 kg de rillettes par personne et par an, soit vingt-cinq fois plus que la moyenne nationale !

LE MAINE

Le Bas-Maine, ancien pays des Chouans, aux landes entrecoupées de champs de seigle et de sarrasin, est aujourd'hui planté de pommiers et offre ses prairies aux porcelets et aux vaches pie-noir. Le Haut-Maine est terre de passage entre les vignes et les vergers de la vallée du Loir et les herbages de Normandie. Cultures céréalières, bocages et forêts de pins façonnent le paysage de part et d'autre de l'Huisne, affluent de la Sarthe.

LES VOLAILLES DE LOUÉ (LR). Le poulet de Loué est une volaille élevée en liberté dans la Sarthe et les cantons limitrophes de la Mayenne. C'est un poulet blanc fermier «cou nu», jaune fermier ou noir fermier «cou nu» dont les conditions d'élevage et d'abattage sont strictement contrôlées.

LE PORT-SALUT. Ce fromage à pâte pressée non cuite est produit en Mayenne par la fromagerie de la Trappe du Port-du-Salut. Il fut mis au point au siècle dernier par les moines trappistes, perpétuant ainsi une longue tradition fromagère, qui continuèrent à produire le port-salut jusqu'en 1989, malgré les contrefaçons et une demande s'accroissant plus vite que les capacités de production. Aujourd'hui la marque est déposée, mais la fabrication est assurée par une société anonyme et l'aire de production n'est plus spécifiquement limitée au département de la Mayenne.

LA REINETTE DU MANS. Récoltée fin octobre, cette pomme à couteau de table peut être consommée tout l'hiver si elle est conservée avec soin. L'unique verger important de la Sarthe est affilié à un groupement de producteurs. Les autres exploitations recensées sont de type familial et atteignent, au total, une vingtaine d'hectares. Ce fruit souvent charnu au goût acidulé revêt à maturité une couleur jaune.

LES RILLETTES DE LA SARTHE. Les «rillées» ou «rihelles» médiévales, plat blond d'aspect rosé dont la couleur est éclaircie par une graisse légère, étaient et restent, dans la Sarthe, un signe d'abondance, un friand régal. Vingt-deux usines fabriquent encore des rillettes dans le département.

Si la région constitue de longue date un véritable «vivier» en matière d'aviculture, l'élevage, tout aussi traditionnel, de races bovines à viande représente lui aussi une filière clé du secteur agro-alimentaire local. Cette activité privilégiée des terroirs de l'Ouest a su conserver et développer ses acquis anciens, si bien qu'elle se trouve actuellement au premier rang de la production française en ce qui concerne les animaux adultes.

LES BŒUFS GRAS
Les animaux ainsi dénommés dans les Pays de la Loire peuvent appartenir à différentes races : maine-anjou, normande, limousine, charolaise, blonde d'Aquitaine ou à des croisements appelés «jaunes». Et on ne trouve pas parmi eux que des mâles castrés, mais aussi des génisses ou de jeunes femelles déjà mères.

RÊVE DE BŒUF
«Non loin, quelques bœufs blancs,
couchés parmi les herbes,
Bavent avec lenteur sur leurs fanons épais,
Et suivent de leurs yeux languissants
et superbes
Le songe intérieur qu'ils n'achèvent jamais.»
(Leconte de Lisle, *Poèmes antiques*)

DE L'ART D'ENGRAISSER
Dans les Mauges et le Choletais, on pratique l'embouche, c'est-à-dire l'engraissement des bovins, d'abord nourris à l'auge avec des plantes sarclées, puis mis en prés dans des prairies très fertiles, quelque temps avant la vente. La première règle à respecter pour obtenir une viande de très bonne qualité consiste à engraisser lentement le bovin.

▲ Picardie

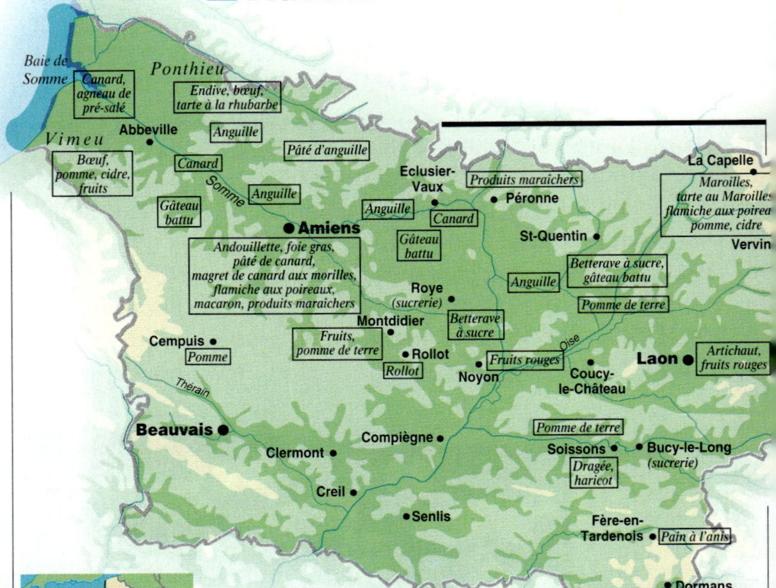

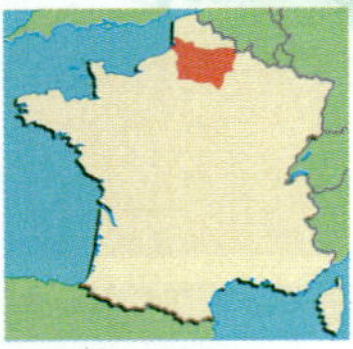

Picardie
19 399 km², 1,81 million d'habitants. Trois départements : l'Aisne (Laon), l'Oise (Beauvais) et la Somme (Amiens, 131 872 hab., capitale régionale).

La région Picardie ne correspond qu'en partie à la Picardie historique et empiète sur l'Île-de-France ▲ *114* au sud ainsi que sur la Champagne au sud-est ▲ *98*. Autour de la plaine picarde s'élèvent, au nord-est, le plateau ardennais et les collines marneuses de Thiérache, au sud, les plateaux calcaires du Vexin français, du Valois, du Soissonnais et de la Brie. Cette région au relief modéré bénéficie d'un climat océanique humide et frais qui tend vers la continentalité au sud-est. De fait, aux herbages succèdent les cultures céréalières et vinicoles. Le Ponthieu et le Vimeu sont traditionnellement orientés vers la production de viande. L'agneau de pré-salé élevé dans la baie de Somme donne une viande particulièrement tendre et savoureuse, commercialisée sous la marque «Estran». Abondant dans la Somme, le canard donne à la gastronomie picarde son célèbre pâté de canard d'Amiens, ses foies gras, son magret aux morilles, ses rillettes. Les nombreux cours d'eau forment, de l'étroite façade maritime au «creux» parisien, des étangs et des marais, les fameux hortillonnages, qui ont transmis leur nom à la culture – essentiellement légumière – qu'on y pratique. Et la Picardie est peut-être avant tout une région maraîchère, qui produit en premier lieu l'endive et la pomme de terre. Enfin, avec 163 000 ha plantés de betterave, la

Charcuteries et autres
Andouillette d'Amiens, flamiche aux poireaux, pâté de canard d'Amiens
Poisson
Anguille et pâté d'anguille
Fruits et légumes
Fruits rouges de Noyon, pomme de terre, artichaut de Laon, haricot de Soissons
Fromages
Maroilles AOC
Pâtisseries
Macaron d'Amiens, gâteau battu
Cidre
Cidre de Thiérache

«Les queues de renard, les roseaux de la passion, saisis au cristal de la nuit, balançaient leurs manchons clairs parmi les plumes en eau des roseaux à balai. Au soleil de dix heures, toute la mare tintait de lumières...»

Paul Vimereu (*Chutt le Hutteux*)

Picardie est le premier producteur français de betterave à sucre (et de pomme de terre). La Générale sucrière de Roye (Somme) et la Compagnie française de sucrerie (Bucy-le-Long, Aisne) sont ouvertes à la visite.

La baie de Somme

Les anguilles de la Somme. Autour de Saint-Quentin, la Somme se multiplie en des centaines de marais et d'étangs poissonneux, parmi lesquels figure la réserve naturelle des marais d'Isle. Vers Péronne, le circuit touristique des Anguillères est indiqué sur les petites routes. Il longe la Somme, jusqu'au très beau site d'Eclusier-Vaux, paysage de marais d'où surgissent une multitude d'îles. Sur certains îlots privés, les huttes en roseaux, ou «hutteaux», sont camouflées pour la chasse aux canards ou pour l'observation des tadornes et des oies sauvages. Le poisson abonde jusqu'à la baie de Somme, et des sites sont organisés pour la pêche au blanc le long du fleuve. Les anguilles se vendent souvent près des barrages pour anguillères. Préparées en morceaux, dans du beurre et des petits oignons, les anguilles à la picarde se servent avec une sauce à l'œuf et au vinaigre.

L'Amiénois et le Santerre

Le canard d'Amiens. Il maintient sa réputation depuis le Moyen Âge. À la Renaissance, on appelle le canard picard, l'«anas». Le patois picard surnomme encore la canette «énette». La Somme, de pente faible et de cours régulier, a formé des bras nombreux auxquels s'ajoutent les étangs que l'homme a creusés pour la tourbe ou le poisson. Il s'agit là d'un lieu de passage privilégié pour la sauvagine et les canards colverts. Les chasseurs non plus ne manquent pas. Désossé, le canard est mitonné au four durant des heures, avec croûte et farce. La gelée se fait avec un pied de veau et se verse au cœur de la terrine. Quant au canard de la baie de Somme, il se prépare en cocotte aux pruneaux.

Les hortillonnages de la Somme. Ces jardins potagers irrigués de la région d'Amiens prennent le nom de «hardines» autour de Péronne. Ils sont comparables à ceux de Saint-Omer, dans le Pas-de-Calais. La tourbe fertile des marais humides est sillonnée par de petits canaux d'accès où passent, depuis des siècles, des barques à fond plat. Dans ces marais, on pratique le maraîchage. Le déplacement se fait dans les traditionnelles barques étroites : un moyen commode pour se rendre au marché aux herbes voisin, avec quelques persils, poireaux, choux verts et rouges, fèves, potirons, citrouilles et salsifis. Cultivés en abondance, les oignons entrent dans la préparation de nombreux plats picards. Marcher silencieusement entre ces centaines de «jardins de M. le Curé», travaillés par les gens du cru ou ceux des résidences secondaires, est d'un charme fou. L'esprit des lieux rappelle l'atmosphère des «jardins ouvriers sociaux» créés par l'abbé Lemire, sénateur social-démocrate du

Desserts picards
Délicieuse, la tarte à la rhubarbe est une pâte brisée garnie de rhubarbe. Le gâteau brioché battu de la Somme, servi avec des œufs à la neige, concurrence la simple crêpe épaisse, tartinée de beurre et de sucre de cassonade. Le pain à l'anis se fait encore à Fère-en-Tardenois. Les tuiles au chocolat réconfortent à Péronne. Amiens a aussi sa douceur, le macaron.

La fête sur l'eau
L'hortillonnage est la culture d'une parcelle quadrillée par des canaux. Jadis, les hortillons se rendaient en barque à Amiens pour y vendre leur production. Une fois l'an, ils font revivre la tradition médiévale de ce véritable marché sur l'eau (1er week-end de septembre). Par ailleurs, le samedi matin se tient un marché dans le port restauré d'Amiens.

ANTOINE PARMENTIER (1737-1813)
Lauréat de l'académie de Besançon pour son mémoire *Les végétaux qui pourroient suppléer en temps de disette à ceux que l'on emploie communément à la nourriture des hommes* (1772), Parmentier doit sa gloire posthume à ses expériences de culture de la pomme de terre.

LA POMME À CROQUER ET À BOIRE
L'association «I' z'on croque eu' pomm» a ouvert à Cempuis un verger conservatoire et vend des greffons. On y trouve les meilleures variétés de pommes à croquer, à confiture, à tarte, à presser. Des amateurs de cidre se sont regroupés au Comité de défense des variétés cidrières (Codeci), qui travaille en collaboration avec l'INRA pour la promotion de nouvelles variétés et qui donne des conseils d'entretien des pommiers et de fabrication du cidre. Une foire aux pommes se tient tous les ans à Neuilly-Saint-Front.

«LES PILEURS DE CIDRE»
(1914)
Le pressoir, inventé au XIIe siècle, permit un rapide développement du cidre à travers l'Europe.

Nord au siècle dernier : si la nécessité est moindre, la convivialité demeure.

LE MACARON D'AMIENS. Ce délicieux biscuit à base de blancs d'œufs et parfumé au miel et aux amandes, se déguste le plus souvent nature mais il arrive qu'il soit fourré à la confiture d'abricot.

LE BEAUVAISIS

LE CIDRE PICARD. Hippocrate, le plus grand médecin de l'Antiquité, recommandait déjà le «vin de pommes» pour ses bienfaits. Les Romains l'appelaient *sicera*. Sous Charlemagne et Guillaume le Conquérant, il est promu boisson des princes et devient le «cidre». Dans le sud et l'ouest du département de la Somme, et également dans la Thiérache (Aisne), la pomme, introduite au XVIe siècle par le chevalier Leclerc de Bussy, joue encore un rôle important dans l'agriculture locale. On distingue les pommes de première saison, récoltées entre le 15 septembre et le 15 octobre, celles de deuxième saison, du 15 octobre au 15 novembre, et les tardives. Les cidriers mélangent des variétés de pommes de même maturité, aux saveurs différentes, pour équilibrer la teneur du cidre en sucre. Les pommes sont broyées et macérées. La pulpe des fruits est envoyée au pressoir, le jus du pressurage, ou moût, est clarifié, puis mis en fermentation pour que le sucre se transforme en alcool. La fabrication du cidre se parfait par une fermentation secondaire lente, puis le jus est filtré. Le cidre ne se bonifie pas une fois mis en bouteilles et doit être consommé de préférence dans l'année qui suit son embouteillage. La recette appelée «Flipper» consiste à

La Route du champagne suit les méandres de la Marne, de Charly-sur-Marne à Dormans, et passe par Château-Thierry.

mélanger du cidre chaud avec un tiers d'eau-de-vie de pomme, du sucre et du miel.

LE NOYONNAIS

LE NOYON ROUGE. La région du Noyonnais se colore d'écarlate lors de la fête des Fruits Rouges qui a lieu chaque année, début juillet. Dès l'aube, fraises, cerises, cassis, framboises et groseilles égayent les étals du marché de Noyon. Aujourd'hui, une cinquantaine de producteurs présentent les fruits de leur production. Des décorations fruitières et florales ornent les coins des rues occupées par le marché. Les menus «fruits rouges», de l'apéritif au plat principal et au dessert, du canard aux groseilles au sorbet de cassis, sont servis dans les restaurants de la région. Chaque premier mardi du mois, un marché «franc», libre des droits d'exposition, perpétue la tradition des foires médiévales dans les rues de Noyon.

LE SOISSONNAIS

LE HARICOT DE SOISSONS. On en retrouve la forme dans celle des bonbons locaux, sortes de dragées recouvertes de chocolat. Autrefois, le haricot de Soissons accompagnait les «rissoles», ou beignets farcis de la région. Cette graine grosse et blanche se servait avec tous les plats mijotés du Bassin parisien. Très nutritive mais fragile et d'une culture fastidieuse, elle fut supplantée à la Révolution par la pomme de terre, dont la culture fut introduite par le pharmacien militaire Antoine Parmentier, natif de Montdidier. Et pourtant le haricot de Soissons eut son heure de gloire : au XVIe siècle, il sauva les habitants de la région d'une disette désespérée. Le haricot de Soissons se cultive en hauteur sur des «rames». Tuteuré parfois jusqu'à 2,5 m, mais rustique, il résiste au vent et au sol humide de la Picardie.

LA THIÉRACHE

LE MAROILLES PICARD. L'origine du fromage de Maroilles se dispute entre la Thiérache et l'Avesnois, entre la Picardie et le Nord ▲ *146*. Il se marie bien avec le CIDRE PICARD, qui développe toute la personnalité de ce fromage à pâte molle. Il faut trois mois pour affiner le MAROILLES. Charles Quint savait déjà l'apprécier à sa table. La TARTE AU MAROILLES demande une demi-heure de cuisson au four ; accompagnée d'un peu de crème fraîche, elle est délicieuse. Si on la trouve congelée dans les grandes surfaces, il vaut mieux essayer de déguster une FLAMICHE AU MAROILLES, fraîche et sur place.

SUR LA ROUTE DU CHAMPAGNE
Grimper dans les coteaux, admirer les bords de Marne constellés de châteaux et d'églises romanes, descendre vers les chaix, visiter une cave de dégustation, commander un coquelet au champagne dans une auberge de village, voilà un joli programme qui peut conduire à la voisine Champagne ▲ *98*.

CALENDRIER GOURMAND
Mi-mai : fête des Hortillonnages à Camon
Fin mai : Foire aux vins et aux fromages à Compiègne
Fin septembre : fête de la Gastronomie à Poix-de-Picardie
1er week-end de septembre : Foire internationale aux fromages à La Capelle
Début octobre : Foire aux pommes et Salon gastronomique des produits picards et régionaux à Neuilly-Saint-Front
Fin octobre : fête du Pain, du Cidre et du Beurre à la Ferme d'Antan à Creuse

De l'océan Atlantique aux contreforts du Massif central, l'actuelle région administrative Poitou-Charentes recouvre les anciennes provinces que sont l'Aunis, la Saintonge, l'Angoumois et le Poitou. Ce dernier s'est toutefois trouvé amputé du bas Poitou, rattaché à la région Pays-de-la-Loire. Bon nombre des produits de terroir, répartis sur le haut et le bas Poitou, se retrouvent ainsi dans le département vendéen voisin. Mais plus que l'histoire, ce sont les conditions géographiques et climatiques qui ont forgé la diversité des terroirs de cette région. En bordure d'océan et sur les îles, la conchyliculture prospère, faisant du Poitou-Charentes le plus important centre producteur de coquillages d'Europe, tandis que le climat océanique y autorise la culture des primeurs. À l'intérieur, s'étendent de grandes champagnes, propices aux cultures céréalières et oléagineuses, et des gâtines depuis toujours dévolues aux troupeaux. Sur les collines du haut Poitou, de l'Angoumois et de la Saintonge, la vigne a trouvé son terrain de prédilection et, à l'est, l'herbe règne en maître à l'orée du Limousin.

POITOU-CHARENTES
25 809 km² et 463 km de côte pour 1,59 million d'habitants. Quatre départements : Charente (Angoulême), Charente-Maritime (La Rochelle), Deux-Sèvres (Niort), Vienne (Poitiers).

AU MENU
Pour l'églade, ou éclade, les moules sont disposées sur une couche d'aiguilles de pin, que l'on brûle. Le céteau ou «langue d'avocat» ressemble à une petite sole. Les mojettes sont des haricots blancs qui poussent dans les terres de marais. Les meilleures, dit-on ici, doivent être *piates* (plates).

«BERTILLE [...] ÉTAIT D'UN ÂGE OÙ LES FEMMES CONNAISSAIENT ENCORE LA CUISINE D'AUNIS ET DE SAINTONGE. ELLE PROPOSA POUR LE DÉJEUNER UNE ÉCLADE, DES CÉTEAUX, DES CÔTELETTES D'AGNEAU AVEC DES MOJETTES FRAÎCHES.»

KLEBERT HAENDENS (*L'ÉTÉ FINIT SOUS LES TILLEULS*)

LITTORAL D'AUNIS ET DE SAINTONGE

LES MOULES DE BOUCHOT. C'est à un capitaine irlandais que l'on doit la découverte des bouchots. Du moins la tradition l'affirme-t-elle. Patrick Walton ayant fait naufrage dans la baie de l'Aiguillon et planté des planches autour de son épave, s'aperçoit bien vite que des moules s'y fixent. L'élevage des moules sur bouchots (les piquets sur lesquels elles se développent) était inventé. Il s'est répandu dans toute la baie de l'Aiguillon, mais aussi à Fouras, à Brouage et dans l'île d'Oléron, soit près de 600 km de bouchots. De nos jours, Charron est devenu la capitale mondiale de la moule. Ce coquillage constitue la base de la MOUCLADE (moules à la crème et au curry), la grande spécialité culinaire du cru.

LES POMMES DE TERRE DE L'ÎLE DE RÉ. C'est une pomme de terre allongée, à peau claire, dont l'appellation recouvre plusieurs variétés. L'ALCMARIA, la plus cultivée, et la STARLETTE, qui sont les véritables primeurs, apparaissent sur le marché à partir de la fin mars, et jusqu'au 15 juillet. ROSEVAL, BF 15, CHARLOTTE et AMANDINE, variétés à chair ferme, sont commercialisées entre le 1er juin et le 31 juillet. Ce sont toutes des primeurs à fine saveur de noisette et de beurre née d'un sol léger et sableux qui, marié à l'air marin, leur confère cette spécificité. L'amendement au varech est loin d'être systématique, quoi qu'on en dise. La pomme de terre primeur de l'île de Ré est parfaite sautée ou cuite à la vapeur.

LE SEL MARIN DE L'ÎLE DE RÉ. La production de sel dans l'île concerne soixante-neuf producteurs réunis au sein d'une coopérative qui commercialise gros sel et fleur de sel. La production était de 3 170 t en 1996, année chaude et ensoleillée, mais, selon les aléas du climat, elle varie énormément d'une année à l'autre. La saliculture couvre à Ré quelque 220 ha. La Maison des marais salants, à Loix, permettra de découvrir l'histoire du commerce du sel et la vie des sauniers : «Le sel est la mémoire de leur histoire. De père en fils, ils se sont penchés et ont recueilli ce feu de la mer, amer dans leur bouche et leur gorge, rutilant sous le soleil...» (Hortense Dufour, *La Fille du saulnier*).

LA BOUILLITURE. Jadis, l'anguille était un mets de pauvre. Celles du Marais poitevin sont à la base de la bouilliture, pour laquelle elles marinent une nuit dans du vin rouge et du cognac.

PRODUITS DE LA MER. Moules, huîtres de Marennes-Oléron (vertes fines de claire [LR]), sel de l'île de Ré

VIANDES Bœuf parthenais Fine Fleur Parthenaise (LR), veau élevé sous la mère (LR), agneau Diamandin (LR), agneau et chevreau de Poitou-Charentes

FRUITS ET LÉGUMES Melons (LR), melons du Haut-Poitou (CC), reinette clochard, mojette, pomme de terre de l'île de Ré

VINS ET SPIRITUEUX Cognac et pineau des Charentes (AOC), vins du haut Poitou (VDQS)

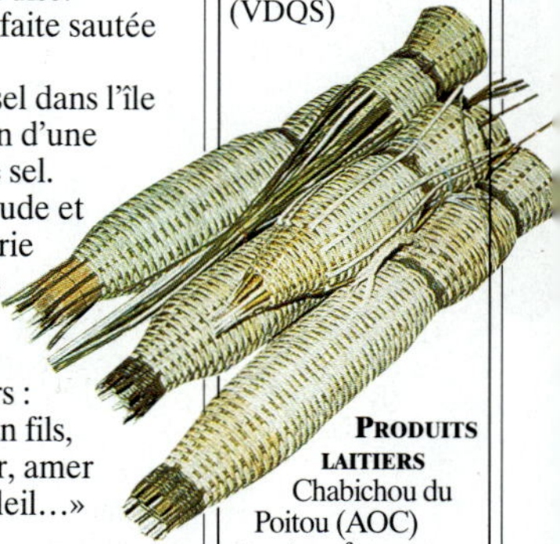

PRODUITS LAITIERS Chabichou du Poitou (AOC) et autres fromages de chèvre, beurre Charentes-Poitou (AOC)

PÂTISSERIES ET CONFISERIES Angélique de Niort, broyé du Poitou, tourteau fromagé.

DIVERS Grillon charentais, farci poitevin.

Ci-dessus, nasses à anguilles en ronce et en osier.

▲ Les huîtres de Marennes-Oléron

Si le bassin de Marennes-Oléron devait se résumer à quelques chiffres, disons qu'il représente 50 % de la production française d'huîtres et demeure le plus grand parc ostréicole d'Europe. Deux mille exploitations sont concernées par l'élevage de l'huître et son expédition, sur 3 000 ha de parcs et la même surface en claires. Sa commercialisation s'élève à environ 60 000 t chaque année. Elle bénéficie du Label rouge Marennes-Oléron depuis 1989.

Portugaises puis japonaises
On développe une variété portugaise à la fin du XIXe siècle, remplacée dans les années 70 par une variété appelée, à tort, «japonaise», puisqu'elle provient en fait du Canada. Les numéros attribués aux huîtres correspondent à leur taille.

Un mets très ancien
Les nombreux tombeaux préhistoriques qui regorgent de coquilles d'huîtres montrent que l'homme se régale depuis longtemps avec ces mollusques. Mais l'ostréiculture n'est alors pas encore au point.

Redoutables prédateurs
Les huîtres ne sont pas à l'abri de multiples ennemis marins, poissons qui se repaissent de naissains, étoiles de mer friandes de la chair de l'huître adulte et bigorneaux perceurs.

À la table impériale
Les Romains font les premières tentatives e Campanie. Puis, on sa que le poète latin Auso envoie à son empereur huîtres récoltées sur le littoral atlantique : le parcours jusqu'à Rom est jalonné de bassins elles reposent avant d reprendre la route po arriver fraîches.

L'élevage d'une huître
Captage des naissains sur collecteurs, élevage dans un parc, détroquage (décrochage et calibrage des huîtres), culture en poches durant un an ou deux sur des tables placées dans les parcs, immersion en claires où elles engraissent et s'affinent. Il faut trois ans de soins pour élever une huître, sans compter le mois d'affinage que réclament les fines de claires et les deux mois nécessaires aux spéciales. Il faut ensuite procéder au dégorgeage et au trempage, au tri et au calibrage, au conditionnement et à l'expédition, avant qu'elles ne paraissent sur les tables.

Les claires
Les claires sont des bassins d'eau de petites dimensions (rarement plus de 500 m^2) et de faible profondeur, creusées dans des argiles perméables. Il peut aussi s'agir d'anciens marais salants réutilisés. Leur alimentation en eau se fait par des «ruisons» qui répartissent l'eau dans les bassins grâce à la «dérase», une entaille pratiquée dans l'«abotteau», petit talus fermant la claire. Les ruisons reçoivent l'eau des «chenaux» qui communiquent avec la mer. C'est dire si les claires sont soumises au régime des marées.

Vertes de Marennes
En claires, les huîtres verdissent grâce à la présence d'une diatomée en forme de navette, d'où son nom de navicule bleue (*Navicula ostrearia*), que le mollusque absorbe. L'huître généralement jaunâtre se met alors à verdir. Le phénomène n'est pas maîtrisé par l'homme, la présence de la navicule dans une claire étant totalement aléatoire.

Drôles de collecteurs
Servant à recueillir les minuscules larves portées par les flots et qui doivent se fixer pour ne pas mourir, les collecteurs peuvent revêtir des formes les plus diverses : barres de fer, moellons de pierre, chapelets de coquilles vides ou d'ardoises, tuiles chaulées, pieux et tubes de plastique, tout est bon pourvu que le «naissain» s'installe.

HAUT-POITOU

L'ANGÉLIQUE. Venue en droite ligne de Scandinavie, l'angélique, une ombellifère bisannuelle aux vertus toniques, expectorantes et dépuratives, serait arrivée jusqu'à nous par le chemin des couvents. En tout cas, les religieuses de Niort en cultivaient au XVIIe siècle et l'employaient volontiers pour lutter contre la peste. Son nom est une allusion à l'archange Gabriel : on raconte qu'il enseigna son utilisation à un ermite. De nos jours, on apprécie moins ses qualités thérapeutiques que son intérêt gastronomique. Cinquante tonnes sont produites chaque année dans les Marais poitevin et saintongeais. Elle est utilisée en confiserie et en pâtisserie et donne aussi une excellente liqueur. C'est la grande spécialité de Niort.

LA JONCHÉE NIORTAISE. Ce fromage battu, aujourd'hui au lait de vache ou de brebis, hier au lait de chèvre, est roulé dans une claie de jonc et égoutté dans de l'eau pure. Pour dégustation, il peut être accommodé avec des fines herbes, du sel et du poivre, ou accompagné de sucré.

LE TOURTEAU FROMAGÉ. Le tourteau fromagé, dont La Mothe-Saint-Héray revendique la paternité, est la spécialité poitevine par excellence. On la nommait jadis indifféremment tourteau fromageou, fromaget, ou même galette du laboureur. C'était alors un gâteau à base de fromage de chèvre frais garnissant un mince fond de pâte, indispensable à la réussite d'un repas de noce. Actuellement, il est essentiellement produit par des industriels, et le fromage de vache a depuis longtemps remplacé le chèvre. Mais il a conservé sa forme ronde et sa très caractéristique croûte noire.

LE CHABICHOU DU POITOU. Élaboré tout à la fois par des industriels et par des producteurs fermiers, le chabichou du Poitou bénéficie d'une AOC depuis 1990. Il s'en produit une centaine de tonnes par an.

Ce fromage de lait de chèvre, en forme de cône tronqué de 6 ou 7 cm de haut, pesant 150 g avant affinage, se déguste au choix, frais, mûr ou sec. Sa croûte fleurie, légèrement bleutée, se couvre en maturant de pigments rouges, tandis qu'il développe une délicate saveur de noisette.

Les agneaux du Poitou-Charentes sont élevés en semi-plein air sur prairies naturelles, avec abri en bergerie pendant l'hiver. Ici, à Saint-Pierre-de-Maillé, dans la région de Montmorillon.

L'AGNEAU DE POITOU-CHARENTES. Si l'on sait que le mouton sauvage apparut en Asie il y a quelque deux millions d'années, on ne peut dire quand son élevage se répandit sur le terroir de l'actuel Poitou-Charentes. Mais, à coup sûr, il se développa particulièrement dans la Gâtine poitevine, où on l'appréciait pour sa laine, plus encore que pour sa viande. À notre époque, la région de Montmorillon est la première productrice d'agneaux de boucherie : on y élève un quart du cheptel ovin français et ses troupeaux dépassent parfois les deux cents brebis. Un label rouge a été attribué au diamandin, un agneau produit dans le Centre Ouest et doté, comme tout label rouge, d'un cahier des charges contraignant portant sur la race, l'alimentation, l'âge limite d'abattage… et, naturellement, sur les qualités gustatives.

LE BEURRE DE CHARENTES-POITOU. Premier beurre d'AOC français (le décret d'appellation date d'août 1979), il est fabriqué par des laiteries installées dans les quatre départements de la région. Il peut être doux ou demi-sel et conditionné sous forme de plaquettes, de rouleaux ou de mottes. On peut aussi le rencontrer sous les appellations beurre des Charentes ou beurre des Deux-Sèvres. À noter que l'appellation AOC beurre d'Échiré ne concerne, comme son nom l'indique, que la production de la laiterie coopérative d'Échiré, dans les Deux-Sèvres.

LA GALETTE
Dans les Charentes comme dans le Poitou, la galette au beurre, aromatisée à l'angélique, était autrefois servie lors des mariages, des baptêmes, des foires… Aujourd'hui, elle agrémente encore les desserts dominicaux ou les buffets de vins d'honneur. Selon les «pays», elle présente diverses particularités : ainsi distingue-t-on la galette charentaise ou saintongeaise, plus moelleuse, du broyé du Poitou, à texture plus dense.

CHÈVRES ET CHEVREAUX DE LAIT
Le siècle dernier a vu l'accroissement du nombre des chèvres de race locale, suivi par la mise en place des premières coopératives laitières et de l'essor de la fromagerie caprine. Le nombre des chevreaux de lait, les bequas, augmenta en parallèle, donnant naissance à une production régionale, encore méconnue en France malgré sa qualité.

▲ Poitou-Charentes

La parthenaise
L'origine de la race parthenaise se situe en Gâtine poitevine, propice à l'élevage. Elle représente un cheptel d'environ 13 000 vaches allaitantes et s'est vu attribuer en 1994 le label rouge Fine Fleur Parthenaise.

Des grillons charentais
On cuit doucement pendant plusieurs heures de petits cubes de poitrine fraîche de porc avec des cubes de gras. On égoutte, on écrase les cubes et l'on met en pots. Cela donne des grillons charentais. Ceux de Rouillac ont grande réputation.
La confrérie des Chevaliers-de-Saint-Antoine sert d'ambassadeur à cette goûteuse spécialité.

Les vins du haut Poitou. Il semble que la période faste des vins du haut Poitou ait été le Moyen Âge, quand ils étaient bus dans toute la Flandre et tous les pays riverains de la mer du Nord. Ils s'y étaient répandus par l'intermédiaire des bateaux hollandais et scandinaves. Mais on les retrouvait aussi jusqu'en Orient, grâce aux Templiers. Actuellement, ce vignoble d'appellation VDQS se concentre autour de Neuville-de-Poitou. Il produit des vins de cépage. On distingue pour les rouges, les haut-poitou gamay et les haut-poitou cabernet, ce dernier étant également une appellation rosé. Quant aux blancs, ce sont des haut-poitou chardonnay et des haut-poitou sauvignon. Tous se boivent jeunes.

Angoumois

Le cognac. Le *cougna,* comme disent les Charentais, est une eau-de-vie renommée dans le monde entier. Il doit ses exceptionnelles qualités au climat et au terrain, qui déterminent sept crus : la grande-champagne, qui donne les eaux-de-vie les plus fines, la petite-champagne, les borderies, les fins-bois, les bons-bois, les bois-ordinaires et les bois-à-terroir, définis et détaillés par deux décrets, l'un de 1909, l'autre de 1938. L'origine du cognac remonte à quatre siècles. Parce que leurs vins supportaient mal le voyage en mer vers les pays du nord et étaient distillés à l'arrivée pour ne pas être perdus, les Charentais pratiquèrent à leur tour la distillation dès le XVIe siècle. Les bateaux anglais, hollandais et scandinaves purent ainsi emporter l'eau-de-vie déjà élaborée. La distillation se fait, aujourd'hui encore, dans des alambics de cuivre, dits charentais, et, particularité unique, le cognac est distillé deux fois. Une première chauffe donne le brouillis. Une fois refroidi, on le repasse une seconde fois. C'est la «bonne chauffe», dont on élimine les premières et les dernières fractions (la tête et la queue). Seul le cœur est conservé. Il est mis à vieillir dans des fûts de chêne neufs, très chargés en tannins, qui confèrent à l'alcool sa belle couleur ambrée et une grande partie de ses arômes. Mis à séjourner ensuite dans de vieilles barriques, c'est la durée de son vieillissement qui déterminera sa qualité finale. Car, une fois embouteillé, le cognac n'évolue plus.

Le pineau des Charentes. La légende veut que l'origine du pineau provienne d'une étourderie perpétrée au XVIe siècle, par un moine ou un simple vigneron, selon les versions. Toujours est-il que ce maladroit aurait par inadvertance versé du moût de raisin dans une barrique d'eau-de-vie. Oublié dans un coin, le fût n'aurait été ouvert que quelques années plus tard, réservant la surprise d'un vin doré et sucré : le mutage était inventé. Le procédé est toujours en usage et strictement réglementé. Notamment, le cognac doit provenir de la même exploitation que le raisin et titrer 60° au minimum. Le mutage doit fournir un titre alcoolique compris entre 16 et 20°. Quant à la production, elle ne doit pas excéder 27 hl à l'hectare. De plus, le pineau doit vieillir au moins un an en fût de chêne et être agréé par une commission de dégustation. C'est alors seulement qu'il a droit à l'AOC pineau des Charentes. Il s'en produit environ 100 000 hl par an, plus ou moins selon les années, également répartis entre PINEAU BLANC, à base des cépages ugni blanc, folle blanche et colombard, et PINEAU ROSÉ, provenant des cépages cabernet-franc, cabernet-sauvignon et merlot. Ils font merveille à l'apéritif et n'ont pas leur pareil pour accompagner le roquefort ▲ *144*. Certains gourmets en enrichissent la mouclade ▲ *171*.

Les vins de pays charentais. Secs et légers, les vins blancs représentent la majeure partie de la production des vins de pays charentais et proviennent de cépages traditionnels, tels l'ugni blanc, le colombard, le sauvignon, le chardonnay et, dans une moindre mesure, le chenin. Ils accompagnent parfaitement les coquillages et crustacés et sont vendus sous la marque Blanc Marine. Élaborés avec les cépages cabernet-sauvignon, cabernet-franc, merlot et cot, les rouges, corsés et de robe soutenue sont des vins d'assemblage qui se boivent jeunes. En blanc comme en rouge, des vins de cépage sont également commercialisés.

Une tulipe pour le cognac
Le cognac s'apprécie en fin de repas, tiédi au creux de la main dans un verre «ballon», ou «tulipe», dont la forme retient bien son arôme.

La part des anges
Au paradis, doux nom donné aux chais de vieillissement, s'évapore la part des anges. Cette quantité d'eau-de-vie «envolée» à travers le bois du fût correspond pour le cognac à trois fois sa consommation annuelle en France !

Calendrier gourmand
Mi-juin : festival du Chabichou et du Fromage de chèvres à Melle
Dernier week-end de juillet et d'août : Éclade géante à Brouage
Début août : fête de la Mer à Bourcefranc
Mi-août : marché de nuit à Montbron.
Fin août : Foire aux melons à Vendœuvre
Mi-octobre : Pomm'expo à Secondigny.
Tous les 16 des mois de novembre à mars : Foire au gras à Aunac

▲ Provence-Alpes-Côte d'Azur

Pâtisseries et confiseries
Fruits confits d'Apt, nougats noir et blanc, calisson d'Aix, berlingot de Carpentras, pompe à l'huile…

Provence-Alpes-Côte d'Azur
40 500 km² pour 4,25 millions d'habitants
Six départements : Alpes-de-Haute-Provence (Digne), Alpes-Maritimes (Nice), Hautes-Alpes (Gap), Bouches-du-Rhône (Marseille), Var (Toulon) et Vaucluse (Avignon)

Fruits et légumes
Olives (AOC en cours pour les olives noires et les olives cassées de la vallée des Baux), citron, truffe du Tricastin, muscat du Ventoux, melon de Cavaillon, figues de Sollies, amandes…

La Provence est terre de contrastes méditerranéens.
Une succession de massifs, de crêtes rocheuses entrecoupées de plaines intérieures et d'espaces semi-désertiques, définissent un paysage varié, segmenté, riche de sens.
Les villages héritiers de ceux de la Gaule narbonnaise, fortifiés ou non, sont denses et souvent pittoresques. Dans les hameaux, les bâtisses sont adossées aux masses de calcaire cristallin. Alentour, la houle argentée des oliviers déferle sous le mistral. Ici une terre puissante et riche, pour «Eurydice jardinière» (Jean Giono), là, l'immuable demeure de Hadès, ponctuée de cyprès et sculptée par le vent. Et partout l'écho de quelques vers de Virgile célébrant la terre sacrée sous la «gamme étonnante des gris» (Pierre-Emmanuel).

Vallée du Rhône, Comtat, Tricastin

Un paysage de plateaux et de plaines encaissées, de part et d'autre du mont Ventoux, abrite une paysannerie nombreuse et active qui produit des fruits et primeurs de qualité et des vins réputés.

Cultures fruitières et maraîchères. Les fruits à pépins, pommes et poires, suffiraient à faire du Comtat le premier verger de France. Pêchers, pruniers, abricotiers, cerisiers complètent l'intense production fruitière, soumise toutefois aux aléas du climat et du marché. Le chasselas, autrefois abondant dans la plaine, a laissé la place à des

Vins AOC
Vins de la vallée du Rhône, vins de Provence
Fromage
Banon

variétés propices à l'exportation, d'abord le RAISIN GROS-VERT DU VENTOUX, de ramassage tardif, lui-même supplanté depuis quelques années par d'autres variétés comme le MUSCAT DE HAMBOURG. Les cultures maraîchères, protégées d'abord par des haies d'aubépines et de cognassiers, sont, depuis le XIXe siècle, mises à l'abri du vent grâce aux conifères à feuilles écailleuses persistantes (cyprès), qui font partie du paysage. Des peupliers et plus récemment des protections de plastique – pas toujours gracieuses ! – sont aussi utilisés comme brise-vent. Les eaux chargées de limon de la Durance et les multiples canaux adjacents sont mis à contribution pour l'irrigation, faisant de cette région le premier jardin de France, à la production maraîchère précoce et réputée. Les exploitations agricoles sont souvent de petite taille. Il y a plusieurs récoltes par an : ARTICHAUTS, SALADES et CHOUX-FLEURS en hiver ; légumes de printemps et d'été : POMMES DE TERRE, POIS et HARICOTS, TOMATES, COURGETTES, CONCOMBRES, POIVRONS et AUBERGINES. On cultive aussi, parfois sous châssis et serres de plastique, TOMATES, ASPERGES et MELON CANTALOUP DE CAVAILLON, qui sont expédiés dans le reste de la France et en Europe depuis les importants marchés régionaux de Carpentras, de Châteaurenard, d'Avignon et de Cavaillon.

Produits de la mer
Sardine de Port-de-Bouc (CC), poissons de roche, violet, loup, oursin…

Viandes
Taureau de Camargue (AOC), agneau et chevreau de Sisteron
Divers
Aromates, huile d'olive, miel (LR), tapenade, riz de Camargue, fougasse, pan-bagnat

UN VIN DE PAPE
Le pape Jean XXII (1245-1334) développa la production locale de châteauneuf-du-pape et fit en sorte que ce vin approvisionnât la maison des pontifes en Avignon. Aujourd'hui, près de douze millions de bouteilles sont commercialisées. La qualité de ce vignoble est due en partie au fort ensoleillement et au souffle du mistral.

LE TERRITOIRE DE LA VIGNE MÈRE ET DU VIN. La réputation des pépiniéristes du Vaucluse reste vivante dans une région qui s'enorgueillit de posséder les plus anciennes vignes de France. Pendant l'hiver, à la ferme, on prépare les porte-greffes et les greffons qui seront placés dans le sol, d'avril jusqu'à l'automne suivant. Ce greffage traditionnel va de pair avec une activité viticole intense qui devient monoculture dans le haut Comtat, au-delà de la zone maraîchère et fruitière. Au pied des Dentelles de Montmirail, autour des sols graveleux de Sainte-Cécile-les-Vignes et du Plan de Dieu, les vins bénéficient de l'appellation contrôlée CÔTES-DU-RHÔNE. Les vins rouges, obtenus avec les cépages grenache et syrah, dominent à Cairanne, à Vacqueyras et à Gigondas, où les rendements à l'hectare sont strictement limités. Beaumes-de-Venise est réputé pour son muscat, et Rasteau est le terroir d'un vin doux naturel servi avec les treize desserts de Noël. À Châteauneuf-du-Pape, des vignerons attentifs à l'écologie obtiennent, grâce à de petits rendements, à un encépagement parfois complexe et à une vinification soignée, des vins riches et colorés, aux arômes sauvages dans leur jeunesse, et suaves, confinant parfois aux arômes truffiers, dans leur maturité.

LES TRUFFES DE PROVENCE. La production de truffes a diminué en France depuis le début du siècle. Dans le même temps, elle s'est déplacée du Périgord vers le Sud-Est, dans l'Enclave des Papes (Richerenches), près de Valréas, sur les pentes du Ventoux et jusque dans le Var (Aups), où les rabassiers (trufficulteurs) et leurs chiens assurent la récolte de décembre à mars. Les truffes (les *rabasses* en provençal) apparaissent au contact d'un mycélium souterrain et des racines de chênes ou de noisetiers. De cette symbiose, la mycorhize, qui se développe en avril, naissent de minuscules cupules identifiables dès le printemps, si toutefois la température est constante et si l'acidité du sol et son humidité sont suffisantes. Leur durée de vie est comprise entre 200 et 290 jours, durée de la récolte. Vers la mi-octobre, la truffe a atteint son poids définitif. Se produit alors le phénomène de mélanisation de *Tuber melanosporum*. Carpentras demeure un important marché truffier qui commence à la Saint-Siffrein (fin novembre). En janvier, à Richerenches, à l'occasion de la messe de la truffe, les offrandes (en nature) sont employées à l'entretien de l'église. Cette messe est associée à la fête de saint Antoine, dont l'attribut est un porc.

LA RÉCOLTE DE «RABASSES»
L'usage du porc pour la recherche des truffes appartient à l'imagerie populaire, mais celui du chien, plus rapide et moins vorace, lui est souvent préféré aujourd'hui. Une mouche permet elle aussi de repérer leur présence : on la trouve en effet sur les zones truffières, car elle vient y pondre.

Pays d'Apt et Luberon

Le plateau de Vaucluse d'un côté, le petit et le grand Luberon de l'autre limitent l'horizon depuis la plaine d'Apt où vignes et vergers s'étagent sur les terrasses. Mais bientôt, la garrigue et la rocaille prennent le dessus et laissent la place aux herbes de Provence épargnées par les rares troupeaux de chèvres et de moutons.

Les herbes de Provence. Les espèces vivaces aromatiques, dites herbes de Provence, aiment cette nature en friche qui couvre les plateaux calcaires. Ces plantes se protègent de l'évaporation par la sécrétion de parfums contenus dans leurs feuilles. La FARIGOULE (thym) est en fleur au mois de mai ; c'est la meilleure époque pour la cueillette. Le THYM et le SERPOLET triomphent, en cuisine, avec le LAURIER-SAUCE dans le bouquet garni. Le ROMARIN est un gros buisson apprécié aussi des abeilles. Il fait partie des simples, comme la SAUGE, qui, dit-on, «dans le jardin, éloigne le médecin», la SARRIETTE, l'ORIGAN, ou MARJOLAINE, et l'HYSOPE, très prisés dans la cuisine traditionnelle.

Les fruits confits. Les papes d'Avignon et Mme de Sévigné appréciaient déjà les fruits obtenus par enrichissement de la pulpe en sucre, ces fruits confits ou fruits glacés dont Apt reste la capitale avec une production annuelle de 30 000 tonnes. Le confisage des cerises (bigarreaux) représente la plus importante fabrication, mais les melons et pastèques sont aussi appréciés dans une soixantaine de destinations à l'exportation. Que seraient les cakes londoniens sans la production aptésienne ? À Carpentras se maintient, grâce à trois producteurs, la fabrication du BERLINGOT, un bonbon en sucre à base de sirop de fruit confit, dur, translucide, et rayé de blanc.

Les simples
Les herbes de Provence, généralement utilisées en cuisine, sont aussi des plantes médicinales, ou «simples». La sauge, le romarin et l'origan facilitent la digestion, le fenouil a des vertus calmantes… et les fleurs du laurier ont des propriétés diurétiques et digestives.

Le confisage
Avant d'être confits, les fruits sont choisis sains et mûrs. Après avoir été blanchis, ils sont cuits et refroidis plusieurs fois. C'est la «façon». Entre deux façons, le sirop obtenu est additionné de sucre. Un bon confisage exige de huit à douze façons : de un à quatre mois de soins quotidiens, selon les fruits.

L'olivier, bien adapté au climat chaud et sec, est l'arbre typique des paysages méditerranéens. Il fut introduit en Provence, il y a près de trois mille ans, par les Grecs, qui estimaient que sa culture marquait la frontière entre civilisés et barbares ! Fruit du soleil, l'olive se cueille dès les premiers froids. L'olive verte se récolte en septembre pour être préparée en fruit vert de table, tandis que certaines variétés sont ramassées, jusqu'en février, à pleine maturité, pour être préparées en olives noires ou destinées à l'huilerie.

AGLANDAU
Olive à huile réputée (Alpes-de-Haute-Provence et Bouches-du-Rhône).

CAILLETIER OU OLIVE DE NICE. Olive de table très savoureuse, conservée en saumure et consommée noire (Alpes-Maritimes).

GROSSANNE. Olive de table réputée pour sa chair pulpeuse. Préparée en verte et en noire (Bouches-du-Rhône).

TANCHE. Olive à la pulpe onctueuse, plongée dans la saumure et piquée au sel (Vaucluse et Drôme).

SALONENQUE. Olive de table préparée en verte ou en olives cassées (Bouches-du-Rhône).

PICHOLINE
Olive de table, de forme allongée, à la chair ferme, se dégustant en verte et en saumurée (Bouches-du-Rhône et Var).

OLIVIER. Productif tous les deux ans dès l'âge de quatre ans, l'olivier peut devenir plusieurs fois centenaire. Il peut atteindre 10 m de haut.

VERGERS. L'olivier s'épanouit sur pente modérée, orientée au sud et protégée des vents. Il pousse sur sols profonds, bien drainés.

RÉCOLTE
Si la cueillette se fait encore à la main pour les olives de table, celle des olives noires destinées à l'huile se fait par secouage mécanique. L'époque varie, selon les régions, de septembre à février.

FLORAISON
Feuilles et jeunes rameaux poussent en mars. La floraison a lieu en avril-juin.

MATURATION
5 % seulement des fleurs donnent des fruits.
Les premières olives apparaissent en juin ; le fruit est mature en octobre.

MEULE

DE L'OLIVE À L'HUILE
1. Les olives sont tout d'abord lavées à l'eau froide puis écrasées par meule de granit, ce qui permet l'obtention d'une pâte onctueuse, affinée par malaxage puis pressurée.

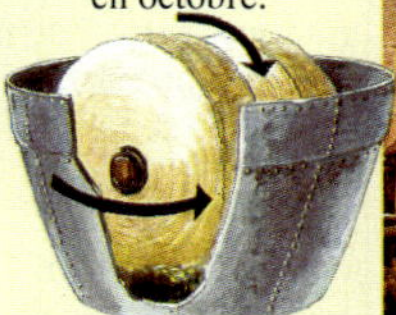

SCOURTINS

L'HUILE D'OLIVE
Il faut 5 à 6 kg d'olives pour obtenir 1 l d'huile.
L'huile d'olive vierge est un pur jus de fruit obtenu sans aucun mélange.

2. On répartit la pâte déjà malaxée par paquets de 2 à 5 kg sur des scourtins, petits plateaux ronds, autrefois en osier, et aujourd'hui en nylon. Les scourtins sont ensuite empilés par 25 ou 30 pour être pressés (pression hydraulique).

On distingue l'huile d'olive vierge extra (taux d'acidité < 1%), la fine (taux d'acidité < 1,5 %) et la semi-fine (taux d'acidité < 3,3%). L'huile plus acide est appelée huile d'olive pure.

3. L'élément liquide (mélange d'huile et d'eau) s'écoule. On fait ensuite décanter pour séparer l'huile de l'eau. La centrifugation est également utilisée au niveau industriel.

La Camargue et le littoral

Les produits du delta du Rhône. Une flore rare de tamaris, de chardons bleus, d'asphodèles et de genévriers de Phénicie, des paysages étranges formés de langues de terre, d'eau et de ciel mêlés, une faune exotique et des troupeaux presque sauvages, c'est la Camargue, avec ses taureaux ▲ *121* et ses rizières, un paysage de delta unique en France. La plaine de la Crau, dont le foin bénéficie d'une appellation d'origine contrôlée, est l'ancien delta alluvionnaire de la Durance, peu à peu comblé lorsque le fleuve est devenu un affluent du Rhône. La Camargue, en raison de la fougue du fleuve, ne devrait pas connaître le même sort et continuera d'offrir aux passionnés ses paysages amphibies et sa faune unique. Ce marécage est le royaume incontesté du TAUREAU noir et de la monoculture du RIZ. On y déguste encore la fameuse POUTARGUE, appelée aussi «caviar de Martigues» (œufs de mulet pressés et salés) et le CATIGOT, ou matelote d'anguilles, ainsi que l'ANGUILLE du Vaccarès, accommodée avec du vin rouge et des oignons.

Les produits de la mer. La pêche à la SARDINE – «l'ortolan de mer», selon Grimod de La Reynière – reste une activité majeure sur la bande côtière, au large de Martigues et des Saintes-Maries-de-la-Mer. À Port-de-Bouc, la criée est toujours active, de mai à janvier, lorsque les artisans-pêcheurs rentrent au port, au petit matin.

La pêche se fait, de nuit, au lamparo ou au sardinal, un filet dérivant de 400 m de long.

Les Provençaux aiment les sardines fraîches, simplement grillées, arrosées d'un filet d'huile d'olive, ou bien farcies aux épinards. À l'est de Marseille, aux abords des calanques, on pêche les PETITS POISSONS DE ROCHE, qui, accompagnés de FAVOUILLES (petits crabes verts) et d'AROMATES, sont la base du fond de la célèbre BOUILLABAISSE dont le mode de préparation a donné son nom au plat : *boue abaisso,* «bouillir et baisser». À l'origine préparée avec les invendus de la pêche, la «soupe d'or» tient sa richesse de la confection de ce fond, dans lequel d'autres poissons (RASCASSE, CONGRE, SAINT-PIERRE) sont ensuite cuits pendant précisément dix-huit minutes, selon certains cuisiniers.

Le taureau de Camargue ▲ *121*
Les professionnels (70 manades pour 10 000 têtes de bétail environ) ont obtenu pour le taureau élevé en Camargue le bénéfice d'une appellation d'origine contrôlée.

Le riz de Camargue
Dès le XVIe siècle, favorisée par Sully, la riziculture est apparue en Camargue. Après la dernière guerre, grâce à l'irrigation et à une mécanisation très sophistiquée, le riz de Camargue suffisait presque à la consommation française. C'était compter sans les prix de revient très bas auxquels sont parvenus, depuis, les pays producteurs traditionnels. Mais le riz de Camargue constitue malgré tout un pourcentage important de la consommation nationale ▲ *121.*

«NOIRE, NOIRE ET NOIRE OLIVE,
BEL ŒIL, BEL ŒIL LANGOUREUX,
OIGNONS FRAIS, TOMATE VIVE,
ET TOI L'AIL COUVEUR DE FEU [...]»

LUCIENNE DESNOUES (*LA FRAÎCHE*)

DES ALPILLES AU MASSIF DES MAURES

Depuis la crau de Châteaurenard, bocage maraîcher d'une exceptionnelle profusion, l'on aperçoit les Alpilles au-dessus des cyprès. Elles ont inspiré à Vincent Van Gogh les plus intrigants paysages de son séjour à Saint-Rémy-de-Provence. Petit massif rocailleux et élégant, dont le joyau est le village des Baux-de-Provence, les Alpilles abritent un vignoble ancien désormais indépendant des coteaux d'Aix, récemment élevé à la dignité d'appellation d'origine contrôlée (coteaux-des-baux-

de-provence). Ce petit «pays», patrie du poète Frédéric Mistral, est l'un des cœurs vivants de la Provence. L'HUILE D'OLIVE de la vallée des Baux est appréciée pour sa délicatesse et ses qualités aromatiques. Jusqu'à Aix-en-Provence, les reliefs calcaires laissent place, par endroits, à de vastes dépressions où l'homme a modelé le paysage. C'est la campagne aixoise, dominée par la montagne Sainte-Victoire, chère à Cézanne. Paysage immobile jusqu'au massif des Maures, un témoin de l'ère primaire en Méditerranée.

LES TREIZE DESSERTS DE NOËL. Que sont ces «treize desserts de Noël», répartis en coupes, assiettes et corbeilles, du côté de Maillane ? Les fruits viennent de la remise, POMMES parfumées, POIRES musquées et grappes de RAISIN doré et flétri. Le MELON vert et long est cannelé. Les ORANGES sont originaires du pays niçois. Les mendiants, ensuite, font référence aux ordres religieux et à leurs robes de bure : NOIX et NOISETTES, FIGUES SÉCHÉES au soleil, AMANDES MONDÉES et RAISINS SECS. Quelques PRUNEAUX, ou des DATTES et des CÉDRATS CONFITS. Puis vient le NOUGAT, BLANC ou NOIR, fabriqué à la maison. À côté de ces desserts presque médiévaux trônent les PÂTES DE FRUITS, ou confitures solides de coing, de pastèque. Suivent CHÂTAIGNES CONFITES, BISCUITS et CALISSONS D'AIX, délicat mélange de pâte d'amande et de melon confit. Dans de grands plats se trouvent les OREILLETTES, gâteaux dorés, saupoudrés de sucre. La POMPE À L'HUILE enfin, fleur de farine et eau d'oranger, confectionnée avec le meilleur de la réserve d'huile d'olive, ou la FOUGASSE, reine de la fête. Ces mets essentiels, sortis des *Bucoliques* de Virgile, sont présentés par les acteurs de la crèche : le berger, le meunier, la fileuse, *lou ravi*, l'hôtelier. La troupe est au complet avec l'ange Boufaréu, les *boumians*, la mère-grand, la fermière, le braconnier et le pêcheur.

LE FRUIT-SYMBOLE DE LA MÉDITERRANÉE
La vallée du Gapeau, à Solliès-Pont, près de Toulon, est la patrie du «figuier allaiteur de ruines» (René Char). Ses fleurs sont fécondées par un insecte de la famille des abeilles. La figue – c'est son originalité botanique – protège une floraison secrète : «chambre close où se célèbrent les noces… fruit qui n'est que sa fleur mûrie» (André Gide). La figue de Solliès est récoltée de la mi-septembre au mois de novembre avec un soin extrême, gage du temps où le fruit-roi était, en Méditerranée, un symbole de fécondité.

Ci-dessus, la montagne Sainte-Victoire

L'AÏOLI
La préparation de cette sauce à l'ail et à l'huile d'olive était autrefois rituelle durant le carême.

MENU DES TERROIRS DE PROVENCE
«Puis il y eut le fromage jauni entre les feuilles de noyer et parfumé aux petites herbes, et [...] il lui semblait qu'il pétrissait de la langue un morceau de la colline même avec toutes ses fleurs.» (Jean Giono, *Regain*)
À Marseille, sur le Vieux Port, durant un demi-siècle, le restaurant Maurice Brun a proposé un menu immuable. Pour commencer, on vous offrait une cuiller d'huile d'olive gelée. Pas d'apéritif, à la rigueur un muscat de Beaumes-de-Venise, puis les mélets, venus de Martigues, à ne pas confondre avec les anchois ; les olives des Baux avec le saucisson d'Arles, la poutargue et les pouprihouns aux pommes d'amour. Venait ensuite la tapenade, olives noires et câpres aromatisées aux simples. Après le poisson (rougets, loup ou daurade) arrivait le rôt truffé, ou le poulet de grain avec les artichauts «barigoulo». Seuls deux fromages étaient admis : le banon (pâte molle à base de lait de chèvre enveloppé de feuilles de châtaignier) et la tome de Manosque. Et pour les vins, tavel, clairette de Die, vin de Cassis et châteauneuf-du-pape.

UN VIGNOBLE OMNIPRÉSENT
La vigne, partout, est présente. Sur la façade maritime de Cassis à Nice et au cœur de la Provence intérieure, de Tarascon à Manosque. Au-delà du massif des Maures, recouvrant les plaines et les collines, la vigne est devenue l'élément dominant du paysage. Les appellations d'origine contrôlée (35 % de la production) sont au nombre de neuf : BANDOL, BELLET, CASSIS, COTEAUX-D'AIX-EN-PROVENCE, COTEAUX-DE-PIERREVERT, COTEAUX-VAROIS, CÔTES-DE-PROVENCE (au deuxième rang de la production régionale, après les CÔTES-DU-RHÔNE), PALETTE et, depuis peu, COTEAUX-DES-BAUX-DE-PROVENCE. L'encépagement provençal est tributaire de l'histoire. Le muscat blanc fut importé par les Romains. Au XVIe siècle, on connaît l'ugni blanc, issu du *trebianno* italien. Au siècle suivant, le mourvèdre est planté à Bandol. La syrah et le grenache sont aujourd'hui les cépages dominants parmi les rouges ; le rolle et la clairette parmi les blancs.

ARRIÈRE-PAYS NIÇOIS

Les puissants anticlinaux préalpins entaillés par les affluents du Var ont fixé un paysage violent, raviné. Les oliviers occupent les premières terrasses et laissent place à la vigne et aux fleurs. Difficilement pénétrable, ce territoire de rigueur contraste avec la façade maritime, qui concentre le peuplement en une longue zone urbaine, entrecoupée d'îlots paradisiaques.

LE VIN DE BELLET. Sur des terrains très abrupts, le terroir de Bellet, au nord-est de Nice, jouit d'un micro-climat où les vents diurnes alternants ont un rôle décisif dans l'originalité de ce vin. De faibles rendements, un encépagement particulier et une vendange presque tardive donnent aux vins de Bellet des traits de finesse à dominante florale.

LE CITRON. S'il est abrité du vent, le citronnier fleurit toute l'année et produit plusieurs récoltes par an. Contrairement à une image répandue, il est peu sensible aux variations de température. Le citron de Saint-Laurent est plus acidulé que le niçois. Le meilleur – voilà une affaire de goût – serait celui de Menton. Le citronnier sert aussi à produire une huile essentielle utilisée en pharmacie et en parfumerie.

Ci-contre, une tradition ancienne, la transhumance

LE PAN-BAGNAT
Ce petit pain rond préparé par les boulangers niçois est évidé, frotté d'ail, mouillé d'huile d'olive et contient les principaux ingrédients de la salade niçoise : oignon blanc et poivrons rouge et vert, ail, tomate, olives niçoises, basilic, rondelles d'œuf dur, filets d'anchois et, accessoirement, une feuille de salade, l'ensemble assaisonné à l'huile d'olive.

LES POMMES DES ALPES
Pomme de Risoul, «pointue de Trescléoux»… Les pommes des Alpes sont de grande qualité et se conservent pendant l'hiver.

PLATEAU DE VALENSOLE ET VALLÉE DE LA DURANCE

Les immenses champs de lavande impeccablement ordonnés du plateau de Valensole expriment une unité paysagère forte. Une image de la haute Provence où le soleil et la pierre se mêlent, au loin, en un panorama à la fois austère et grandiose.

L'AMANDIER. L'amandier est installé en Provence sans doute depuis l'Antiquité. Annonciatrices du printemps, ses fleurs sont écloses avant la fin de l'hiver. C'était autrefois, sur les plateaux de Valensole et de Forcalquier, un arbre très répandu dont les fruits, broyés, donnaient de l'huile ou de la pâte. L'amande princesse, la plus fine, était très recherchée dans la pâtisserie et la confiserie pour la fabrication des calissons et du nougat. Mais sa fragilité lui fait aujourd'hui préférer des variétés plus robustes. L'amandier au tronc noir n'est jamais aussi élégant, avec ses fleurs pâles et ses feuilles délicates, que baigné de lumière sur les terres rouges de la région de Valensole.

AGNEAU ET CHEVREAU DE SISTERON. Tradition ancienne des terres à moutons de haute Provence, la transhumance était pratiquée du plateau de Valensole jusqu'à l'Ubaye ; les moutons venaient de toute la basse Provence. Achetés au printemps, ils étaient revendus après une saison en alpage. L'agneau de Sisteron est un terme générique qui recouvre divers systèmes de production. L'agnelage est alors fonction des périodes de forte demande des agneaux de lait, autour de Noël, et surtout de Pâques, la grande saison de l'agneau. Dans les Hautes-Alpes et les Alpes-Maritimes, on consomme aussi le chevreau (ou cabri), à la chair pâle et délicate. Dans l'agneau, la fressure, traditionnellement, était servie au cours du repas avant le gigot. Les abats et les pieds sont toujours employés à la confection des PIEDS et PAQUETS, un grand classique de la table provençale.

CALENDRIER GOURMAND
Janvier : messe de la truffe à Richerenches
Février : fête du Citron à Menton
Avril : Sardinade à Marseille
Mai : fêtes du Fromage à Banon, de la transhumance à Salon-de-Provence
Juin : fête des pêcheurs à Cassis
Juillet : fête de l'Agneau à Sisteron, fête du melon à Cavaillon
Août : Foires aux produits de haute Provence à Forcalquier, aux vins à Draguignan
Septembre : fêtes des vins à Cassis, des Prémices du riz à Arles
Octobre : fête de la Châtaigne à Collobrières, baptême des Côtes-du-Rhône primeurs à Avignon
Décembre : fête des Vins à Bandol, fête de la Truffe et de l'huile d'olive à Aix-en-Provence

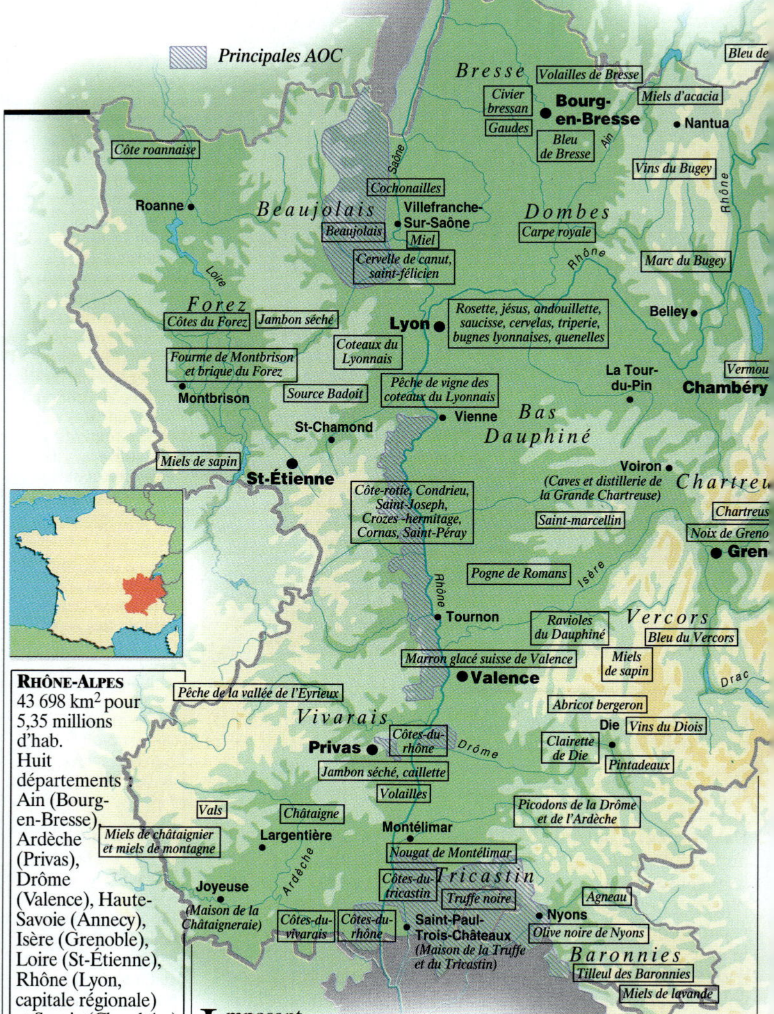

RHÔNE-ALPES
43 698 km² pour 5,35 millions d'hab.
Huit départements : Ain (Bourg-en-Bresse), Ardèche (Privas), Drôme (Valence), Haute-Savoie (Annecy), Isère (Grenoble), Loire (St-Étienne), Rhône (Lyon, capitale régionale) et Savoie (Chambéry)

CHARCUTERIES Jésus, rosette de Lyon, boudin d'herbes, cervelas truffé et pistaché, civier bressan, jambons secs d'Ardèche, de Loire et de Savoie, andouillette lyonnaise, diots de Savoie, saucisson de Lyon, caillette ardéchoise, sabodet
VOLAILLES. Chapon, dinde fermière, poularde et poulet de Bresse (AOC), volailles fermières de l'Ardèche (LR), pintadeau de la Drôme

Imposant assemblage de contrées singulières, la région Rhône-Alpes révèle, des Alpes aux confins du Massif central et de la Bourgogne à la Provence, une grande diversité de climats, de profils géographiques, d'organisations sociales… La tradition culinaire régionale s'enorgueillit de mille richesses, diffusées dans toute la France grâce aux métropoles principales, situées sur les grands axes historiques du commerce et des migrations humaines. À Lyon, qui passait pour la deuxième ville du roi Louis XIV, les ducs de la ville, en faisant grande bombance de produits locaux et en en offrant aux personnalités de passage, contribuèrent à sa renommée de capitale française du goût.

VIVARAIS

LA CHÂTAIGNE. C'est à partir du XVIe siècle qu'elle prend son essor commercial, modelant le paysage, la vie et l'architecture locales. Cultivée sur 60 000 ha en 1880, elle est une institution. Un industriel entreprenant, Clément Faugier, lance alors la CRÈME DE MARRONS et le MARRON GLACÉ. Un siècle plus tard,

PÂTISSERIES ET CONFISERIES Nougat de Montélimar, pogne de Romans, gâteau de Savoie, papillote, bugne lyonnaise, marron glacé
VIANDES. Agneau de l'Adret, charolais
POISSONS. Carpe de la Dombes, lavaret, omble-chevalier
FARINE ET PÂTES Crozet, gaudes, ravioles du Dauphiné

la culture de la châtaigne a reculé en France, mais l'Ardèche en reste le premier producteur.
LA PÊCHE DE LA VALLÉE DE L'EYRIEUX. Cultivé de façon intensive à la fin du XIXe siècle pour remplacer le mûrier, dont la culture décline, et la vigne, détruite par le phylloxéra, le pêcher s'étend peu à peu dans la vallée. Associés à des techniques culturales raffinées, la rareté des gelées printanières et le microclimat favorable de la vallée de l'Eyrieux donnent des fruits réguliers et goûteux. À l'arrivée des pêches jaunes et des nectarines, dans les années 1950, la culture des pêches blanches régresse dans cette région mais ne perd pas les faveurs des gourmets.

FROMAGES. Saint-marcellin, tomme de Savoie, cervelle de canut, vacherin, chevrotin des Aravis, brique du Forez, tamié, persillé des Aravis, bleu de Termignon, saint-félicien
FROMAGES AOC : bleu du Vercors Sassenage, bleu de Gex, fourme de Montbrison, beaufort, reblochon, abondance, picodon de l'Ardèche et de la Drôme

BRESSE ET DOMBES

LES VOLAILLES DE BRESSE (AOC). Les élevages de volailles se développent sans doute au XVIIe siècle dans la Bresse, à la faveur de l'introduction du maïs. Au XIXe siècle, grâce au chemin de fer, leur renommée atteint Paris. Favoris de Brillat-Savarin et de Grimod de La Reynière, poulets, chapons et poulardes ont une chair moelleuse et goûteuse. La mère Filloux, à Lyon, se distingue par sa recette de POULARDE DE BRESSE DEMI-DEUIL, où des tranches de truffe noire sont glissées entre peau et chair.
LA CARPE DE LA DOMBES. Au Moyen Âge furent aménagés dans la Dombes, pays d'argile et de sable aux mille étangs naturels, des étangs de pisciculture. Cette activité très lucrative se développe jusqu'au XVIIe siècle. La carpe est pêchée à trois ans, en hiver (sa chair est alors meilleure), puis les étangs sont asséchés pour un an. L'élevage traditionnel perdure, mais la CARPE ROYALE, plus charnue, plus moelleuse et moins grasse, a remplacé les premières espèces.

FRUITS ET LÉGUMES Olive noire de Nyons (AOC), noix de Grenoble (AOC), pêche de vignes des coteaux du Lyonnais, abricots bergeron de la Drôme et orangé de Provence, truffe du Tricastin, myrtille, châtaigne et marron d'Ardèche
VINS. Beaujolais (AOC), coteaux du Lyonnais (AOC), clairette et crémant de Die, côtes-du-rhône (AOC), vin de Savoie (AOC), du Bugey (AOC) et de l'Ardèche
LIQUEURS ET AUTRES BOISSONS. Antésite, chartreuse, marc du Bugey, vermouth de Chambéry, génépi
DIVERS. Quenelles, tilleul des Baronnies, miels

La variété des paysages où alternent vallées, plaines et montagnes a conduit au cours des siècles à la diversification des élevages laitiers et des productions fromagères, favorisée par la situation sur les grands axes commerciaux et migratoires de cette région située aux confins de l'Italie et de la Suisse. Dans les basses vallées et les plaines, non loin des villes, notamment aux alentours de Lyon et de Saint-Étienne, on élabora des fromages de petite taille, frais ou affinés. En montagne, le caractère saisonnier de l'approvisionnement en lait a entraîné la fabrication de fromages de grande taille, dits «de garde».

Pâtes pressées non cuites
Outre des pâtes pressées cuites, la Savoie produit, dans ses alpages ou à la ferme, des fromages à pâte non cuite. La tomme de Savoie, à l'origine un aliment de pauvre, serait le plus ancien d'entre eux. On préparait cette tomme, dite «boudane», avec du lait écrémé pour faire du beurre, comme c'était le cas pour nombre de fromages en France jusque dans les années cinquante.

Le reblochon, gras et onctueux, a pour origine un lait riche en crème, collecté en «maraude». En effet, une ancienne pratique des fermiers consistait à traire incomplètement les vaches du propriétaire, puis de finir cette traite pour leur compte, ce dernier lait étant plus riche. «Maraude» en savoyard a pour racine «reblasse» ou «rablasse», d'où le nom de reblochon. Fromage laitier industriel ou fermier, c'est une spécialité AOC de la vallée de Thônes.

Fromages frais. Le fromage blanc de vache, la «caillebotte», constitue, à partir du XIXe siècle, une nourriture de prédilection du peuple lyonnais. Il lui sert entre autres à confectionner la cervelle de canut ▲ *194*. Pâte plutôt acide, le saint-marcellin, hier de chèvre, aujourd'hui de vache, est vendu jeune ou affiné longuement.

Pâtes molles fleuries

Nés dans des contrées riches en cheptel caprin, les picodons de l'Ardèche et de la Drôme (AOC), petits chèvres piquants, appartiennent aujourd'hui à la famille des fromages d'affinage rapide. Mais certains d'entre eux sont, conformément à la tradition, conservés par dessication puis réhydratés avant leur consommation: c'est le cas du picodon de Dieulefit, lui aussi AOC.

Pâtes pressées cuites

Elles sont produites dans des coopératives d'alpages où les gros volumes de lait collectés assurent un «fruit» commun, d'où leur nom de fruitières ▲ *112*. Depuis le XIIIe siècle, on élabore des fromages de grande taille pour assurer une alimentation continue dans une zone où la neige couvre les massifs six mois par an. Ces fromages de garde réputés s'appellent beaufort (AOC) dans le Beaufortain, la Tarentaise et la Maurienne et abondance (AOC) près du lac d'Évian. Leur appellation suppose des races bovines locales.

La «fourme». Ce terme de consonance auvergnate provient du mot «formage» («mise en forme»). On appela donc «fourme» le récipient de fabrication utilisé et par extension le produit lui-même.

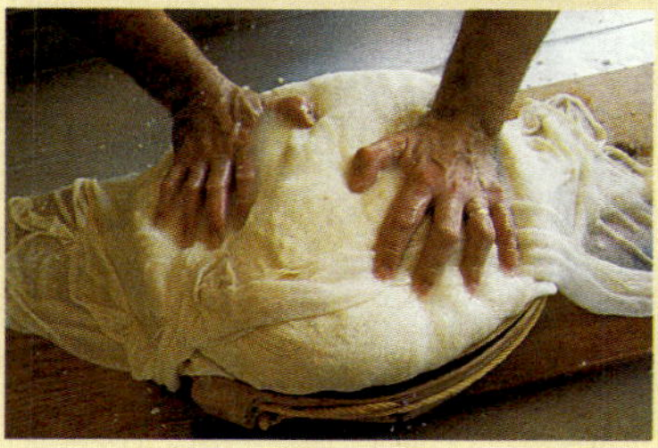

Pâtes persillées

Ces fromages de vache, de basses et moyennes vallées, sont caractérisés par leur pâte à moisissure bleue. La fourme de Montbrison (AOC) était, dès 1450, fabriquée dans les «jasseries», habitat montagnard d'estive du Forez ▲ *77*. Mais à côté de ce bleu, combien d'autres dans la région ! Le persillé des Aravis, celui de la Tarentaise, le bleu de Termignon, véritable objet d'art de la fromagerie traditionnelle, et encore le bleu de Gex (AOC) des confins des Alpes, à la limite du Jura…

NECTARS
«Nous restâmes [...] animant nos discours par la divine liqueur de Grenoble dont nous vidâmes une bouteille. Cette excellente liqueur est composée de jus de cerises, d'eau-de-vie, de sucre et de cannelle, et il est impossible que le nectar des dieux de l'Olympe ait pu la surpasser en délicatesse.» (Casanova, *Mémoires*) Le ratafia de Grenoble est tombé en désuétude, mais l'Isère, qui partage cette tradition avec la Savoie, reste un centre important de liquoristerie.

DAUPHINÉ

LA CHARTREUSE. La formule d'un «élixir de longue durée» aurait été confiée, en 1605, par un proche d'Henri IV, le maréchal d'Estrées, aux Chartreux de Vauvert, près de Paris. Un siècle plus tard, la formule est envoyée à la maison mère, la Grande Chartreuse de Voiron, en Isère. Mélange de liqueurs naturelles obtenues par macération de cent trente plantes dans un alcool sélectionné, l'élixir, qui titre 70 % en volume d'alcool, est surtout voué à un usage médical. Par la suite, il est décliné en chartreuse verte et chartreuse jaune et destiné à la consommation d'agrément. Et si la liqueur connaît aujourd'hui une diffusion internationale, les procédés de sa fabrication continuent, eux, d'être jalousement gardés secrets par les moines chartreux !

LA NOIX DE GRENOBLE (AOC). Les grandes amplitudes thermiques et la faible pluviosité de la vallée en été confèrent de hautes qualités gustatives à la noix de Grenoble, qui peut être consommée sous forme de dessert, de boisson ou d'huile. Déjà présentes sur le site néolithique de Charavines, où ont été mis au jour des débris de ces fruits, les noix de la vallée de l'Isère sont mentionnées dans des archives dauphinoises dès le XIe siècle. Mais c'est à la fin du XIXe siècle, à la disparition des mûriers et des vignes, que leur culture prend toute son ampleur et qu'elles acquièrent la réputation dont elles jouissent de nos jours ; le chemin de fer leur ouvre même la voie, alors, vers l'Angleterre et les Amériques.

LES RAVIOLES DU DAUPHINÉ. Ces petits carrés de pâte de blé tendre et d'œufs frais fourrés aux fromages (frais et à pâte pressée cuite) et au persil, ou même à la pomme de terre, ne seraient apparus dans la région Rhône-Alpes que vers le XVe siècle, alors que l'existence des raviolis en Italie est attestée depuis trois siècles. À cette époque, la cuisine italienne commence à passer les frontières vers la Provence et la Savoie. Mais c'est à Romans, dans la Drôme, qu'elles trouvent leur terrain d'élection. Jusqu'en 1935, époque à laquelle apparaît la première machine à fabriquer les ravioles, elles y sont confectionnées manuellement par des *ravioleuses*, qui louent leur service à la journée à l'occasion des fêtes.

PAYS DE MIELS
La région Rhône-Alpes regorge de miels très divers issus des montagnes, des plaines et des vallées : miels d'acacia du Revermont, de châtaignier de l'Ardèche, de lavande de la Drôme, de montagne de l'Ardèche, de sapin de la Loire, de Savoie et du Vercors.
Les nombreuses floraisons s'échelonnent tout au long de l'année.

«Je me souviens de la sensation délicieuse un matin, partant avant jour [...] et trouvant une belle lune et un vent chaud. C'était le temps des vendanges, je ne l'ai jamais oublié.» (Stendhal, *Vie de Henry Brulard*) La région Rhône-Alpes fait bonne figure avec ses 65 000 ha de vignes, ses nombreux vins, à boire tout simplement avec un picodon local ou à déguster mariés aux bons plats du pays. Dix-sept cépages très anciens y développent de fortes typicités. Les productions datent de l'époque gallo-romaine, se développent au Moyen Âge sous la houlette des gens d'Église et gagnent au XIXe siècle leur notoriété actuelle en conquérant Paris grâce au chemin de fer.

LE BEAUJOLAIS NOUVEAU EST ARRIVÉ !
Le vignoble de Beaujolais (AOC) couvre 22 000 ha au nord de Lyon. Souvent consommés en primeur, ces vins rouges sont issus de gamay noir à jus blanc, par macération carbonique, un procédé générateur d'arômes très spécifiques. On boira plus vieux : beaujolais-villages, brouilly, chénas, chiroubles...

AU LONG DU RHÔNE
De Vienne à Montélimar, sur 44 000 ha, l'appellation côtes-du-rhône (AOC) produit de grands crus, auquel le vieillissement sied bien : pour ne citer qu'eux, côte-rôtie, cornas, condrieu, crozes-hermitage... Elle s'étend aussi à la région Provence-Alpes-Côte d'Azur ▲ *180*.

LES VINS DU NORD-OUEST
Tout comme les coteaux du Lyonnais (350 ha, AOC) et les côtes du Forez (180 ha), la côte roannaise (100 ha, AOC) développe un vin rouge de gamay.

À DÉGUSTER EN SAVOIE
Le vignoble de Savoie (AOC) qui s'étend sur 1 500 ha, donne en majorité des vins blancs. Ses crus : abymes, apremont, crépy et marignan utilisent principalement deux cépages, la mondeuse noire pour le rouge et la jacquère pour le blanc.

DANS LE BUGEY
Sur 300 ha, le vignoble de Bugey se caractérise par une grande diversité de cépages. On y élabore des vins rouges, blancs et rosés, pétillants et mousseux (cerdon).

DRÔMOIS, DRÔME PROVENÇALE ET BARONNIES

LE NOUGAT DE MONTÉLIMAR. La date de l'apparition à Montélimar de cette confiserie à la pâte dure ou tendre, garnie d'amandes et de pistaches (à l'origine de noix, d'où son nom), ainsi que de miel de lavande, est sujette à caution. Mais c'est durant la seconde moitié du XVIIIe siècle, que la production de nougat prend de l'ampleur. Fabriqué en Drôme provençale, le nougat de Montélimar, l'un des treize desserts du Noël de Provence ▲ *185*, est un produit du terroir à part entière : il utilise la noix de Grenoble ainsi que le miel de lavande local et bénéficie des effets du mistral, air sec omniprésent. Quinze fabricants continuent de le produire selon la même recette.

LE TILLEUL DES BARONNIES. En 1600, Olivier de Serre, originaire du Vivarais, écrit de cet arbre, encore «sauvaige» à l'époque, que son écorce sert à la fabrication de la corde. Ce n'est qu'en 1900, lorsque disparaît la vigne, que se développent dans les Baronnies les premières plantations : elles sont destinées à la culture de la fleur. Aujourd'hui, cinquante-cinq exploitations familiales produisent une centaine de tonnes de tilleul, dont les prix sont fixés, comme autrefois, au cours des foires au tilleul de Buis-les-Baronnies, de La Charce et de Villefranche-le-Château.

LYONNAIS

LA CERVELLE DE CANUT. Friands de fromage blanc, les Lyonnais l'introduisent dans maints de leurs plats. Dans la cervelle de canut, préparation rafraîchissante plus ou moins relevée, il est battu et l'on y ajoute du sel, du poivre, des échalotes, de l'ail et des fines herbes ainsi que, les jours de fête, du vin blanc, de l'huile et du vinaigre. Cette spécialité constituait, au XIXe siècle, une part non négligeable de la nourriture des canuts, ouvriers spécialisés dans le tissage de la soie, d'où son nom. Elle reste très appréciée à Lyon dans les «guinguettes» des bords de Saône, mais le vin blanc est souvent remplacé par une dose plus forte de vinaigre.

LES QUENELLES DE LYON. Ces petits rouleaux à base de semoule ou de farine, mêlée à de la volaille, à du brochet ou à du veau, ne semblent appartenir au paysage de la gastronomie traditionnelle locale que depuis le XIXe siècle.

UN BIJOU POUR LE PALAIS
La truffe du Tricastin, le «diamant noir», comme l'appelait Brillat-Savarin, est flattée dans de nombreuses recettes, telle la brouillade aux truffes. En saison de récolte (hiver), des marchés de gros se tiennent chaque jour dans de nombreuses villes.

BURE DE MOINE
C'est la couleur que revêt l'olive noire de Nyons. Cette olive AOC du type tanche ▲ *182*, légèrement amère et de bouche essentiellement, peut se prévaloir d'un long enracinement dans la région : des documents y attestent sa présence au moins depuis le XIVe siècle. La méthode de préparation consiste le plus souvent à la faire mariner dans de la saumure durant six mois au minimum. Une particularité locale consiste à conserver une partie de cette saumure afin de la réutiliser l'année suivante : elle donne ainsi une saveur particulière à l'olive.

METS DE CARÊME
Nées chez les dames de Saint-Pierre, à Lyon, les bugnes sont des beignets maigres que l'on avait coutume de préparer pour le dimanche des Brandons, durant le carême. Si elles sont fabriquées dans toute la région, elles restent une véritable spécialité lyonnaise.

«IL OUVRIT UNE PETITE TRAPPE À CÔTÉ DE SA CUISINE, DESCENDIT, ET REVINT UN MOMENT APRÈS AVEC UN BON PAIN BIS DE PUR FROMENT, UN JAMBON TRÈS APPÉTISSANT QUOIQUE ENTAMÉ, ET UNE BOUTEILLE DE VIN DONT L'ASPECT ME RÉJOUIT LE CŒUR.»

J.-J. ROUSSEAU (*LES CONFESSIONS*, LIVRE IV)

En 1890, Favre, dans son *Dictionnaire universel de cuisine,* donne une recette de quenelles à la lyonnaise qui marient à de la pâte à choux du coulis d'écrevisse, de la chair maigre de brochet et de la graisse et moelle de bœuf. La quenelle de Lyon est encore fabriquée dans la région par des traiteurs, des artisans et des industriels, et par quelques puristes qui maintiennent la tradition en faisant entrer dans la composition de ce mets du brochet pur, et non de la volaille, de la semoule, et non de la farine, et en façonnant chaque pièce à la main ou à la cuillère.

SAVOIE

LES POISSONS DES LACS. Riche en lacs, la Savoie est aussi grande pourvoyeuse de poissons à la chair fine et blanche (brochet, féra, lavaret, omble-chevalier, perche et truite), célébrés par Curnonsky et Croze comme les trésors gastronomiques de cette province. Récemment, un programme régional de pacage lacustre a permis, par traitement des eaux et apport de jeunes alevins, de réenrichir les lacs (ci-dessous, le lac d'Annecy).

LE BISCUIT DE SAVOIE. On a coutume de dire que le biscuit de Savoie a vu le jour au XIVe siècle, mais les premières mentions écrites datent de 1654. Ce gâteau de fête «léger, mousseux et en quelque sorte aérien», comme l'écrivait Grimod de La Reynière, est encore largement répandu en Savoie et jusqu'à Belley, dans l'Ain. Sa préparation est restée artisanale : il est confectionné par des pâtissiers ou constitue le gâteau «du dimanche», de fabrication familiale.

LES CROZETS. Petites pâtes carrées à la farine de maïs, les crozets apparaissent dans la Tarentaise au XVIIe siècle, avec la culture du maïs, le «blé turc». Leur nom provient du creux exercé par le doigt sur la pâte durant la confection. Longtemps produits à la maison, ils donnent lieu à une activité industrielle intense au XIXe siècle. Aujourd'hui, ils sont fabriqués non seulement par les amateurs de tradition et quelques artisans, mais aussi, à plus grande échelle, par les entreprises de pâtes savoyardes.

CALENDRIER GOURMAND

Début février : fête de l'Huile d'olive nouvelle à Nyons
Mi-février : fête de la Truffe à Saint-Paul-Trois-Châteaux
1er mai : Vins et rigottes en fête à Condrieu
Début juillet : Foire de la fleur de tilleul à Buis-les-Baronnies
Mi-juillet : Les Olivades internationales à Nyons
Mi-août : fête du Reblochon à La Clusaz
Deuxième dimanche d'août : fête des Vignerons ardéchois à Ruoms
Fin septembre : fête de la Raviole à Romans
Mi-octobre, année paire : fête du Poisson à Villars-les-Dombes
Troisième jeudi de novembre : lancement du beaujolais nouveau à Villefranche-sur-Saône
Deuxième dimanche de décembre : vente des vins des Hospices de Beaujeu à Beaujeu
Fin décembre : Concours des Trois glorieuses à Bourg-en-Bresse

Si la région Rhône-Alpes peut se prévaloir d'une tradition domestique de charcuterie très ancienne, c'est au XIXe siècle, lorsque la pratique culinaire est élevée au rang d'art, que l'activité charcutière se développe. Ainsi les fameux «bouchons» lyonnais mettent-ils toujours en valeur les cochonnailles des monts du Lyonnais – ceux de l'Ardèche, du Beaujolais, de la Bresse, de la Loire et de la Savoie. Mais la charcuterie régionale a aussi forgé son succès en s'enrichissant des nombreuses recettes et techniques venues d'Allemagne, de Suisse ou d'Italie. À l'heure actuelle, les élevages de porcs ont bien reculé en nombre, mais la charcuterie a conservé sa réputation exceptionnelle.

SALAISONS SÈCHES

C'est le type de charcuterie que l'on trouve le plus couramment dans la région Rhône-Alpes. Les salaisons sèches bénéficient des conditions climatiques favorables des régions montagneuses. L'air vif et peu humide des zones d'altitude est en effet propice à un séchage parfait.

ANDOUILLETTE, SAUCISSE...

L'andouillette lyonnaise, faite de fraise de veau, acquiert sa renommée après la Seconde Guerre mondiale. Le civier bressan est un fromage de tête particulièrement riche en viande. Le diot, originaire de Savoie, est une saucisse fraîche à base de porc, hachée fin et consommée à la mode vigneronne. Le cervelas, un saucisson à cuire, est lyonnais quand il est truffé et pistaché. Considéré alors comme un produit de luxe, il est dégusté à Noël et parfois à Pâques. Le sabodet, d'Isère, autre saucisson à cuire, est moins raffiné.

CHARCUTERIES D'HERBES ET D'ABATS
Ces produits, dont la teneur en verdure dépasse souvent la teneur en viande, assuraient naguère la subsistance dans les campagnes. Ces spécialités «de pauvre» sont recherchées en ville : des ateliers fabriquent donc régulièrement saucisse d'herbes et pormonier, caillette, pouytrolle, saucisse au chou, farcement à la pomme de terre, boudin d'herbes… La tradition de la triperie perdure en région lyonnaise : on y déguste l'aiguillette, le tablier de sapeur, le gras-double, la saucisse d'abats…

LES JAMBONS CRUS SECS
Ils se révèlent les charcuteries de loin les plus répandues. Deux grandes traditions de fabrication se rencontrent aujourd'hui : le jambon séché, en Ardèche et en Loire, et le jambon fumé, en Savoie.

LES SPÉCIALITÉS
La plupart des charcuteries de la région sont apparues dans un contexte d'économie domestique. Elle comprend nombre de spécialités élaborées, à l'origine, au moment de la «tuade» du cochon.

LES SAUCISSONS SECS
La moitié des saucissons secs français viennent de la région, riche en charcuterie de renom, tels la rosette de Lyon et le jésus. À l'origine élaboré à la campagne avec de la chair de bœuf, le saucisson de Lyon est devenu une spécialité citadine, très consommée à Lyon.

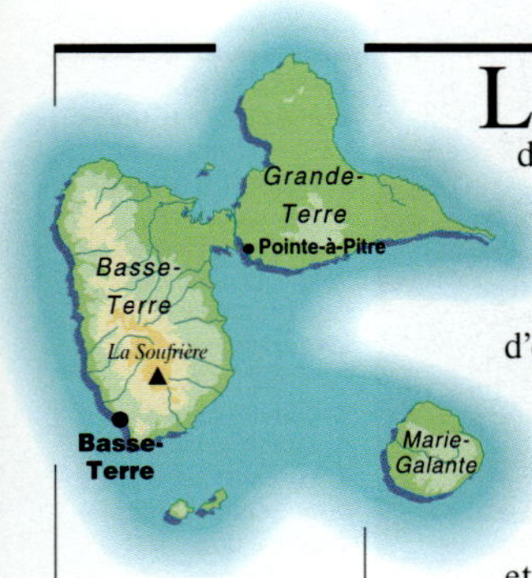

GUADELOUPE, MARTINIQUE
Elles font partie, à l'intérieur des Petites Antilles, des Antilles françaises. Guadeloupe (Grande-Terre, Basse-Terre et les dépendances : 1 709 km², 417 000 hab.) Chef-lieu : Basse-Terre. Martinique (1 100 km², 375 000 hab.) Chef-lieu : Fort-de-France.

POIVRE NOIR
Des douzaines de variétés de piments et des poivres parfumés existent dans les départements d'outre-mer.

L'ANSE DUFOUR ET LA POINTE MARTINEAU, MARTINIQUE
(page de droite)

La Guadeloupe, la Martinique, la Guyane et la Réunion sont des départements français d'outre-mer depuis la loi du 19 mars 1946. Depuis celle du 31 décembre 1982, ils représentent chacun une région ; ils sont donc dotés d'un conseil départemental et d'un conseil régional. En outre, l'intégration des départements d'outre-mer aux institutions de l'Union européenne (alors CEE) leur garantit, entre autres avantages, l'écoulement des principales productions agricoles d'exportation (du sucre pour l'essentiel). Enfin, les DOM bénéficient de dispositions spécifiques s'appliquant à la banane et au rhum. Pour le reste, tout a déjà été dit et redit par les marchands de rêves… Mais laissons de côté l'exotisme de pacotille pour nous intéresser aux richesses naturelles de nos cousins éloignés.

PRODUITS COMMUNS AUX QUATRE DÉPARTEMENTS

LES PIMENTS. Les plus célèbres sont cultivés aux Antilles et portent des noms chantants : le piment zoizo (il est fin et effilé comme une langue d'oiseau), le piment z'indien (allongé, légèrement recourbé et à saveur très forte), le piment lampion (à cause de sa forme). Il y a aussi le piment café, ou piment cerise, qui ressemble à la graine mûre du café ou à une cerise rouge, et, enfin, le fameux piment «bonda à man Jacques». Il s'agit d'un fruit trapu et renflé, dont le nom signifie «le derrière de maman Jacques».

LES ÉPICES. Les autres plantes aromatiques sont nombreuses et indissociables de la cuisine d'outre-mer : bois d'Inde, cannelle, curcuma, girofle, gingembre, noix de muscade, safran, roucou, quatre-épices, colombo (mélange de plusieurs épices appelé *massalé* à la Réunion)… Non seulement elles appartiennent à la gastronomie des DOM, mais ce sont également, pour certains d'entre eux, des piliers de leur économie.

LE RHUM. Agricole ou industriel (dit de sucrerie), blanc ou ambré, léger ou grand arôme, jeune ou vieux, le rhum réserve mille et une surprises que le voyageur n'appréciera parfois que sur les lieux mêmes de production. Le rhum blanc est à la base de la recette du célèbre *ti-punch*, auquel on ajoute une larme de sirop de canne et un zeste de citron. Le «planteur» remplace le zeste de citron par du jus de fruits en abondance.

LA MARTINIQUE ET LA GUADELOUPE

LES ACRAS. Également appelés «marinades», ces petits beignets servis chauds et croustillants à l'apéritif sont généralement fourrés à la morue salée ou bien aux légumes.

LES PRODUITS DE LA MER. Ils occupent la première place dans la cuisine créole en raison, bien sûr, de l'omniprésence de la mer, mais aussi des nombreux cours d'eau. Le *blaff* est un court-bouillon épicé qu'on utilise pour la cuisson des poissons et des crustacés. Son eau, salée et poivrée, est aromatisée d'un bouquet garni, d'oignon-France et de bois d'Inde. On peut donc avoir un *blaff* d'oursin ou de poisson-

Produits antillais Boudin antillais, rhum, fruits (ananas, banane…), avocat, épices, manioc, ignames, café, sucre de canne, cacao, poissons, crabe, *chadeck* glacé.

lune, par exemple. Les oursins se dégustent crus ou cuits dans du citron. Comme le hareng saur en Europe du Nord au XVe siècle, la morue a longtemps été aux Antilles un aliment de base. Vendue salée et séchée sous forme de grands filets, elle se mange souvent en *chiquetaille*. On la fait dessaler une dizaine d'heures dans de l'eau additionnée d'oignons crus émincés, d'ail et de piment, avant de la réduire en menus morceaux. Le *lambi* est un gros coquillage qui abonde dans les Antilles et qui se consomme en daube, en fricassée, au court-bouillon, grillé… Les crabes de terre sont plus appréciés que leurs cousins marins : ils sont plus charnus et leur chair est plus fine. Pour leur donner encore davantage de saveur, les Antillais les nourrissent de coco sec et de piment. Accompagné de riz, le *matété* de crabe est le plat traditionnel des fêtes pascales. Les *ouassous* sont de grosses crevettes d'eau douce qui vivent dans les rivières de Basse-Terre, et que l'on déguste à la nage, dans un court-bouillon pimenté, ou en bisque, ou encore en brochette. Enfin, le *chatrou* est une petite pieuvre que l'on prépare en ragoût, au court-bouillon, en fricassée.

Le boudin créole. Fait à partir de pain rassis, de sang de porc, de cives, d'oignons, de bois d'Inde, de girofle, de piments, de citron, d'huile, de farine et de boyaux, on le sert à l'apéritif ou en hors-d'œuvre.

Fruits. Connus des Caraïbes ou introduits par les Européens et les esclaves africains, les fruits des Antilles sont peut-être leurs meilleurs ambassadeurs. On les déguste frais, en salade, en glace ou en sorbet, en confiture, en jus. Parmi les plus connus d'entre eux : le *macacuja* (ou fruit de la passion, à la pulpe acidulée), la goyave (elle se mange crue, en compote, en gelée et en confiture), la mangue, le carambole, le *chadeck* (gros pamplemousse dont l'épaisse peau peut être confite), le citron-pays (indispensable à l'heure du *ti-punch*), le fruit de l'arbre à pain, l'ananas, sans oublier la banane (les variétés les plus appréciées ont pour nom banane-plantain et banane-figue, ou *poyo*), qui constitue aujourd'hui l'un des principaux produits d'exportation. Les bananes se consomment crues pour certaines, mais également en purée, en gratin, avec du lard, ou encore en béchamel.

Racines et tubercules. Leur saveur, d'une variété à l'autre, est à chaque fois différente : tubercules de Malanga (chou-caraïbe ou taro), dachine, patate douce, ignames aux noms plus charmeurs les uns que les autres (*cousse-couche*, igname-bois, pâte-à-cheval, *ador*, *cha-cha*, igname-grosse-tête, grand-missié, à-tout-temps…). On les cuisine à la vapeur, à l'étouffée, au four ou sous la braise, bouillis, en salade, en ragoût, en purée ou en soupe…

Rhum agricole et rhum industriel
Le premier est obtenu par distillation du jus de canne à sucre. Le second s'obtient par distillation de la mélasse, sous-produit de l'activité sucrière.

Calendrier gourmand
Février (G) : début de la récolte de la canne
Mars (M) : début de la récolte de la canne
Avril (G et M) : Pâques et son traditionnel pique-nique sur la plage
Avril (G) : Festival de la gastronomie créole
Avril (M) : Foire culinaire
Août (G) : fête des Cuisinières
Août (M) : semaine gastronomique de Sainte-Marie
Décembre (M) : fête du Cochon

VANILLIER. La vanille est l'une des mille six cents orchidées de la Réunion qui, introduite au XIXe siècle, est encore fécondée à la main selon le procédé de pollinisation découvert en 1841 par un jeune esclave, Edmond Albius.

LA GUYANE

LE BOUILLON D'AOUARA. À partir de la pulpe des fruits jaune orange de ce palmier, on extrait un jus, qui, après cuisson, donne une pâte qui est utilisée pour préparer ce plat typique à base de viandes et poissons boucanés ou frits, crustacés, salaisons et légumes.

LES FRICASSÉES DE GIBIER. Ces ragoûts de cochon bois (pécaris), *maïpouris* (tapirs), *agoutis*… ainsi que les gibiers de la forêt amazonienne sont servis accompagnés de riz, ou de couac (semoule de manioc) et de haricots rouges.

LE COLOMBO. Ce plat à base de porc, de poulet, ou de lézard (iguane) est accompagné de sauce au carry et de légumes, et servis avec du couac ou du riz.

PRODUITS AQUATIQUES. *Atipa* (préparé dans une sauce au lait de coco, *acoupa coumarou*, *machoiran* jaune ou blanc, *ti djol* («petite gueule»)… sont autant de poissons servis en brochette, en beignets, en pimentade, en *blaff*, ou encore rôtis. Les crevettes sauvages (crevettes du plateau océanique, de type *Penaeus*) doivent macérer dans une marinade à base de jus de citron, d'herbes et d'épices avant d'être passées à la poële, sur le gril du four ou celui du barbecue, ou bien encore cuites en pimentade.

GUYANE
Sur la côte nord-est de l'Amérique du Sud, à 7 052 km de Paris, ce territoire de 83 534 km² compte 150 000 hab. Chef-lieu : Cayenne.

PRODUITS GUYANAIS
Palmiers (coco, chou, kiomou…), crevette, viandes boucanées, poissons, fruits (agrumes…), piment de Cayenne.

LA RÉUNION

LE CARI. Cari poulet, cari poisson, ou cari cabri… le cari est incontournable. On fait revenir la viande (ou le poisson) dans de l'huile fortement épicée de *massalé* et de safran. Accommodé avec une sauce passablement piquante, le *rougail*, à base de tomates, de piments, de fruits (mangues vertes) ou de pistaches, le tout se sert accompagné de riz blanc cuit à l'eau et assez compact, de «grains» (haricots ou lentilles), ou encore de «brèdes» (cœurs de chouchou, de citrouilles, chou de Chine…).

LES ACHARDS. Servi en hors-d'œuvre, ce mélange de fruits (citrons verts) et surtout de légumes (choux, carottes, haricots verts, cœurs de palmier…) doit mariner en morceaux, au moins deux jours dans une huile parfumée d'oignons, d'ail, de safran, de poivre et de piment rouge.

FRUITS ET LÉGUMES. Tous les fruits et légumes tropicaux (et métropolitains) poussent ici, en particulier le chouchou. Cette espèce de christophine (ou chayotte) est typique de la région de Salazie. Dans le chouchou, tout est bon : on mange les feuilles en fricassée, la chair en daube, en cari avec de la viande, ou gratinée.

LA CANNE À SUCRE. On en tire du sucre de canne et du rhum. Ce dernier se boit très jeune ou vieux, seul ou mélangé («rhume arrangé») à des fruits qui ont macéré dedans (goyave, mangue, ananas…), ou encore en punch.

LE CAFÉ. En 1715, des Malouins introduisirent dans l'île des plants de café d'Arabie à côté des plants sauvages locaux. Le café coulé ou café à la vanille est un breuvage divin.

RÉUNION
Située dans l'océan Indien, à l'est de Madagascar, l'île compte 653 400 hab. pour 2 512 km² (densité : 241 hab./km²). Elle est à 9 180 km de Paris. Chef-lieu : Saint-Denis.

PRODUITS RÉUNIONNAIS
Vanille, cannelle, brède et achard, letchis, chouchou, banane, mangue.

Plant de café arabica

INFORMATIONS PRATIQUES

◆ Lieux de visite Adresses et horaires

ALSACE	
Comité régional du tourisme d'Alsace 6, avenue de la Marseillaise BP 219 67005 Strasbourg Cedex ☎ 03 88 25 01 66	
Musée alsacien 23, quai Saint-Nicolas 67000 Strasbourg ☎ 03 88 52 50 01	*Ouvert 10 h-18 h sauf mar.* *Fermé mar., ven. saint ; 1er mai ; 1er et 11 nov. ; 25 déc. et 1er jan.*
Musée du Vignoble des Vins d'Alsace Château de la Confrérie Saint-Étienne 68240 Kientzheim ☎ 03 89 78 21 36	*Ouvert juin-oct. : tlj. 10 h-12 h et 14 h-18 h* *Visite guidée sur rdv. pour les groupes tout l'année*
Musée du Pain d'épice 110, place de la Mairie 67140 Gertwiller ☎ 03 88 08 93 52	*Ouvert mars-juin et 16 sep.-déc. : dim. 14 h-18 h ; juil.-15 sep. : lun., mer. et ven. 14 h-18 h, mar. et jeu. 9 h-12 h et 14 h-18 h*
AQUITAINE	
Comité régional du tourisme d'Aquitaine 23, Parvis des Chartrons 33074 Bordeaux Cedex ☎ 05 56 01 70 00	
Musée du Foie gras «Souleilles» 47140 Frespech ☎ 05 53 41 23 24	*Ouvert 15 juin-sep. : tlj. 10 h-19 h ; hors saison : tlj. 15 h-19 h*
Musée de la Truffe - Écomusée Le Bourg 24420 Sorges ☎ 05 53 05 90 11	*Ouvert mar.- dim. 10 h-12 h et 14 h-17 h* *Fermé 1er jan., 1er mai, 25 déc., 1er nov.*
Écomusée de la noix du Périgord Ferme de Vielcroze 24250 Castelnaud-la-Chapelle ☎ 05 53 59 69 63	*Ouvert Pâques-Toussaint : tlj. 10 h-19 h* *Groupes, toute l'année sur rdv.*
Musée du Pruneau gourmand Domaine du Gabach 47220 Lafitte-sur-Lot ☎ 05 53 84 00 69	*Ouvert lun.-sam. 9 h-12 h et 14 h-19 h, dim. et j. fér. 15 h-19 h*
AUVERGNE	
Comité régional du tourisme d'Auvergne 44, avenue des États-Unis 63057 Clermont-Ferrand Cedex 1 ☎ 04 73 29 49 49	
Maison de la Fourme d'Ambert et des Fromages Place du Châtelet 63600 Ambert ☎ 04 73 82 49 23	*Ouvert juil.-août : tlj. 9 h-19 h ;* *sep.-juin : mar.-sam. 9 h-12 h et 14 h-19 h*
BOURGOGNE	
Comité régional du tourisme de Bourgogne Conseil Régional - BP 1602 21035 Dijon Cedex ☎ 0 825 002 100 (0,15¤/mn)	
Musée du Vin de Bourgogne Hôtel des Ducs de Bourgogne Rue d'Enfer 21200 Beaune - ☎ 03 80 22 08 19	*Ouvert tlj. 9 h 30-18 h* *Fermé déc.-mars : mar. ; 25 déc. et 1er jan.*

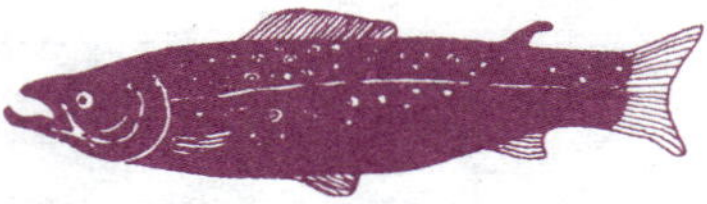

MAISON DE LA VIGNE ET DU VIN DE CHABLIS ET BIVB 1, rue de Chichée 89800 Chablis - ☎ 03 86 42 42 22	*Ouvert lun.-jeu. 8 h 30-12 h 30 et 13 h 30-17 h 30, ven. 8 h 30-12 h 30* *Fermé sam., dim. et j. fér. sauf 1er mai*
BRETAGNE	
COMITÉ RÉGIONAL DU TOURISME DE BRETAGNE 1, rue Raoul-Ponchon 35069 Rennes Cedex ☎ 02 99 28 44 30	
MUSÉE DE LA PÊCHE 3, rue Vauban 29900 Concarneau ☎ 02 98 97 10 20	*Ouvert début avr.-début juil. et sep. : tlj. 10 h-17 h et 14 h-18 h ; été : 9 h 30-20 h. Fermé 3 dernières sem. de jan.*
ÉCOMUSÉE DES MONTS D'ARRÉE Moulin de Kerhouat 29450 Commana ☎ 02 98 68 87 76	*Ouvert sep.-mai : lun.-ven. et dim. 10 h-18 h ; juin : tlj. 14 h-17 h ; juil.-août : tlj. 11 h-19 h* *Visite guidée sur rdv. pour les groupes toute l'année*
CENTRE VAL-DE-LOIRE	
COMITÉ RÉGIONAL DU TOURISME DU CENTRE VAL-DE-LOIRE 37, avenue de Paris 45000 Orléans ☎ 02 38 79 95 00	
MAISON DU SAFRAN 21, route du Pithiviers 45300 Boynes ☎ 02 38 33 13 05	*Ouvert avr.-1er nov. : sam., dim. et j. fér. 14 h 30-18 h* *Visite guidée sur rdv. pour les groupes toute l'année*
MAISON DES FORESTINES 3, place Cujas BP 208 18004 Bourges ☎ 02 48 24 00 24	*Ouvert lun. 15 h-19 h, mar.-sam. 9 h 30-12 h 15 et 14 h-19 h 15* *Fermé dim.*
CHAMPAGNE-ARDENNE	
COMITÉ RÉGIONAL DU TOURISME DE CHAMPAGNE-ARDENNE 15, av. du Maréchal-Leclerc BP 319 51039 Châlons-en-Champagne Cedex ☎ 03 26 21 85 80	
MUSÉE DE L'ARDENNE 31, place Ducale 08109 Charleville-Mézières ☎ 03 24 32 44 60	*Ouvert mar.-dim. 10 h-12 h et 14 h-18 h* *Fermé 1er mai, 25 déc. et 1er jan.*
MAISON RUINART (CAVE) 4, rue des Crayères 51100 Reims ☎ 03 26 77 51 51	*Visite sur rdv. toute l'année*
FRANCHE-COMTÉ	
COMITÉ RÉGIONAL DU TOURISME DE FRANCHE-COMTÉ La City 4, rue Gabriel Plançon 25044 Besançon Cedex ☎ 03 81 25 08 08	
LA SALINE ROYALE Institut Claude-Nicolas-Ledoux 25160 Arc-et-Senans ☎ 03 81 54 45 45	*Ouvert nov.-mars : tlj. 10 h-12 h et 14 h-17 h ; avr.-mai : tlj. 9 h-12 h et 14 h-17 h ; juin et sep. : tlj. 9 h-18 h ; juil.-août : tlj. 9 h-19 h ; oct. : tlj. 9 h-12 h et 14 h-18 h*
ÉCOMUSÉE DU PAYS DE LA CERISE Le Petit Fahys 70220 Fougerolles ☎ 03 84 49 12 50	*Ouvert juil.-août : tlj. 10 h-19h sauf dim. matin ; avr.-juin et sep.-oct. lun., mer.-dim. 14 h-18 h*

ÎLE-DE-FRANCE

COMITÉ RÉGIONAL DU TOURISME D'ÎLE-DE-FRANCE 91, avenue des Champs-Élysées 75008 Paris - ☎ 01 56 89 38 00	
CONSERVATOIRE NATIONAL DES PLANTES AROMATIQUES Route de Nemours 91490 Milly-la-Forêt ☎ 01 64 98 83 77	*Ouvert 15 avril-15 oct. : lun.-ven. : 9 h-17 h ;* *1er mai-15 sep. : tlj. 9 h-17 h* *Groupe sur rdv.*
MUSÉE NATIONAL DES ARTS ET TRADITIONS POPULAIRES 6, avenue Mahatma-Gandhi 75016 Paris ☎ 01 44 17 60 00	*Ouvert tlj. sauf mar. 9 h 30-17 h*

LANGUEDOC-ROUSSILLON

COMITÉ RÉGIONAL DU TOURISME DE LANGUEDOC-ROUSSILLON 20, rue de la République 34000 Montpellier ☎ 04 67 22 81 00	
MUSÉE CAMARGUAIS Mas du Pont-de-Rousty 13200 Arles ☎ 04 90 97 10 82	*Ouvert juil.-août : tlj. 9 h-15-18 h 45 ; avr.-juin et sep. :* *tlj. 9 h 15-17 h 45 ; oct.-avr. : lun., mer.-dim. 10 h 15-16 h 45* *Fermé 1er mai, 1er jan. et 25 déc.*
MUSÉE DE L'ÉTANG DE THAU Quai du Port-de-pêche 34140 Bouzigues ☎ 04 67 78 33 57	*Ouvert nov.-fév. : tlj. 10 h-12 h et 14 h-17 h ;* *mars-juin et sep.-oct. : tlj. 10 h-12 h et 14 h-18 h ;* *juil.-août : tlj. 10 h-12 h 30 et 14 h 30-19 h* *Fermé 25 déc. et 1er jan.*

LIMOUSIN

COMITÉ RÉGIONAL DU TOURISME DU LIMOUSIN 27, boulevard de la Corderie 87031 Limoges Cedex ☎ 05 55 45 18 80	
MAISON TRADITIONNELLE DES BOUCHERS 36, rue de la Boucherie 87000 Limoges ☎ 05 55 33 21 92	*Ouvert juil.-sep. : tlj. 9 h 30-12 h et 14 h 30-19 h* *Visite sur rdv. hors saison.*
MUSÉE DES DISTILLERIES LIMOUGEAUDES 52, rue de Belfort - 87100 Limoges ☎ 05 55 77 23 57	*Ouvert lun. après-midi : 14 h 30-19 h ; mar.-sam. 8 h-12 h* *et 14 h-18 h*

LORRAINE

COMITÉ RÉGIONAL DU TOURISME DE LORRAINE Abbaye des Prés Montrés - BP 97 54704 Pont-à-Mousson Cedex ☎ 03 83 80 01 80	
MUSÉE EUROPÉEN DE LA BIÈRE Rue de la Citadelle 55700 Stenay ☎ 03 29 80 68 78	*Ouvert 1er mars-15 avr. et 16 oct.-30 nov. : tlj. 14 h-18 h ;* *16 avr.-15 oct. : tlj. 11 h-19 h* *Visite pour les groupes toute l'année sur rdv.*

MIDI-PYRÉNÉES

COMITÉ RÉGIONAL DU TOURISME DE MIDI-PYRÉNÉES 54, bd de l'Embouchure - BP 2166 31022 Toulouse Cedex 2 ☎ 05 61 13 55 48	
MUSÉE DE L'ARMAGNAC 2, rue Jules-Ferry 32100 Condom ☎ 05 62 28 47 17	*Ouvert oct.-mars : mer.-dim. 14 h-17 h ;* *avr.-mai : 10 h-12 h et 15 h-17 h ;* *sep. : 10 h-12 h et 15 h-18 h* *Fermé les j. fér. et en fév.*

Musée des Arts et Traditions populaires de la Vigne Abbaye Saint-Michel 81600 Gaillac - ☎ 05 63 57 14 65	*Ouvert tlj. 10 h-12 h et 14 h-18 h* *Fermé 25 déc., 1er jan., 1er mai, 1er nov.*
Musée du Vin 35, rue de la Chantrerie 46000 Cahors ☎ 05 65 23 99 70	*Ouvert juil.-août : 10 h-12 h 30 et 15 h-18 h 30* *Fermé mar.*
NORD-PAS DE CALAIS	
Comité régional du tourisme du Nord-Pas de Calais 6, place Mendès-France - BP 99 59028 Lille ☎ 03 20 14 57 57	
Musée du Bocage 35, rue Jean-Baptiste-Lebas 59177 Sains-du-Nord ☎ 03 27 59 82 24	*Ouvert avr.-oct. : tlj. 14 h-18 h, sam.-dim. et j. fér. 14 h 30-18 h 30* *Hors saison visite sur rdv. pour les groupes*
NORMANDIE	
Comité régional du tourisme de Normandie 14, rue Charles-Corbeau Le Doyenné 27000 évreux ☎ 02 32 33 79 00	
Maison de la Pomme et de la Poire «La Logeraie» 50720 Barenton ☎ 02 33 59 56 22	*Ouvert avr.-oct. : tlj. 9 h 30-12 h 30 et 14 h-18 h 30*
La maison du Camembert Le Bourg 61120 Camembert ☎ 02 33 39 43 35	*Ouvert avr.-Toussaint : tlj. 10 h-19 h*
Musée régional du Cidre et du Calvados Rue du Petit-Versailles 50700 Valognes ☎ 02 33 40 22 73	*Ouvert 10 h-12 h et 14 h-18 h* *Fermé 1er mai ; dim. matin ; sep.-juin : mar.*
PAYS DE LA LOIRE	
Comité régional du tourisme des Pays de la Loire 2, rue de la Loire - BP 20411 44204 Nantes Cedex 2 ☎ 02 40 48 24 20	
Musée du Champignon Route de Gennes Saint-Hilaire-Saint-Florent 49400 Saumur ☎ 02 41 50 31 55	*Ouvert 15 fév.-15 nov. : tlj. 10 h-19 h*
Musée de la Vigne et du Vin Place des Vignerons 49750 Saint-Lambert-du-Lattay ☎ 02 41 78 42 75	*Ouvert avr.-mi-nov. : mar.-dim. 10 h-12 h et 14 h 30-18 h 30* *Visite pour les groupes toute l'année sur rdv.*
Musée des Marais salants 29 *bis*, rue Pasteur 44740 Batz-sur-Mer ☎ 02 40 23 82 79	*Ouvert juin-sep. et vac. scol. : tlj. 10 h-12 h et 15 h-19 h ;* *oct.-mai : sam. et dim. 15 h-19 h* *Visite pour les groupes toute l'année sur rdv.* *Téléphoner pour visiter j. fér.*
PICARDIE	
Comité régional du tourisme de Picardie 3, rue Vincent-Auriol 80011 Amiens Cedex 1 ☎ 03 22 22 33 66	

SAINT-LOUIS SUCRE 55, avenue Général-de-Gaulle 80700 Roye ☎ 03 22 87 74 00	*Visite sur rdv. oct.-déc. : mar. et jeu. après-midi (groupe 20 pers. max. ; interdit - 10 ans)* *Fermé j. fér.*
SPÉCIALITÉ DE LA BAIE DE SOMME Impasse du Hamel - 80230 Brutelles Saint-Valéry-sur-Somme ☎ 03 22 26 76 88	*Ouvert juil.-août : tlj. 10 h-12 h et 15 h-18 h ;* *hors saison : sam. 10 h-12 h et 15 h-18 h*
POITOU-CHARENTES	
COMITÉ RÉGIONAL DU TOURISME DE POITOU-CHARENTES 60, rue Jean-Jaurès - BP 56 86002 Poitiers Cedex ☎ 05 49 50 10 50	
MAISON DE LA MYTILICULTURE Rue de l'Océan 17137 Esnandes ☎ 05 46 01 34 64	*Ouvert avr.-15 juin : 14 h-19 h ; 15 juin-31 août : tlj. 10 h 30-12 h 30 et 14 h-19 h 30 ; 1er-16 sep. : 14 h-19 h ; oct.-nov. : sam. 14 h-17 h* *Fermé mar.*
ÉCOMUSÉE DES MARAIS SALANTS BP 21 - 17111 Loix (Île de Ré) ☎ 05 46 29 06 66 ou 05 46 29 06 77	*Ouvert juin-sep. : 10 h 30-12 h 30 et 14 h-19 h ;* *hors saison : tlj. 14 h-18 h*
PROVENCE-ALPES-CÔTE D'AZUR	
COMITÉ RÉGIONAL DU TOURISME DE PROVENCE-ALPES-CÔTE D'AZUR Les Docks - Atrium 10.5 10, place de la Joliette - BP 46214 13567 Marseille Cedex 02 ☎ 04 91 56 47 00	
MUSÉE DE L'OLIVIER Chapelle Saint-Blaise sur le plan Château 13520 Baux-de-Provence ☎ 04 90 54 37 37	*Ouvert tlj. 9 h-19 h 30 (jusqu'à 21 h 30 en juin)*
MUSÉE DU TIRE-BOUCHON Route de Cavaillon 84560 Ménerbes ☎ 04 90 72 41 58	*Ouvert avr.-oct. : tlj. 10 h 12 h et 14 h-19 h ;* *oct.-mars : visite sur rdv.* *Visite pour les groupes sur rdv.*
MUSÉE VIVANT DE L'ABEILLE Route de Manosque 04210 Valensole ☎ 04 92 74 85 28	*Ouvert mar.-sam. 8 h-11 h 30 et 14 h-17 h* *Visite pour les groupes sur rdv.*
RHÔNE-ALPES	
COMITÉ RÉGIONAL DU TOURISME DE RHÔNE-ALPES 104, route de Paris 69260 Charbonnières-les-Bains ☎ 04 72 59 21 59	
LES CAVES DE LA CHARTREUSE 10, boulevard Edgar-Kofler 38500 Voiron ☎ 04 76 05 81 77	*Ouvert : avr.-Toussaint : tlj. 9 h-11 h 30 et 14 h-18 h 30* *Fermé sam., dim. et j. fér.*
MAISON DE LA TRUFFE ET DU TRICASTIN Rue de la République 26130 Saint-Paul-Trois-Châteaux ☎ 04 75 96 61 29	*Ouvert juil.-août : 9 h-12 h 30 et 15 h-19 h ;* *sep.-juin : 9 h-12 h et 14 h-18 h*
MUSÉE DE LA CHÂTAIGNERAIE Parvis de l'église 07260 Joyeuse ☎ 04 75 39 90 66	*Ouvert avr.-juin et sep.-oct. : mar.-sam. 9 h-12 h et 14 h-18 h, dim.-lun. 14 h-18 h ; juil.-août : mar.-sam. 10 h-12 h 30 et 15 h-19 h ; nov.-mars : mar.-sam. 9 h-12 h et 14 h-18 h, fermé dim. et lun.*
ÉCOMUSÉE DE LA PÊCHE Port-de-Rives 74200 Thonon-les-Bains ☎ 04 50 70 26 96	*Ouvert juil.-sep. : mar.-dim. 14 h 30-18 h 30 ;* *juil.-août : tlj. 10 h-12 h et 14 h 30-18 h 30* *Visite pour les groupes sur rdv. toute l'année*

VINS ET ◆ ALCOOLS ◆

◆ Aligoté : cépage de Bourgogne à raisins blancs. Un vin aligoté est issu de ce cépage.
◆ Bouquet : odeur d'un vin.
◆ Brut : qualificatif d'un vin ou d'un champagne dont la teneur en sucre ne dépasse pas 2 %.
◆ Cep : pied de vigne.
◆ Cépage : variété de plant de vigne cultivée.
◆ Chai : local situé au rez-de-chaussée, où l'on vinifie, où l'on élève et où l'on emmagasine les alcools et les vins en fûts.
◆ Chaptalisation : ajout de sucre au moût de raisin avant sa fermentation.
◆ Crémant : vin effervescent élaboré selon la méthode utilisée en Champagne. Sa pression est inférieure à celle du champagne.
◆ Cru : vin issu d'un terroir déterminé. Le terroir lui-même.
◆ Distillation : opération permettant de séparer les uns des autres les composants d'un liquide bouillant, ceux-ci arrivant à ébullition à des moments différents. Les substances volatiles sont ensuites recueillies par condensation. Le produit d'une distillation est un distillat.
◆ Eau-de-vie : boisson alcoolique obtenue par distillation d'un produit ; il peut s'agir de vin (cognac, armagnac), de cidre (calvados), de marc (eau-de-vie de marc de Bourgogne), de fruit ou de grain.
◆ Fermentation alcoolique : transformation des sucres contenus dans le moût en alcool. Lors de la fermentation, le jus de raisin devient du vin.

◆ Gris : vin rosé élaboré à partir de raisins noirs par une vinification en blanc.
◆ Lie : dépôt qui se forme dans le fût après fermentation.
◆ Macération :
– carbonique : mode de vinification de certains vins rouges qui consiste à mettre en cuve le raisin non foulé et à remplir la cuve de gaz carbonique. Celui-ci entraîne une fermentation.
◆ Marc :
– résidu des fruits, en particulier du raisin, que l'on a pressé pour en extraire le jus.
– eau-de-vie obtenue en distillant du marc de raisin.
◆ Millésime : année pendant laquelle le raisin ayant produit un vin a été vendangé. Le millésime indique l'âge du vin.
◆ Mistelle : voir «mutage».
◆ Moût : jus frais issu du pressage des fruits (raisin, pomme).
◆ Mutage : ajout d'une substance (alcool, anhydride sulfureux) au moût visant à en arrêter la fermentation alcoolique. Le moût ainsi obtenu s'appelle mistelle. Le mutage permet d'élaborer les vins doux.
◆ Phylloxéra : puceron parasite dont les piqûres sur les racines de la vigne provoquent, en quelques années, la mort du cep.
◆ Pressurage : extraction par pression du jus ou du vin contenu dans le marc.
◆ Queue : reste d'alcool, obtenu à la fin de la distillation, non consommable.
◆ Ratafia : liqueur résultant du mélange de jus de raisin et de marc (les proportions sont variables) et titrant de 16 à 17 % en volume. Le ratafia est produit en Bourgogne et en Champagne.
◆ Robe : couleur du vin, de la bière.
◆ Tête : alcool provenant du début de la distillation, non consommable.
◆ Verjus : sucs acides extraits de certaines espèces de raisins.
◆ Vinaigre : liquide provenant du vin, ou d'une solution alcoolisée modifiée par la fermentation acétique.
◆ Vinification : transformation du raisin en vin. Méthode utilisée pour cela.

VIANDES ET ◆ CHARCUTERIES ◆

◆ Chapon : poulet castré puis engraissé.
◆ Chaudin : portion antérieure du gros intestin du porc.
◆ Couenne : peau de porc, flambée et raclée.
◆ Crépine : repli du péritoine qui relie entre eux la rate et le côlon du gros intestin ; considérée comme abats, la crépine sert d'enveloppe pour des préparations de charcuteries fraîches à frire ou pour recouvrir les terrines.
◆ Fraise (de veau) : membrane qui enveloppe les intestins du veau et de l'agneau.
◆ Fressure : ensemble des gros abâts de boucherie reliés les uns aux autres (cœur, poumons, rate, foie).
◆ Frisons (de canard) : copeau, rognure qui frise.
◆ Magret : filet d'oie, de canard, que l'on fait cuire comme un steak.
◆ Poularde : poulette engraissée qui n'a pas commencé à pondre.

FRUITS ET ◆ LÉGUMES ◆

◆ Cupule : partie initiale de certains fruits forestiers tels que le gland du chêne, ou encore la forme initiale de la truffe.
◆ Nectar : liquide sucré sécrété par les organes glandulaires, appelés nectaires, chez certaines fleurs.
◆ Primeur : qualificatif des fruits et légumes (pommes de terre, carottes...) commercialisés avant l'époque de maturité normale et provenant d'une culture forcée ou d'une région plus chaude.
◆ Robe : aspect de l'écorce du melon.

PRODUITS ◆ LAITIERS ◆

◆ Affinage : achèvement de la maturation des fromages.
◆ Caillage : phase de fabrication du fromage. Coagulation du lait qui va permettre d'obtenir le caillé.
◆ Caillé :
– masse insolubilisée produite par le caillage.
– fromage frais.
◆ Coagulation : action de coagulation du lait par la présure (coagulation enzymatique) et/ou des ferments lactiques (coagulation acide).
◆ Crème :
– matière grasse du lait dont on fait le beurre.
– peau et pellicule qui se forment à la surface du lait que l'on a fait bouillir.

◆ Crème (double) : fromage à teneur en matière grasse au moins égale à 60 % rapportée à la matière sèche.

◆ Crème (triple) : teneur au moins égale à 72 %.

◆ Fleurie : croûte d'un fromage à pâte molle recouvert de moisissures. Cette fleur est due aux micro-organismes fongiques ambiants ou apportés lors de l'ensemencement. Les couleurs sont variées, du blanc au bleu-gris selon les couches.

◆ Fongique : relatif aux champignons.

◆ Maturation : action consistant à débuter la fermentation du lait avant la mise en fabrication fromagère, afin d'acidifier le lait sous l'action des ferments apportés. La «cave de maturation» est la cave où l'on fait séjourner les fromages.

◆ Moulage : le caillé est versé dans un moule afin.de l'égoutter et de donner sa forme au fromage.

◆ Pasteurisé : lait ayant subi un chauffage, à température et temps donnés, afin de détruire les micro-organismes présents et notamment les germes pathogènes.

◆ Pâte molle : fromage à égouttage naturel ; il peut être lavé en croûte (croûte lavée) ou fleuri (croûte fleurie), dans ce cas la flore peut être naturelle par opposition à une flore apportée.

◆ Pâte pressée : fromage obtenu par égouttage forcé par pression, cas des fromages trappistes.

◆ Présure : sécrétion (enzyme) de l'estomac des jeunes ruminants non sevrés (veau, agneau) utilisée dans l'industrie fromagère pour faire cailler le lait.

◆ Rance : se dit d'un corps gras qui a pris une odeur forte et un goût âcre.

Poissons et fruits de mer ◆

◆ Alevin : jeune poisson destiné au peuplement des lacs et des rivières.

◆ Bouchot : alignement de 50 à 100 m de pieux plantés sur l'estran pour l'élevage de moules.

◆ Bouquet : variété de grosses crevettes roses qui rougit à la cuisson.

◆ Claire : bassin d'élevage huîtrier.

◆ Détroquer : séparer (les jeunes huîtres) les unes des autres en les décollant au couteau.

◆ Fruits de mer : crustacés et coquillages comestibles.

◆ Matelote : mets composé de poissons coupés en morceaux et accommodés avec du vin rouge et des oignons.

◆ Naissain : embryons ou larves des huîtres et des moules d'élevage.

Pâtisseries ◆ et desserts ◆

◆ Confits (fruits) : fruits trempés dans des solutions de sucre (et glacées, givrées).

◆ Coulis : produits résultant de la cuisson concentrée de substances alimentaires passées au tamis.

◆ Craquelin : biscuit qui craque sous la dent.

◆ Crème : entremets composé ordinairement de lait et d'œufs.

◆ Crêpe : fine galette faite d'une pâte liquide composée de lait, de farine et d'œufs, que l'on a fait frire, saisir dans une poêle ou sur une plaque.

◆ Cristalliser : faire passer un corps à l'état de cristaux.

◆ Fouace (ou fougasse) : galette en fermentation naturelle obtenue sans apport volontaire de levure. C'est une pâte acide. Par extension, morceau de pâte gardé d'une fabrication à l'autre.

◆ Pâte : préparation à base de farine délayée (à l'eau, au lait), pétrie le plus souvent avec d'autres ingrédients (levure, sel, sucre, etc.) et destinée à être consommée cuite, principalement sous forme de pain ou de gâteau.

◆ Sabler : frotter entre les paumes de la main, les doigts écartés, un mélange de farine et de beurre, afin de lui donner une consistance sableuse.

◆ Sorbet : glace légère, à base de jus de fruit, parfois parfumée d'une liqueur.

◆ Tourte : pâtisserie de forme ronde (à la viande, au poisson).

◆ Vergeoise : sucre fabriqué avec des déchets de raffinerie.

◆ Divers ◆

◆ Assec : période pendant laquelle un étang est vidé pour être cultivé (Dombes et Bresse).

◆ Balsamique (arôme) :
– qui contient un baume, le baume étant le nom qui désigne un grand nombre de plantes odoriférantes.
– parfum.

◆ Macération : processus d'élaboration à froid. Opération qui consiste à laisser tremper à froid un corps ou une substance dans un liquide pour en extraire les constituants solubles.

◆ Mitonner : préparer en faisant cuire longtemps à feu doux. Par extension : préparer soigneusement un mets, une composition quelconque.

◆ Mousse :
– entremets ou dessert à base de crème ou de blancs d'œufs fouettés.
– pâté léger et mousseux.
– bulles de gaz accumulées à la surface d'un liquide sous pression.

◆ Papillote : papier beurré ou huilé enveloppant certains poissons, légumes ou viandes à griller.

◆ Pré-salé : pré inondé régulièrement par la mer, où l'on fait paître les moutons.

◆ Salaison : processus permettant la conservation par le sel d'une denrée alimentaire.

◆ Surir : devenir aigre.

◆ Torréfaction : début de calcination à feu nu, que l'on fait subir à certaines matières organiques pour éliminer un principe nuisible, provoquer la dessiccation, faire apparaître des essences aromatiques.

◆ Transhumance : déplacement saisonnier des animaux (brebis, abeilles…) sur les lieux de nourriture.

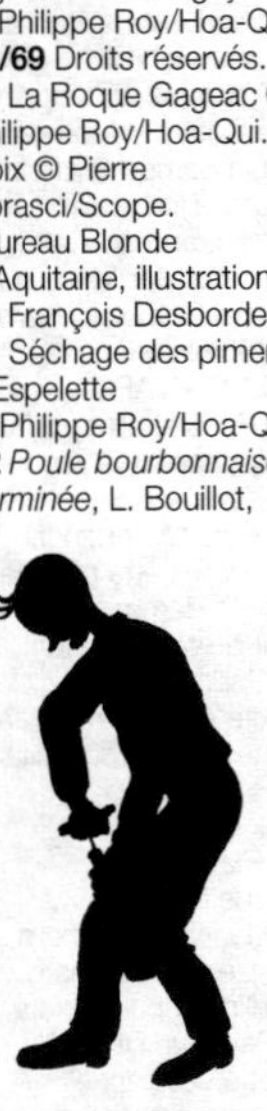

Nous avons, par ailleurs, recherché en vain les héritiers ou éditeurs de certains documents. Un compte leur est ouvert à nos éditions.

A
B
C
D
E
1
2
3
4
5
6
7
8
9
10
ROYAUME-UNI
MANCHE
OCÉAN
ATLANTIQUE
ESPAGNE
ANDORRE
SEINE-MARITIME
76
HAUTE-
Rouen
NORMANDIE
Evreux
EURE
27
50
St-Lô
MANCHE
Caen
14
CALVADOS
BASSE-NORMANDIE
ORNE
61
Alençon
28
Chartres
EURE-ET-LOIR
FINISTÈRE
29
Quimper
St-Brieuc
CÔTES-D'ARMOR
22
BRETAGNE
MORBIHAN
56
Vannes
ILLE-ET-VILAINE
Rennes
35
MAYENNE
53
Laval
72
Le Mans
SARTHE
LOIR-ET-CHER
Blois
41
PAYS DE
LA LOIRE
Angers
LOIRE-ATLANTIQUE
44
Nantes
MAINE-ET-LOIRE
49
37
Tours
INDRE-ET-LOIRE
36
Châteauroux
La Roche-sur-Yon
85
VENDÉE
79
DEUX SÈVRES
Niort
Poitiers
VIENNE
86
POITOU -
CHARENTES
La Rochelle
17
CHARENTE-MARITIME
CHARENTE
Angoulême
16
87
HAUTE-VIENNE
19
Périgueux
DORDOGNE
24
GIRONDE
33
Bordeaux
AQUITAINE
LOT-ET-GARONNE
47
Agen
46
40
LANDES
Mont-de-Marsan
TARN-ET-GARONNE
82
MIDI-PYRÉN
32
GERS
Auch
Toulouse
HAUTE-GARONNE
31
64
PYRÉNÉES-ATLANTIQUES
Pau
65
Tarbes
HAUTES-PYRÉNÉES
ARIÈGE
09
Foix
0
100
200 km